Günter Ederer • Lothar J. Seiwert

Das Märchen vom König Kunde

»Frage nicht, was dein Land für dich tun kann.
Frage, was du für dein Land tun kannst.«

JOHN F. KENNEDY

Günter Ederer · Lothar J. Seiwert

Das 1 x 1 der Kundenorientierung

Das Märchen vom König Kunde

▸ Service in Deutschland – Wüste oder Oase?
▸ Das Strategie-Buch für kundenorientierte
Unternehmen

Mit Illustrationen von Werner »Tiki« Küstenmacher

Firmenbeiträge von REWE, Sparda-Bank, OBI,
Ritz-Carlton, tempus und Neuland

Die Deutsche Bibliothek - CIP-Einheitsaufnahme

Das Märchen vom König Kunde : Service in Deutschland – Wüste oder Oase? ; das Strategie-Buch für kundenorientierte Unternehmen ; das 1x1 der Kundenorientierung / Günter Ederer ; Lothar J. Seiwert. – Offenbach : GABAL, 1998
ISBN 3-930799-47-2

Lektorat: Ute Flockenhaus, Fischerhude (b. Bremen)
Cover: image team, Bremen
Titelillustration: Udo Leuchtmann, Bremen
Illustrationen: Werner »Tiki« Küstenmacher, Gröbenzell
Satz und Layout: image team, Bremen
Druck: rgg Druck- und Verlagshaus, Braunschweig

© 1998 Gabal Verlag GmbH, Offenbach

Verlagsinformationen:
Jünger Service, Schumannstr. 161, 63069 Offenbach
Tel.: 069 / 84 00 03-22 (-0)   Fax: 069 / 84 00 03-33

Inhalt

Vorwort

Eine Reise durch Deutschland. Fünf Nächte hintereinander in Mittelklassehotels. Durchschnittspreis 140 Mark pro Nacht. Keines bot einen Gepäckträger an. Keines hatte einen Gepäckwagen. Dafür war in zweien das Restaurant geschlossen, weil der Koch gerade Urlaub hatte, in zweien wurde das Schwimmbad repariert, und im letzten war an Schlaf nicht zu denken, weil Weiberfastnacht war und die Zimmer direkt über der Disco lagen.

Zufall oder Pech? Nein, eher Alltag von GÜNTER EDERER! Als Vielreisender habe ich drei Feinde: Hotels, Leihwagenfirmen und Airlines. Von ihnen fühle ich mich ständig mißhandelt. Milliarden geben diese Branchen weltweit für Werbung aus, in der sie suggerieren, den Kunden auf Händen zu tragen. *Aber Wirklichkeit und Werbung klaffen weit auseinander.* Mittlerweile bin ich schon Experte: Je mehr Werbung und übertriebene Versprechungen, um so schlechter ist der Service. »Die haben es nötig«, hat mich meine Erfahrung gelehrt. Unternehmen, die ihre Kunden zu einem vernünftigen Preis gut bedienen, können ihre Werbemillionen fast einsparen. *Nichts ist werbewirksamer als ein zufriedener Kunde.* Er kommt wieder, und er bringt auch seine Freunde mit.

Bleibt die Frage, warum so wenig Unternehmen es einmal mit »*Total customer satisfaction*« probieren?

Es vergeht kaum ein Tag, an dem nicht wieder irgendwo ein Aufruf ergeht, *Mitarbeiter* und *Kunden* in den

Mittelpunkt der Unternehmensstrategie zu stellen. Doch die Betroffenen selbst spüren davon wenig. Denn *Kundenfreundlichkeit* kann nicht verordnet werden, sie muß jede Faser eines Unternehmens durchdrungen haben. Wer das schafft, wächst – beim Umsatz und beim Gewinn.

In diesem Buch zeigen wir *Wege zum Erfolg*. Im ersten Teil beschreibt GÜNTER EDERER die Rahmenbedingungen und versucht, Ihnen alle Ausreden zu verbauen, um in den alten Trott zurückzufallen, weil der doch gemütlicher war und Sie hoffen, sich ohne Anstrengungen in der globalisierten Welt durchmogeln zu können.

Im zweiten Teil zeichnet LOTHAR J. SEIWERT Wege auf, wie Sie *Strategien* entwickeln, damit *Kundenorientierung* von allen Ihren Mitarbeitern als Unternehmensphilosophie gelebt wird. Erst wenn Sie begriffen haben, daß der Kunde vor dem Gewinn kommt, werden Sie erleben, daß sich der Erfolg von ganz alleine einstellt.

Und damit Sie sehen, daß dies nicht alles graue Theorie ist, stellt LOTHAR J. SEIWERT im dritten Teil des Buches Unternehmen vor, die durch *Kundenorientierung* groß und erfolgreich geworden sind. Diesen Firmen danken wir für ihre Offenheit. Sie haben bereitwillig ihre *Erfolgsstrategien* geschildert, was nicht zuletzt ein Zeichen ihres Selbstvertrauens ist. Denn diese Unternehmen wissen, daß es ein schwieriger Weg ist, der von der Erkenntnis bis zur Umsetzung führt, und daß nur wenige Unternehmen wirklich am Ziel ankommen. Das sind die *Sieger im globalen Wettbewerb*.

Wir wünschen Ihnen eine erfolgreiche Reise.

GÜNTER EDERER und LOTHAR J. SEIWERT, im März 1998

Teil 1

Service in Deutschland – Wüste oder Oase?

von Günter Ederer

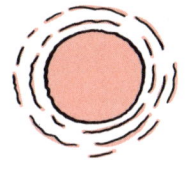

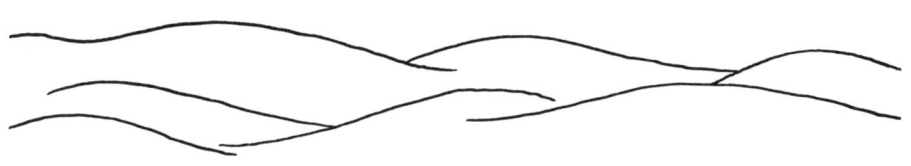

1.
Die Ordnungspolitik

»Ich kann mich nur vielmals für meine Mitarbeiter entschuldigen. Ich bin hilflos. Ich kann gerade predigen, was ich will, die Mitarbeiter kapieren einfach nicht, daß der Kunde im Mittelpunkt steht, daß es der Kunde ist, der ihr Gehalt bezahlt. Tausendmal schon habe ich es ihnen gesagt, aber es ist, als ob ich gegen eine Wand predige. Ich kann machen, was ich will, es ändert sich nichts.«

Aus dem Leben gegriffen

Horst Kanitzky, Besitzer eines Bürohandels ist echt verzweifelt. Wieder einmal hatte ich ihn angerufen und ihm den lausigen Service seines Ladens vorgeworfen.

Mein Fax-Gerät zeigte seit Sonntag mittag eine Störung an. Journalisten arbeiten halt auch am Wochenende. Die Service-Zentralen des Bürohandels nicht. Also gleich am Montag früh: Anruf beim Fachhändler, der mir einst das Fax verkauft hatte mit dem Hinweis: Er sei zwar etwas teurer, dafür aber ein Fachhändler mit einem Service, den es in den Shopping-Zentren auf der grünen Wiese nicht gäbe.

»Hier sind Sie falsch, unsere Service-Zentrale hat eine andere Nummer. Die habe ich aber nicht greifbar. Schauen Sie doch im Telefonbuch nach«, wimmelt mich seine Mitarbeiterin gleich ab. Die real existierende Service-Wirklichkeit.

Die real existierende Service-Wirklichkeit

»Können Sie mich nicht verbinden?«

»Nein. Wir haben mit Service nichts mehr zu tun, den haben wir ausgegliedert.«

Ich schlage im Telefonbuch nach. Dort steht aber nur die eine Nummer des Händlers. Also zweites Telefonat mit derselben Dame, und wieder werde ich belehrt:

»Da haben Sie sicher falsch nachgeschaut. Der Service steht nicht mehr unter unserem Namen.«

»Hätten Sie mir das nicht gleich sagen können?« maule ich jetzt zurück. »Übrigens habe ich das Faxgerät bei Ihnen gekauft und nicht bei irgendeinem outgesourcten Reparatur-Unternehmen.«

Ich hebe die Stimme, signalisiere Unmut.

»Das gehört hier nicht zu meinen Aufgaben. Ich bin nur in der Telefonzentrale.« Peng, der Hörer liegt auf.

Beim nächsten Mal verlange ich mit verstellter Stimme den Chef Horst Kanitzky und höre mir dessen resignierende Entschuldigung an. Immerhin hilft er mir weiter. Er hat die Nummer des Service-Centers.

Demütig bitte ich den Mitarbeiter dort: »Also, ich brauche dringend Hilfe. Seit gestern kann ich einige dringend versprochene Faxseiten nicht abschicken. Da hängt sehr viel dran.«

»Ja, heute geht da gar nichts mehr. Unsere Techniker sind alle eingeteilt. Sie sitzen ja hier nicht herum. Was haben Sie für ein Gerät: Marke? Nummer? Baujahr? Was, drei Jahre alt – na, da dürfen Sie sich nicht wundern, da ist mal ein neues fällig! Genaue Beschreibung des Schadens?«

»Wann kommt denn jemand?«

»Weiß ich nicht. Muß erst mit dem Techniker reden, ob er diesen Schaden beheben kann«

Der Tag vergeht. Es wird Dienstag. Gegen zehn Uhr rufe ich die Servicestation wieder an. »Wo bleibt der Techniker?«

Der böse Kunde

»Ja, der ist wieder unterwegs. Sie haben mir zwar gestern alles mögliche erzählt, aber keinen Reparaturauftrag erteilt. Übrigens haben Sie unserer Kollegin in der Telefonzentrale Schwierigkeiten gemacht. Bei solchen Kunden arbeiten wir nur genau nach Vorschrift und die lautet: Keine Reparatur ohne ausdrückliche Bestätigung.«

So wurde ich abgestraft. Und nichts und wieder nichts hat sich seither bei diesem Unternehmen geändert. Ich quäle mich immer noch mit demselben Bürohändler herum, ganz einfach, weil ich noch keinen besseren gefunden habe. Denn Horst Kanitzky kennt mich persönlich. Als ich ihn dann das zweite Mal anrief und ihm meine Erlebnisse mit seinem fabelhaften Laden beschrieb, erlaubte er mir, meine Faxe von seinem Büro aus abzuschicken. Er rief auch selbst in der Servicestation an und stellte sicher, daß ein Techniker noch nach Feierabend zu mir kam und in fünf Minuten den Schaden behob.

Ohne die persönliche Beziehung geht nichts

Es ist die persönliche Schiene zu dem Besitzer, die mich im Endeffekt immer wieder rettet. Ja, es ist in Deutschland immer noch sehr wichtig, jemanden persönlich zu kennen, so wie dies eigentlich nur in Staaten mit Mangelwirtschaft der Fall ist. Dort weiß wenigstens jeder: »Ohne Beziehungen geht nichts.« In einer funktionierenden Marktwirtschaft aber sollte der Wettbewerb die Beziehung ersetzen.

Dieser Prozeß kommt nur langsam voran, und dafür gibt es nur einen Grund:

Wettbewerb statt Vitamin B

Die Wettbewerbswirtschaft in Deutschland steckt noch in den Kinderschuhen, und deshalb ist die Beziehungswirtschaft noch nicht ganz ausgestorben.

Für unsere Mitbürger aus der ehemaligen DDR ist das nichts Neues. Sie wußten, wie wichtig es ist, den richtigen Mann an der richtigen Quelle zu kennen. Nur die Bürger der alten Bundesländer wiegten sich in der

Illusion, in einer Wettbewerbswirtschaft zu leben, und das Festhalten an dieser Illusion ist ein Hauptgrund, daß unsere Service- und Dienstleistungsgesellschaft im internationalen Vergleich so unterentwickelt ist.

Lieber Ärger mit dem Kunden als mit den Mitarbeitern

Horst Kanitzky hat so gut wie keine Möglichkeit, seine Mitarbeiter, die mich als Kunden mißhandeln, zur Rechenschaft zu ziehen. Schon die Ermahnungen an die Telefonistin, doch endlich die Liste mit allen das Unternehmen betreffenden Telefonnummern zu benutzen, hatte zur Folge, daß ich, der Kunde, von ihrem Kollegen in einem Akt der Solidarität abgemahnt wurde. Auf eine schriftliche Abmahnung verzichtet Horst Kanitzky. Die würde zuviel Unruhe in das Unternehmen bringen. Vor einer Versetzung, womöglich auf eine niedriger bezahlte Stelle im Lager, wo es keinen Kundenkontakt gibt, schreckt er erst recht zurück. Das führt garantiert zu einem Arbeitsgerichtsverfahren, das er bei der zur Zeit üblichen Rechtspraxis wahrscheinlich verliert. Warum also den Ärger im Betrieb – dann doch lieber den Ärger mit dem Kunden, den er durch persönlichen Einsatz zum Teil wieder ausgleicht.

Mein Hinweis, daß es bei fast sechs Millionen registrierter und nicht registrierter Arbeitsloser ein leichtes sein müsse, eine freundliche und hilfsbereite Telefonistin zu suchen, löste in seinen Gesichtszügen heftige Zuckungen aus. Er sei Dauerkunde beim Arbeitsamt. Aber alles nur reine Zeitverschwendung. Jede, die sich bisher vorgestellt habe, zählte gleich eine ganze Litanei auf, wann sie nicht arbeiten könne, was ihr aus Krankheitsgründen nicht zumutbar sei, wann sie ihre Allergien plage und dann sei da das kleine Problem mit dem Alkohol und so weiter. Hauptsache, er lehnt sie ab.

Für die meisten Arbeitslosen macht es auch wenig Sinn, bei Kanitzky als Telefonistin anzufangen. Vor allem für Frauen mit Kindern wäre das eigentlich ein idealer Halbtagsjob. Rund 1700 Mark brutto würde sie da verdienen. Aber netto kommen dann bei der Steuerklasse fünf nur noch 850 Mark heraus. Also, da lohnen sich Arbeitslosengeld und ein paar Stunden Schwarzarbeit im Haushalt immer.

Arbeitslosengeld und Schwarzarbeit sind lukrativer

Ähnliche Probleme hat er auch mit den Servicemechanikern. Selbst wenn sich die Aufträge nach einem Gewitter stapeln, weil gleich dutzende Geräte zu reparieren sind, muß Kanitzky seine Facharbeiter förmlich auf den Knien bitten, doch ein paar Überstunden zu machen. Und meist funktioniert das nur, wenn er sie dann bar auf die Hand auszahlt. Für 30 Mark cash die Stunde machen die alles. Für 30 Mark über Lohnsteuerkarte außerhalb der regulären Arbeitszeit nichts. Da sie gut ausgebildet sind, haben die Angestellten in ihrer Freizeit sowieso viele Aufträge zu erledigen. Da sind sie dann zu ihren Kunden auch pünktlich, zuvorkommend, zuverlässig. Da arbeiten sie für sich, und da braucht ihnen niemand zu sagen, daß es der Kunde ist, der sie bezahlt. Da wissen sie es von ganz allein.

So ist Kanitzky Gefangener des Systems. Eigentlich will er einen vorbildlichen, kundenorientierten Handel und Service mit Büroeinrichtungen und -maschinen betreiben. Aber es gelingt ihm nicht, den Teufelskreis zwischen hohen Bruttokosten und niedrigen Nettolöhnen zu durchbrechen, denn jeder Extraservice, den er bieten möchte, treibt die Kosten für die Kunden in prohibitive Höhen, ohne daß seine Mitarbeiter sehr viel mehr in der Lohntüte vorfinden. Kanitzky überlegt aufzugeben.

Hohe Bruttokosten, niedrige Nettolöhne - ein Teufelskreis

Diese Geschichte ist eine von vielen Millionen, die sich tagtäglich in unserem Lande abspielen, mit denen Bücher zu füllen sind. Und weil wir alle solche Geschichten kennen, haben sie eine Legende geboren, die sich in den meisten Köpfen leider in eine Realität verwandelt hat: »Die Deutschen sind für Service nicht geeignet. Wir sind kein Volk, das dienen kann.«

Damit ist eine grandiose Entschuldigung gefunden für alle die Mißstände, Unzulänglichkeiten und Skandale, die unser Leben als Kunde so unerfreulich machen. Wenn es an unseren Genen liegt, dann können wir ja nichts ändern. Dann ist es zwar ein furchtbarer Schicksalsschlag, daß wir in einem miesepetrigen, unfreundlichen Land leben, aber schließlich haben wir es uns ja nicht ausgesucht, als Deutscher auf die Welt zu kommen. Also müssen wir mit dem Status quo leben. Und damit wären auch alle Seminare über Kundenmanagement, Personalschulung etc. hinausgeworfenes Geld. Auch dieses Buch könnten Sie jetzt schon zur Seite legen. Danach müßten wir warten, bis die Genforschung es ermöglicht, dem deutschen Servicemuffel ein paar Kundengene einzupflanzen.

Die Mär von den dienstleistungs-unfähigen Deutschen ist ein großer Quatsch.

Bei uns hat sich Kundenfreundlichkeit bisher nicht gelohnt – noch schlimmer, sie war nicht nötig.

Das Geschäft florierte auch so. Regeln vom Ladenschluß über das Raumordnungsgesetz und Verlustabzug unrentabler Filialen bis zur Zugabeverordnung trieben die Käufermassen in die abgesteckten Claims der Verteilerorganisationen, die dafür sorgten, daß sich der Wettbewerb in Grenzen hielt. Diese unheilige Ordnung fällt jetzt in sich zusammen.

Die »Marktverordnungswirtschaft« kracht zusammen

Unter den wuchtigen Schlägen der Globalisierung kracht die ständisch aufgeteilte und sorgsam geschützte deutsche eingeschränkte Marktverordnungswirtschaft zusammen und macht Platz für eine Welt, in der der Kunde sich keine Mißhandlungen mehr gefallen lassen muß. Er wird nicht nur König, er übernimmt das Management der Unternehmen.

Mangelware Kunde

Jahrzehnte haben uns die Pessimisten des »Club of Rome« und Anhänger der »Bambi-Ökologie« eingeredet, daß die Ressourcen der Welt zu Ende gehen. Und jetzt stellen wir mit einem Mal fest, daß es weltweit ein Überangebot an Rohstoffen, Waren und Arbeitskräften gibt. Nur einer macht sich rar, wird wählerisch und findet heraus, daß er über das Schmiermittel der Weltwirtschaft verfügt: Der Kunde, der Geld ausgeben will.

Merksatz:
Nicht Rasse, Religion oder Nationalität sind für eine Kundenkultur verantwortlich, sondern das ordnungspolitische Umfeld.

2.
Die 25%-Theorie

»Bei uns steht der Mensch im Mittelpunkt!« Den Satz kennen Sie sicher. Er steht in vielen Mitarbeiterzeitungen, wird gern auf Firmenjubiläen benutzt und dann nicht selten durch das stolze Bekenntnis ergänzt: »Nichts ist uns so wichtig wie unsere Mitarbeiter. Nur sie sind der Garant für den Erfolg unseres Unternehmens!« Wie schön, daß diese Erkenntnis so weit verbreitet ist.

Die Angelsachsen sprechen von den »Human Resources« ihres Unternehmens, die es weiterzuentwickeln gilt, weil von ihnen der Erfolg oder Mißerfolg der Firma abhängt. Maschinen kaufen und Werkhallen einrichten kann jeder. Aber entscheidend für das Produktionsergebnis sind die Menschen, die die Maschinen in Gang setzen und betreiben. Sie bestimmen das Produkt. Deshalb raten Börsenanalysten zum Kauf oder Verkauf einer Aktie, je nachdem wie ein Unternehmen mit seinen »Human Resources« umgeht.

In den USA und
Japan: der Run auf
die Nachwuchselite

Boston im US Bundesstaat Massachusetts ist in jedem Frühjahr der Schauplatz einer gewaltigen und kostspieligen Parade. Führende Unternehmer, Personalberater und Headhunter mieten sich in den besten Hotels ein und begutachten die Studenten der Eliteuniversitäten HARVARD und MIT (MASSACHUSETTS INSTITUTE OF TECHNOLOGY). Spitzenunternehmen wollen ihre Position auf den Weltmärkten stärken, indem sie sich die Elite des jeweiligen Jahrganges sichern. Selbstverständlich sparen sie dabei nicht an Geld. Anfangsgehälter von 80.000

Dollar Jahresgehalt sind da keine Ausnahme. Vor allem werden adäquate Karrierepläne gleich mitgeliefert. Doch nichts reizt den Spitzennachwuchs so sehr wie frühe Verantwortung und klare Kompetenzen.

In Japan ist das noch extremer. Dort gibt es eine Rangliste der Unternehmen, die vom Nachwuchs bevorzugt werden. Dazu gehören fast alle auch hierzulande bekannten großen japanischen Konzerne. Die schöpfen erst einmal die Elite ab. Dann folgen Mittelklasse-Firmen, und wer dann noch auf dem Arbeitsmarkt übrig ist, findet bei Kleinbetrieben einen Job, der meist schlecht bezahlt und nicht sehr zukunftsträchtig ist. Noch eine Stufe drunter rangieren die ausländischen Firmen. Für sie ist es in Japan fast unmöglich, einen Spitzenmann einzustellen. Sie müssen sich mit dem zufriedengeben, was gerade noch übrig ist, und entsprechend ist es für ausländische Unternehmen in Japan sehr schwer, mitzuhalten.

Hier läßt man den Nachwuchs antreten

In Deutschland ist das ganz anders. Da gibt es keine Eliteuniversitäten, um deren Studenten die Unternehmen buhlen. In Deutschland herrscht das Prinzip Zufall. Da sitzen die Personalchefs und schätzen die Beliebtheit ihres Unternehmens nach der Zahl der Bewerbungen ein. Da muß der Nachwuchs antreten. Den läßt man kommen. Unsere Konzerne laufen den Jungen nicht nach. Beziehungen und Glück kennzeichnen den Start ins Berufsleben.

Mit mehr oder weniger ausgeklügelten Fragebögen und Vorstellungsgesprächen versucht man, aus dem Massenangebot ziemlich gleichförmiger Universitätsabsolventen diejenigen herauszufiltern, die am ehesten in die Kultur eines Unternehmens passen, was dann auch oft gleichbedeutend ist mit einer angepaßten Karriere nach Plan. Befördert wird, wer dran ist. Und das trifft nicht nur auf die Behördenlaufbahn zu.

Der Satz stimmt: »Die wichtigste Ressource eines Unternehmens sind seine Mitarbeiter.« Doch wie wird diese Ressource genutzt?

Da wird der Chef nicht müde zu predigen, daß die Mitarbeiter nie vergessen sollen, daß der Kunde König ist, daß er im Mittelpunkt steht und daß sie ihr Gehalt nur vom Kunden bekommen, und dann wird niemand im Unternehmen so schlecht bezahlt wie die Kollegen, die direkt mit den Kunden zu tun haben.

Diese Feststellung gilt nicht nur für die Gehaltshierarchie innerhalb der Unternehmen, sie trifft für das ganze Tarifgefüge in unserem Land zu. Kaum ein Beruf ist so schlecht bezahlt wie der einer Verkäuferin. Dabei ist sie es, die das Produkt an den Kunden bringen muß. Sie muß die Begeisterung ausstrahlen, die Überzeugung, daß sie ein wirklich tolles Angebot macht. Aber welches Unternehmen unterzieht sich der Mühe, seine Mitarbeiter wirklich zu motivieren, täglich – und nicht nur einmal im Jahr in einem Verkäufertraining?

Ich stelle mir den Filialleiter einer Lebensmittelkette vor, der morgens seine kleine Mannschaft zusammenruft und mit ihr die Sonderangebote durchspricht, den vergangenen Tag analysiert, sich die Beschwernisse seiner Kollegen nicht nur anhört, sondern sie auch beseitigt, eine Prämie auslobt und was es da so alles gibt. Was für den Supermarkt gilt, gilt in gleicher Weise für jede Organisationseinheit, auch für die Produktion in einem Industriebetrieb. Gruppenbesprechungen, Transparenz, materielle und immaterielle Anreize haben noch nie geschadet.

Aber noch nicht einmal ein Bruchteil der Mitarbeiter, die mit Kunden zu tun haben, können von sich behaupten, das Gefühl zu haben, als wichtigste Ressource des Unternehmens ernst genommen zu werden.

Die Gehaltshierarchie: je näher am Kunden, desto schlechter die Bezahlung

Kommunikation und Motivation haben noch nie geschadet

Es gibt Firmen, die genau gestoppt haben, wie lange eine Telefonistin benötigt, um einen Anrufer weiterzuverbinden. Wenn sie damit nicht ausgelastet ist, werden ihr noch weitere Aufgaben aufgebürdet, die sich zwischen den Telefonauskünften und -verbindungen erledigen lassen. Alles sehr hocheffizient und doch grenzenlos einfältig. Nichts ist so wichtig für einen Kunden oder Gesprächspartner wie der erste Telefonkontakt. Wird man da gleich absorviert oder weiterverbunden, bevor man richtig »Guten Tag« sagen kann, ist eine negative Grundstimmung beim potentiellen Kunden schon vorprogrammiert.

Der amerikanische Automobilkonzern GENERAL MOTORS hat in einer großangelegten Umfrage versucht herauszufinden, was der wichtigste Grund des Käufers war, sich für ein GM-Produkt zu entscheiden: das Modell, die Farbe, die Ausstattung, die Werbung, Image, Motorleistung, Zuverlässigkeit, Tradition, die unterschwellige Sympathie, eben alles, was die Marketingleute zu beeinflussen suchen, um ihr Auto gut zu verkaufen. Aber nichts dergleichen war den Kunden so wichtig wie der erste Telefonkontakt mit einer Telefonistin, die ganz einfach freundlich war, zuhörte, sich Zeit nahm und dann erst den Anrufer weiterreichte.

So gesehen müßten die besten Mitarbeiter in die Telefonzentrale, denn dort rufen die Kunden an, die im Vorfeld mühsam und mit hohem Werbe- und damit Kapitalaufwand dazu gebracht wurden, sich für ein Produkt des Unternehmens zu interessieren. Dann aber sitzt am Telefon Zerberus, der Höllenhund persönlich, beißt jeden Interessenten weg und hütet die Ware, bis sie unmodern wird.

Die Masse der Mitarbeiter in Deutschland wird nach der »Champignon-Methode« geführt: Sie werden im Dunkeln gehalten, bekommen regelmäßig eine Fuhre Mist übergekippt, und wer den Kopf rausstreckt, wird abgeschnitten.

Das Resultat ist die trübe Masse von eingeschüchterten Verkäufern, mit denen wir Kunden uns herumschlagen. Ja, es gibt auch schon Ausnahmen, doch noch gibt es zu wenig Firmen, die einen anderen Weg gehen. Mitarbeiter, die nach der »Champignon-Methode« geführt werden, fertigen auch ihre Kunden entsprechend ab. Was kümmert's sie, wenn der Kunde den Laden wieder verläßt. Hat halt der Chef keinen Umsatz gemacht. Geschieht ihm recht. Sein Appell: »Nun seien Sie doch endlich etwas freundlicher zu unseren Kunden«, stößt da auf taube Ohren. Es sind nämlich nicht »unsere Kunden«, sondern »seine Kunden«, schlußfolgert der Abgemahnte. Lächeln auf Befehl ist selten mehr als ein unangenehmes Grinsen.

Es gibt Ausnahmen – aber viel zu wenig

**Eine der Ausnahmen:
KLAUS KOBJOLL**

lautet der provokative Lehrsatz von KLAUS KOBJOLL, einem Hotelier in Nürnberg. Die Motivation seines Personals ist ihm so hervorragend gelungen, daß er mit seinen Erfahrungen eine eigene Unternehmensberatung aufgebaut hat. Dabei sind seine »Regeln« nichts anderes als die Übertragung seines »gesunden Menschenverstandes« auf die Mitarbeiter.

**Transparenz und
Eigenverantwortung**

Die einzelnen Teams des Restaurants, des Hotels, des Seminarbetriebes erarbeiten ihr Budget selbst. Erwirtschaften sie mehr als geplant, werden sie prozentual am Gewinn beteiligt. Bleiben sie unter ihrem eigenen Ansatz, müssen sie selbst die Sparmaßnahmen festlegen. Sie sind dadurch über alle Zahlen des Unternehmens, selbst über die Gewinnentnahme des Besitzers und die Finanzierung der Hotelimmobilie, informiert.

**Motivation – auf die
gekonnte Mischung
kommt es an**

»Mit Geld schafft man keine Motivation« ist eine beliebte Ausrede, um sich vor Gewinnbeteiligungen zu drücken. Richtig lautet der Satz: »Mit Geld *allein* schafft man keine Motivation.« Es ist die gekonnte Mischung aus Eigenverantwortung, Aufstiegschancen, Betriebsklima und Gewinnbeteiligung, die den Mitarbeiter motivieren. Eine Gewinnbeteiligung ohne Transparenz ist allerdings ein zweischneidiges Schwert. Hat der Mitarbeiter das Gefühl, er arbeitet sich krumm und wird nur mit ein paar Almosen abgespeist, dann hat der Unternehmer in der Tat alles falsch gemacht. Dann erzeugt er *nicht* das »Wir-Gefühl«, das nötig ist, damit seine Mitarbeiter von »unserem Kunden« sprechen und denken.

**Kobjoll zahlt nur
Wunschgehälter**

KLAUS KOBJOLL hat noch ein Prinzip: Er zahlt nur Wunschgehälter. Jeder bekommt das, was er glaubt wert zu sein. Wer zwanzig bis dreißig Prozent über Tarif verlangt, erhält diese Summe ohne Diskussion. Verlangt jedoch ein Koch zum Beispiel das Doppelte des Tarifvertrages, wird seine Bewerbung mit der Begründung abgelehnt, er sei zu gut für das Team. Wer zu wenig verlangt, ist ebenfalls suspekt: Er hat keine hohe Meinung von sich oder deutet an, daß er keinen Extraeinsatz bringen will. Auf keinen Fall wird verhandelt. Allerdings muß jeder Mitarbeiter beweisen, daß er auch sein Geld wert ist. Bei KOBJOLL gibt es Spielverträge: Wer bei ihm arbeitet, darf mitspielen. Deshalb werden neue Mitarbeiter zuerst von den künftigen Kollegen ausgesucht. Schließlich hängt ihrer aller Bonus davon ab, daß alle Kollegen gleich motiviert sind.

Seine überdurchschnittlichen Gehälter kann er nur zahlen, wenn überdurchschnittliche Leistungen dazu führen, daß die Kunden ein gehobenes Preisniveau bezahlen. Statt auf Preisnachlässe setzt er auf absolute Kundenfokussierung. Ein Glas Champagner während des Eincheckens, kein Hinauswerfen der Gäste, wenn der offizielle Feierabend naht, deutliche Verantwortungsbereiche, die jedem Gast mit dem Bild des zuständigen Mitarbeiters angezeigt werden, und vor allem ein herzliches Lächeln – das kostet nichts. Aber damit es von innen herauskommt und nicht wie das schon beschriebene aufgesetzte Grinsen aussieht, muß das Klima zwischen den Kollegen stimmen.

Das Pendant: überdurchschnittliche Leistungen

Diese Hochleistungsergebnisse sind nur mit einer Hochleistungstruppe möglich. Kobjolls Hotel ist für sein gutes Betriebsklima in der Branche mittlerweile so bekannt, daß er für jede vakante Stelle unter Hunderten von Bewerbungen auswählen kann. Und fast alle Interessenten wissen mittlerweile, daß sie dort einen Spielvertrag unterschreiben, in dem unter anderem steht: »Die Regelarbeitszeit beträgt fünfzig Stunden die

Spitzenleistung und 50-Stunden-Woche

Woche, es können aber auch mehr werden.« Die Hochleistungswilligen melden sich bei ihm, nicht *er* muß sie mühsam suchen.

Belohnung für den Azubi des Monats

Selbst die Lehrlinge sind stolz, bei KOBJOLL zu arbeiten. Der Auszubildende des Monats, der sich besonders hervorgetan hat, darf als Dienstwagen die Scotch-Sonderausgabe eines Mini Coopers fahren. Das hat auch einen nicht zu unterschätzenden Werbeeffekt auf dem Parkplatz der Berufsschule. Bei KOBJOLL arbeiten zu dürfen ist bei Lehrlingen im Nürnberger Raum eine Auszeichnung, von der nur die besten, die leistungswilligen träumen können.

Gute Mitarbeiter an das Unternehmen binden

Da fast alle Unternehmen zu wissen vorgeben, daß die Mitarbeiter die wichtigste Ressource sind, ist es um so erstaunlicher, wie wenig Unternehmen sich darum bemühen, die Hochleistungswilligen ihrer Branche an sich zu binden, wie sie ängstlich mit den Pfennigen rechnen, wenn es um Prämien geht. Wie kommen sie zu der Annahme, mit schlechtbezahlten, schlecht trainierten Mitarbeitern in der Olympiade des Wettbewerbs um die Kunden einen vorderen Platz belegen zu können?

Nur 25% aller Mitarbeiter sind zur Höchstleistung bereit

Nach meiner Erfahrung weltweit sind in jedem Land, in jeder Branche, in jedem Beruf höchstens 25 Prozent der Menschen bereit und in der Lage, Höchstleistungen zu vollbringen. Sie sind motiviert, sie handeln selbständig, sie wollen etwas bewegen.

25% lassen sich motivieren

Dann gibt es 25 Prozent, die lassen sich von Hochleistungskollegen anstecken. Sie kann und muß man motivieren. Sie sind Mitarbeiter, um die es sich zu kämpfen lohnt, die zwar selbst nie die Mannschaft mitreißen, sich aber gern mitreißen lassen.

Dann gibt es jene 25 Prozent, die gerade das Nötigste tun. Sie sind in einem Unternehmen nur zu ertragen, wenn Sie genügend Personal der ersten beiden Gruppen haben. Sie machen pünktlich Feierabend, sind schwer bis gar nicht zu motivieren und stellen im direkten Kundenkontakt eine ständige Gefahr für den Unternehmer dar.

25% erfüllen ihre Pflicht

Und schließlich gibt es die restlichen 25 Prozent. An ihnen prallen alle Motivationsversuche ab. Sie sind weder mit Geld und schon gar nicht mit Verantwortung zu mehr Aktivität zu bewegen. Sie sind der Garant, daß ein Unternehmen früher oder später mit der Pleite kämpft. Da sie auch während der Berufsausbildung wenig Ehrgeiz entwickelt haben, gehören sie meistens den unteren Tarifgruppen an, und deshalb finden wir sie besonders häufig dort, wo die Unternehmen mit den Kunden im direkten Kontakt stehen: in den Telefonzentralen, hinter den Verkaufstheken, als Pförtner, im Publikumsverkehr der Behörden.

Vorsicht vor den restlichen 25%!

Merksatz:
Es gibt ein ganz einfaches Rezept für den Erfolg: Setzen Sie alles daran, investieren Sie Zeit und Geld, damit Sie möglichst nur Mitarbeiter der ersten beiden Gruppen in Ihrem Unternehmen beschäftigen. Sorgen Sie dafür, daß für Ihre Konkurrenz nur die letzten beiden Arbeitnehmergruppen übrigbleiben. Dann gehören Sie in der neuen Welt des globalen Wettbewerbs zu den Siegern.

3.
Kennen Sie Ihre Kunden?

Beispiel OMRON in Japan

In einer Doppelreihe von je zehn Schreibtischen sitzen sich an Computern junge Frauen und Männer im Alter von dreißig bis vierzig Jahren gegenüber. Sie haben alle den gleichen blauen Kittel an, den jeder Mitarbeiter bei OMRON trägt, einem japanischen Konzern, der in diesem Werk bei Numazu elektronische Steuerungen für Werkzeugmaschinen herstellt. Weltweit ist dies ein hart umkämpfter Markt, der sich durch schnelle Innovationszyklen und einem noch schnelleren Preisverfall auszeichnet.

Konsequentes Kundenmanagement

Während sich noch Ende der 80er Jahre deutsche Werkzeugmaschinenbauer auf dem Weltmarkt zu behaupten versuchten, indem sie immer ausgefeiltere Maschinen mit immer komplizierteren und multifunktionalen Arbeitsgängen entwickelten, setzte OMRON auf konsequentes Kundenmanagement. Die Abteilung mit den zwei Computerreihen ist das Herzstück des Unternehmens. Hier arbeiten nur Mitarbeiter, die sich auf ihren bisherigen Arbeitsplätzen profiliert haben und befähigt sind, auch ins Topmanagement aufzusteigen. Doch erst müssen sie sich in dem kleinen Raum mit den zwanzig Computern bewähren. OMRON war und ist der Auffassung, daß hier eines der entscheidensten Zentren ihres Überlebenskampfes auf dem Markt ist. Hier, wo der Kontakt mit den Kunden gepflegt wird, und nicht in der Entwicklungs- und Forschungsabteilung, nicht in der Produktion, obwohl diese schon mehrfach wegen ihrer exzellenten Kaizen-Methoden ausgezeichnet wurde.

Jeder der zwanzig Mitarbeiter kümmert sich mit Hilfe seiner Computerdatei um einen klar definierten Kundenstamm. Jeder weiß natürlich genau, welche elektronische Steuerung sein Kunde gekauft hat. Und er kennt auch dessen Endprodukte, den Ausnutzungsgrad der Maschine, die finanziellen Möglichkeiten des Kunden, seine Position auf dem Markt, und selbst die Hobbys und persönlichen Eigenarten der wichtigsten Mitarbeiter sind gespeichert.

Jeder Mitarbeiter kennt seine Kunden

Die Aufgabe der zwanzig Kundenbetreuer ist es nun, in ständigem Kontakt mit ihren Kunden zu bleiben. Diese haben einmal eine Steuerung von OMRON gekauft, und sie sollen es immer wieder tun, auch wenn ein Konkurrenzprodukt einmal technisch überlegen oder preislich günstiger sein sollte. Der Kunde soll nie das Gefühl verlieren, daß er bei OMRON trotzdem besser aufgehoben ist. Regelmäßig wird der Betreuer deshalb den Kunden anrufen und fragen, ob die Steuerung noch reibungslos läuft. Dank seiner Recherchen weiß er, ob sein Kunde ein neues Produkt plant und deshalb eine neue Steuerung benötigt oder die alte modifiziert werden muß. Noch bevor der Kunde selbst anfangen muß, sich auf dem Markt umzusehen, wird ihm OMRON schon einen Lösungsvorschlag machen.

Das Ziel: 100%ige Kundenbindung

Und selbstverständlich ist OMRON dabei, wenn ein Arbeiter, der eine Omron-Maschine bedient, heiratet. Ein kleines Geldgeschenk – in Japan bei der Eheschließung so üblich – sorgt dafür, daß nicht nur der Chef, sondern auch der Werker positiv an den Lieferanten der elektronischen Steuerung denkt. Es war und ist bis zum heutigen Tag ausgesprochen schwer, einen Kunden von OMRON abzuwerben. Das Unternehmen kann sich deshalb darauf beschränken, seine Werbung ausschließlich auf Neukunden zu konzentrieren.

Auch der Arbeiter wird als Kunde umworben

Kundenorientierung bis hin zur Forschungsabteilung

Die Entwicklungs- und Forschungsabteilung von OMRON erhält gezielt ihre Informationen und Stichworte von den Kundenbetreuern. Hat ein Unternehmen ein Produktionsproblem, so werden die Omron-Ingenieure eine maßgeschneiderte Lösung anbieten. OMRON stellt sein Know-how zur Verfügung, behält damit aber auch das Recht, die so gemachten Erfahrungen anderweitig einzusetzen. Damit bleiben die Forschungs- und Entwicklungskosten relativ niedrig. Fast nichts wird ins Blaue hinein ausprobiert.

Die enge Verzahnung zwischen Kundenbetreuern, Entwicklern und Verkäufern ergibt ein Maximum an Mehrwert in jeder geleisteten Arbeitsstunde.

Griffige Schlagwörter helfen wenig

Für diese intensive Kundenbetreuung haben die Japaner keinen neuen Begriff für die verwirrende Wörtervielfalt der Managementlehren erfunden. In den USA und Deutschland gäbe es dafür sofort ein Schlagwort. Das wäre dann griffig, und alle hätten etwas, was sie mehr oder weniger schlecht imitieren könnten. Ein deutscher Kundenguru hat so etwas Ähnliches »Clienting« genannt. Klingt gut, wurde auch ein Bestseller. Aber geholfen hat es nur wenig. Vielleicht wäre die schlichte Aufforderung: »*Lernen Sie endlich Ihre Kunden und deren Bedürfnisse kennen*« erfolgreicher, weil sie den Kerngedanken auf deutsch direkt und unmißverständlich ausdrückt.

Gezielte Kundenpflege statt breitflächige Streuwerbung

Die umfangreiche, sorgfältig gepflegte Kundenkartei bei OMRON ist in Japan keine Ausnahme. Statt allen nur erreichbaren Haushalten mit Bergen von unerwünschter und teurer Werbung die Briefkästen vollzustopfen, investieren Unternehmen – und vor allem die Serviceindustrie – mit vergleichsweise bescheidenen Mitteln in die Kunden, die schon einmal etwas bei ihnen gekauft haben. Sie sollen vor allem durch eine überzeugende

Betreuung bei der Stange gehalten werden. Hin und wieder träume ich von diesem Kundendienst, den ich jahrelang in Japan genießen durfte. Und dabei ist er so einfach.

Sechs Jahre lang haben wir in Tokyo keine Auto-werkstatt von außen oder innen gesehen, noch mußte ich je in ihre Nähe kommen. Das funktioniert so: Mit dem Kauf Ihres Autos speichert der Händler soviel Informationen über Ihr Fahrverhalten ab, wie er nur erfahren kann: Wird das Auto nur am Wochenende benutzt, für Stadtfahrten von der Ehefrau, oder sind Sie Vertreter und haben eine hohe Jahresleistung, fahren Sie mit dem Auto lange Strecken in den Urlaub? Je mehr Angaben der Händler von Ihnen hat, um so genauer kann er sich auf Sie einstellen.

In regelmäßigen Abständen wird er Sie anrufen: »Sind Sie noch zufrieden mit unserem Produkt, oder haben Sie ein Problem? Nach unseren Unterlagen wäre demnächst eine Inspektion fällig. Wann paßt es Ihnen?« Noch bevor Sie sich über Ihr Auto ärgern können, weil irgend etwas klappert oder klemmt, ist Ihre Werkstatt

Die Kundenbetreuung einer japanischen Autowerkstatt

schon da. Nicht Sie müssen sich um Ihr Auto kümmern, das macht Ihr Händler. So müssen Sie auch nicht mühsam um einen Inspektionstermin feilschen. Das kennen Sie doch sicher auch: Wann immer Sie Zeit haben, ist die Werkstatt leider schon ausgebucht. Sie sind immer in der Bittstellerposition. Sie wollen etwas von Ihrer Werkstatt, und die gewährt Ihnen einen Termin. So werden Sie automatisch in die Rolle des Bettlers gedrängt, während Sie in Japan den Status des Königs innehaben. Dort buhlt die Werkstatt um Ihr Wohlwollen. Sie sollen ihr Kunde bleiben.

Wenn Sie sich in Japan auf einen Termin geeinigt haben, wird Ihnen morgens ein Ersatzfahrzeug gebracht, Ihr Wagen abgeholt und abends wieder umgetauscht. Das war es.

Dies galt selbst für unseren Stadtwagen, einen kleinen Daihatsu. Die gleiche Servicebereitschaft wie für einen Toyota Lexus oder ein Massenprodukt wie der Nissan Sunny. Selbstverständlich passen sich auch die deutschen Marken in Japan diesem Service an. Sie wissen also, wie es geht, wenn die Kunden und der Wettbewerb es verlangen.

Bei uns geht das alles nicht? Diese Geschichte habe ich vielen deutschen Autohändlern erzählt. Wieviel Werbung könnten sie durch diese Kundenbindung sparen! Welch einen Zulauf gäbe es, wenn sich herumspräche, daß es da eine Werkstatt mit einem solchen Service gibt! Welch einen Wettbewerbsvorsprung würde es bedeuten, denn noch wäre diese Werkstatt ja allein mit diesem Service-Angebot.

Als Antwort folgte dann immer eine lange Liste von Gründen, die ich alle der A-Liste zurechnen möchte: *A – wie Ausrede.*

Beispiele: Es gibt kein entsprechendes Computerprogramm. Den Kunden hinterherzutelefonieren ist zu teuer. Wer soll die ganzen Ersatzwagen bezahlen? Und überhaupt: Woher soll die Werkstatt es wissen, wenn der Kunde plötzlich sein Fahrverhalten ändert und alle Planung über den Haufen wirft?

Die Händler übersehen dabei, daß der japanische Kollege mit seinem kundenbezogenen Service viel preiswerter arbeiten kann als er. Die Kundenbetreuer kennen ihre Kunden und wissen, zu welcher Tageszeit und wo er sie am besten erreichen kann. Zirka eine Stunde pro Tag verbringt er am Telefon, den Rest der Zeit steht er der Werkstatt zur Verfügung.

Service erhöht die Effizienz

Dadurch, daß der Kundenbetreuer die Fahrzeuge quasi einsammelt, kann die Werkstatt genau planen – schon Tage im voraus. Der Tagesablauf ist somit vor Überraschungen weitgehend sicher. Kundendienstbetreuer und Werkstatt haben deshalb eine wesentlich höhere Produktivität als bei uns. Hier klingelt den ganzen Tag das Telefon, ist der Kundendienstmeister ständig damit beschäftigt, die Werkstattpläne den überraschenden Notfällen und dringenden Inspektionen anzupassen. In Japan managen sich die Werkstätten selbst, in Deutschland werden sie von außen durchs Zufallsprinzip gesteuert.

Auch mit den Ersatzautos haben die Japaner gute Erfahrung. Da sie ihre Kunden kennen, wissen sie auch, daß sie diesen Service nicht mißbrauchen. Die wenigsten benutzen den Ersatzwagen überhaupt, und vom Rest fahren 95 Prozent lediglich damit zur Arbeit.

Die Angst vor Mißbrauch ist unbegründet

Der deutsche Händler verkauft immer noch Technik und Karosserie. Dabei verlangen immer mehr Kunden Service.

Je austauschbarer die Autos und ihr Qualitätsstandard werden, um so wichtiger wird die Dienstleistung rund um das Auto. Aber nachdem jahrzehntelang Produzenten und Händler die Autos mehr verteilten als verkauften, fällt ihnen diese Umstellung noch schwer.

Je austauschbarer die Produkte, desto wichtiger der Service

33

Wie unterschiedlich die Wettbewerbskultur in Japan und in Deutschland ist, wurde mir bei einem Gespräch mit einem großen Nissan-Händler in der Stahlstadt Kitakyushu deutlich.

Wir trafen uns an einem Sonntagmorgen, und seine Verkaufsräume waren voll mit Angestellten und Kunden.

»Das ist bei uns verboten«, erklärte ich ihm. »Am Wochenende ist es nicht erlaubt, Autos zu verkaufen.«

»Aber wie soll das denn gehen? Am Wochenende mache ich über neunzig Prozent meiner Geschäftsabschlüsse. Da hat die ganze Familie Zeit, und die berät sich dann ausführlich. Schließlich ist das Auto eine große und teure Anschaffung!« Er verstand die Welt nicht mehr. Und dann hatte er die Erklärung für meine ihm unverständlichen Ausführungen: »Ah, Sie kommen aus dem ehemaligen Ostdeutschland, aus dem Sozialismus.«

»Nein, nein«, wehrte ich ab. »Ich rede von Westdeutschland, dem Land, das Autos wie Mercedes, BMW und Porsche baut.« Als ich ihm dann auch noch sagte, daß wir als Kunden gewöhnt sind, auf die Auslieferung selbst dieser teuren Autos mit normaler Ausstattung bis zu einem halben Jahr geduldig zu warten, brach er das Gespräch ziemlich abrupt ab. Warum sollte er sich mit einem solchen Depp unterhalten, der ihm einen Bären aufbinden will?

In Japan bekommen die Kunden nämlich jedes gängige Auto innerhalb einer Woche ausgeliefert. Wer da monatelange Wartezeiten anbietet, ist weg vom Fenster. Die Macht des Kunden hat Konzerne und Händler so erzogen, daß sie zu den beschriebenen Spitzenleistungen fähig sind.

**Hier lassen wir uns
als Kunden wie
Deppen behandeln**

Der japanische Händler konnte ja nicht wissen, daß nicht ich ein Depp bin, weil ich ihm die Wahrheit erzählt hatte, sondern daß wir Käufer uns in Deutschland immer noch wie Deppen behandeln lassen, wenn wir 50.000 Mark und mehr für ein Auto hinblättern und dann auch noch dankbar sind, wenn wir es endlich kriegen.

Merksatz:
Wer seine Kunden genau kennt, vermeidet teure Fehlentwicklungen und kann unnütze Werbekosten sparen. Beides verschafft ihm einen Preisvorteil, den er an seine Kunden weitergeben kann, ohne seine Gewinnspannen zu verringern.

4.
Profit oder Kunde?

Service wird dem Kostenmanagement unterworfen

»Wir müssen unsere Kosten senken!« Der Druck lastet schwer auf den Schultern der Manager. Sie sitzen vor ihren Zahlen. Objektive Zahlen. Der Vorstand verlangt: »Runter mit den Kosten. Der Weltmarkt, die Globalisierung, Sie wissen schon!« Also setzt das Kostenmanagement ein. Und da haben fast alle zur gleichen Zeit die gleiche Idee: *Personalabbau.* Nichts ist personalintensiver als die Dienstleistungen, der Service. Die Konsequenz: Der Service ist zu teuer. So wird auch er dem Kostenmanagement unterworfen.

Der Kunde wird wegrationalisiert

Mit grenzenloser Stupidität folgt zur Zeit eine ganze Managerkaste dem unheilvollen Weg, den Service zu »rationalisieren«. Sie legen ein paar schöne Zahlen vor, weil sie damit die Kosten in den Griff bekommen haben, machen deswegen vielleicht Karriere in einem anderen Unternehmen. Aber ihre Nachfolger stehen dann ohne Kunden da. Die wurden gleich mit wegrationalisiert.

Gehen Sie in ein Geschäft, einen Fachhandel oder Discounter, und kaufen Sie Ihre nächste Waschmaschine, den Kühlschrank oder sonstige Elektrogeräte nicht mehr nach dem Markennamen, der da draufsteht – der sagt sowieso wenig über die tatsächliche Herkunft der Bauteile aus –, sondern kaufen Sie Ihr Gerät nach Servicegesichtspunkten.

Ihre wichtigste Frage sollte sein: »Wo ist der nächste Service-Stützpunkt des Herstellers?«

Bleiben wir bei der Waschmaschine. Der Keilriemen reißt. Der kostet ganze 21 DM. Aber der Monteur reist 40 Kilometer an, arbeitet 20 Minuten an der Maschine, dann reist er wieder 40 Kilometer zurück. Ergibt: Zwei Reisestunden plus eine Stunde Mindestarbeitszeit zu je 73 DM, und weil die Waschmaschine natürlich sofort repariert werden mußte, kommt noch eine Gebühr für den Schnelldienst von 47,90 DM hinzu. Alles zusammen summiert sich zu erstaunlichen 331,09 DM inklusive Mehrwertsteuer. Die eigentliche Zeit der Wertschöpfung war nur 20 Minuten lang, das Ersatzteil ist ein zu vernachlässigender Kostenfaktor, aber Sie zahlen das erfolgreiche Kostenmanagement des Waschmaschinenherstellers. Seine zentrale Servicestation hat nämlich die Kosten auf den Kunden, den Verbraucher verlagert.

Und weil alle Konzerne, wie die Lemminge, zur selben Zeit auf die gleiche Idee gekommen sind, hat der Verbraucher zur Zeit keine Wahl. Es sei denn, er kauft konsequent per Katalog das billigste Produkt, läßt es nicht reparieren und schmeißt es gleich weg. In vielen Fällen ist das billiger, als sich eine stolzes Markenfabrikat zuzulegen und dann deren mieses Dienstleistungsbewußtsein zu bezahlen. Die Geschichte mit dem Keilriemen habe ich leider selbst erlebt. Allerdings hatte der Servicemann das erste Mal den falschen Keilriemen dabei. Deshalb wollte er noch einmal die lange Anfahrt berechnen. Zwischendurch stellte sich heraus, daß diese Keilriemen des zwei Jahre alten Modells leider erst aus dem Zentrallager in Erlangen bestellt werden müssen, wo sie aber nicht vorrätig waren. Letztendlich habe ich mich dann einfach geweigert, die Rechnung zu bezahlen. Das hat in diesem Falle etwas genutzt.

Die sanfte Verschiebung der Kosten auf den Kunden, die ein servicefeindliches und daher unfähiges Management zu verantworten hat, wird meist noch mit

Die Servicekosten werden auf den Kunden verlagert

Beispiel TELEKOM: Sind wir ein Volk von Fernmeldetechnikern?

37

großem Werbetamtam begleitet. Und das kostet auch wieder Geld, bringt dem Kunden aber gar nichts. Ein klassisches Beispiel dafür ist die TELEKOM: Viel Geld gibt sie zur Zeit für ihre Werbung aus. Digitale Geräte, die in den Fernsehspots tolle technische Neuerungen versprechen, werden angepriesen. Das macht Lust zu kaufen. Dann die Ernüchterung: Am liebsten ist den unbekannten Beratern nämlich, die sich bei den kostenlosen Infolinien melden, wenn der Kunde ein Set kauft und es dann selbst installiert. Als ob wir ein Volk von Fernmeldetechniker wären. Kaum fragt der Kunde nach dem Zeitpunkt der Installation und nach dem Service, schrumpfen die tollen Telekomangebote zusammen. Von wochenlangen Wartefristen ist dann die Rede und von beachtlichen Kosten. Ein Leasingvertrag mit Vollservice addiert sich schnell auf das Zweieinhalbfache des Kaufpreises. Die TELEKOM weiß nämlich, daß sie der technischen Zuverlässigkeit ihrer Geräte nicht trauen kann, und deshalb muß sie ihre Servicekosten so hoch treiben.

Das simple Kalkül der TELEKOM lautet: äußerst preiswert zum Selbstmontieren anbieten, und wenn dann die Kunden nicht zurechtkommen, dann brauchen sie doch die Servicetruppe. Aber vorher hat die TELEKOM für ihre Kunden noch einen Intelligenztest eingebaut: Wenn Ihr Telefon nicht funktioniert, können Sie auch nicht die Servicezentrale anrufen. Haben Sie aber ein Handy, so könnten Sie ja damit um Hilfe rufen – theoretisch. Vom Handy aus kann die Servicestation jedoch nicht angerufen werden – aus technischen Gründen. Die Lösung des Problems: Sie rufen vom Handy aus RON SOMMER, den Telekomchef, an – das geht – und drohen ihm, Ihre Telekomaktien zu verkaufen. Der ruft dann die zuständige Servicestation an, und die schickt einen Techniker – im Laufe der nächsten Tage. Die Drohung mit dem Aktienverkauf ist das einzige, was wirkt. Denn wenn die in den Keller gehen, wären die ganzen Werbemillionen futsch, mit denen die TELEKOM ihre Anteilsscheine unters Volk gebracht hat. Mit dem Service und der Kundenfreundlichkeit hat der Aktienkurs sicher nichts zu tun. Gewinnmaximierung, schlank machen, Analysten beeindrucken – das ist der Kurs von RON SOMMER. Mit Beginn 1998 haben wir Kunden Gelegenheit, uns alternative Anbieter zur TELEKOM auszusuchen, und wenn wir unsere Mißhandlungen bis dahin nicht vergessen haben oder RON SOMMER keine Kurskorrektur in Richtung Kundenfreundlichkeit vornimmt, wird es furchtbar für dieses Unternehmen, das zur Zeit alles beachtet, nur nicht seine Kunden. Die sind Beiwerk zum schnöden Image, sind die Wasserträger des »Team Telekom«.

Als HEINZ DÜRR Vorstandsvorsitzender bei der DEUTSCHEN BAHN AG war, hat er das Ruder noch herumgerissen und den Personalabbau im Service gestoppt. Die neue Bahn, das hat er schnell gemerkt, wird scheitern, wenn die Ansprechpartner auf den Bahnhöfen und in den Zügen verschwinden.

Die DEUTSCHE BAHN AG hat das Servicepersonal aufgestockt

Wenn der Service wegrationalisiert wird, bleiben auch die Kunden aus.

Statt weniger gibt es deswegen heute mehr Personal in den Bahnhöfen. Servicestationen geben geduldig Auskunft. Dienstmänner tragen wieder Koffer, und Schaffner sind sich nicht zu schade, auch mal einen Kaffee zu servieren.

Natürlich sind die eisernen Kofferkulis billiger und erfüllen für die meisten Reisenden auch ihren Zweck. Natürlich helfen elektronische Auskunftterminals eiligen Reisenden, sofern sie im Umgang mit Computern versiert sind, und natürlich kann man Fahrkarten auch aus der Maschine ziehen. Aber im Dienstleistungsbereich ist der *Faktor Mensch* durch nichts zu ersetzen.

Menschen lassen sich nicht durch Technik ersetzen

Mag die Maschine in der Lage sein, akkurat die Reiseroute anzugeben, aber schon eine kleine Nachfrage, ein kleiner Umweg, und es wird kompliziert. Wichtiger aber noch ist – und das trifft nicht nur auf die DEUTSCHE BAHN AG zu:

Nichts bleibt positiver in Einnerung als ein freundliches Gespräch mit einem hilfsbereiten Menschen.

Die nette Geste eines Kundendienstlers ...

In einem deutschen Elektrokonzern hat ein Servicetechniker einer Kundin spontan ein Dampfbügeleisen geschenkt. Viermal schon war er bei ihr und mußte ihr immer wieder mitteilen, daß das Ersatzteil für die Waschmaschine noch nicht eingetroffen sei, eine Austauschmaschine aber nicht geliefert werden könne, weil das Modell gerade überarbeitet würde. Jedesmal konnte er nur mit einem Provisorium aushelfen, damit sie überhaupt ihre Wäsche waschen konnte. Beim vierten Mal brach die Frau in Tränen aus: ständig der Ärger, wo sie doch berufstätig sei und auf die funktionierende Waschmaschine angewiesen wäre. Zu allem Überfluß fiel ausgerechnet heute auch noch das Bügeleisen herunter und ist dabei zerbrochen. Da sah der Servicetechniker seine Chance, schenkte ihr das neue Bügeleisen für all die Unbill, die sie erlitten hatte. Die Frau hat danach tatsächlich wieder eine Waschmaschine bei demselben Konzern gekauft.

... wird als eigenmächtiges Handeln abgemahnt

Den Ärger hatte dann der Servicemann. Wer ihn befugt habe, das Bügeleisen zu verschenken, so sein Vorgesetzter. Das müsse er ihm vom Gehalt abziehen. Solche Eigenmächtigkeiten führten zur Anarchie. Der Verkauf, der ebenfalls von dem Vorfall hörte, war dagegen ganz begeistert. In Zukunft sollten alle Techniker einige Geschenke mitführen, um sich verärgerten Kunden gleich vor Ort und Stelle erkenntlich zeigen zu können. Das brachte die Juristen auf den Plan: Das könne gegen die Zugabeverordnung verstoßen, da sei höchste Vorsicht geboten. Völlig aus dem Häuschen reagierte aber der Servicechef: Nur er habe den Überblick und die Kompetenz, Geschenke als Wiedergutmachung zu verteilen. Wer wohl die Verantwortung dafür übernähme, daß die Techniker sich nicht den Kofferraum vollpacken und dann wie der Weihnachtsmann Freundin, Freunde und Verwandte beschenken würden?

Ergebnis: Nichts geschah, es blieb alles beim alten. Dem Servicetechniker wurde mitgeteilt, in diesem Falle könne man seine Eigenmächtigkeit gerade noch dulden, und deshalb werde davon Abstand genommen, ihm die Kosten für das Bügeleisen vom Gehalt abzuziehen. So etwas dürfe aber nie wieder vorkommen.

Bei einer solchen *Unkultur* in einem Unternehmen, wo Kompetenzen wichtiger sind als Kundenzufriedenheit, die Bedenkenträger mehr zu sagen haben als die Mitarbeiter, die direkt mit den Kunden zu tun haben, wo die

So kann keine Kundenkultur entstehen

41

Mitarbeiter an der kurzen Leine gehalten werden müssen, weil sie ja alle potentielle Diebe sind, in einem solchen Unternehmen kann keine Kundenkultur entstehen. Mit gewisser Genugtuung allerdings verfolge ich die Meldungen in der Wirtschaftspresse: Diesem Unternehmen geht es von Jahr zu Jahr schlechter. Wenn sich keine staatlichen Subventionen finden, wird es demnächst vom Markt verschwinden. Und das ist gut so.

Sparen Sie nicht am falschen Ende!

Wo wird er bisher in Heller und Pfennig gemessen – der *Freundlichkeitsfaktor?* In welcher Bilanz ist zu lesen: Umsatzsteigerung dank freundlicherer Mitarbeiter um x Prozent? Das steht eben nirgendwo. Wohl aber steht da: Einsparung durch Personalabbau xy Prozent, eine genau bezifferte Summe – und die zählt bei den Etatberatungen, im Vorstand, beim Aufsichtsrat. Dabei ist dieser Gewinn oft teuer erkauft, und er wird zukünftig noch teurer werden, dann nämlich, wenn die Kunden begreifen, daß sie die Kostenersparnis des Personalabbaus mit immer teureren Servicegebühren bezahlen müssen, und sich das einfach nicht mehr gefallen lassen.

Merksatz:
Service ist personalintensiv. Wer das Personal im Service abbaut, rationalisiert auch gleich seine Kunden weg. Nichts steigert den Gewinn und Umsatz so sehr wie zufriedene Kunden. Statt Personal abzubauen, schicken Sie es lieber an die Kundenfront!

5.
Kunde und Qualität

Es geht ein Gespenst um auf den Weltmärkten, und es heißt: *Total Customer Satisfaction.* Bevor Sie sich leichtfertig abwenden, weil Sie dahinter wieder nur eines jener neuen Schlagworte vermuten, mit denen Managerseminare gefüllt werden, nehmen Sie bitte zur Kenntnis, daß dieses Gespenst schon so manchen nachlässigen Produzenten zu Tode erschreckt hat. Er mußte aufgeben, weil sein Konkurrent ihn durch totale Kundenhinwendung zum Aufgeben gezwungen hat.

Total Customer Satisfaction

In Deutschland ist davon noch wenig zu spüren. In den USA aber gehört dieser kompromißlose Kampf um den Kunden schon zum Alltag.

Der Kampf um Kunden

Eines der Zauberworte heißt: *lebenslange Garantie bei Waren.* Andere Serviceunternehmen locken mit dem Versprechen: »*Wenn Sie mit unserer Dienstleistung nicht zufrieden sind, müssen Sie nicht zahlen.*«

In den USA gibt es eine Hotelkette, die ihre Kunden wissen läßt: »Wenn Sie mit uns nicht zufrieden waren, dann müssen Sie nicht zahlen, Sie können einfach gehen. Aber es wäre nett von Ihnen, uns Ihre Gründe zu nennen, damit wir uns weiter verbessern können.«

Ich stelle mir dies in Deutschland vor. Vor kurzem übernachtete ich in einem 5-Sterne-Hotel: 310 Mark fürs Zimmer. Das Bett stand achtzig Zentimeter von der Wand entfernt und erinnerte an eine ausklappbare Liege in einer Jugendherberge. Später stellte sich heraus, daß ich mit dieser Vermutung gar nicht so falsch

Hierzulande kämpfen die Kunden

43

lag. Weil mir immer die Kissen von dem schmalen Bett rutschten, bat ich gegen ein Uhr nachts um ein anderes Zimmer. Ein Nachtportier half mir beim Umzug. Doch im nächsten Zimmer ging die Nachttischlampe nicht an, und der Fernsehapparat brummte. Noch bevor ich die Koffer wieder ausgepackt hatte, besorgte der Nachtportier mir ein drittes Zimmer. Hier klappte alles. Nur die Minibar war leer. Und weil ich während dieser ganzen Aktion Durst bekommen hatte, wollte ich mir eine Flasche Mineralwasser am Empfang kaufen. Doch einer der beiden Aufzüge war stillgelegt und im anderen wurden Stühle für ein riesiges Bankett transportiert. Deshalb verwies mich der Stuhlschlepper, doch die vier Stockwerke bitte zu Fuß zu gehen.

Am nächsten Morgen kam der General Manager und entschuldigte sich für das Ungemach. Sie seien ausgebucht, er komme nicht mehr nach. Und natürlich – das nachlässige Personal. Ich könne mir ja überhaupt nicht vorstellen, wie schwer er es habe, und ich hätte doch sicher Verständnis für so eine Ausnahmesituation.

»Oh ja, das habe ich«, sagte ich entgegenkommend. Er habe sicher auch Verständnis, wenn ich einen Teil der Rechnung mit Monopoly-Geld begliche, das ich für solche Fälle immer bei mir führe. Seine Gesichtszüge gerieten aus den Gleisen. »Ein guter Scherz, ha ha.«

»Nein«, sagte ich, »kein Scherz«, und hielt ihm ein paar Monopoly-Scheine entgegen.

Aus war es mit seinem Verständnis. Also, das ginge doch zu weit. Seine Gesichtszüge waren wieder dort, wo sie hingehörten.

»Verständnis gegen Verständnis«, schlug ich vor und ergänzte bestimmt: Er könne den halben Preis haben oder gar nichts. Schließlich hätte ich fürs Schlafen gezahlt und nicht fürs Herumziehen. Ich verlor diesen Streit. Am Vortag wurde beim Einchecken ein Abzug von meiner Kreditkarte gemacht, und so mußte ich gnadenlos zahlen. Verständnis muß in unserer Hotellerie immer nur der Kunde aufbringen. Die einzige Waffe, die mir bleibt, ist, in Zukunft dieses Hotel zu meiden, selbst dann, wenn ich, wie in diesem Fall, von einem Veranstalter dort eingebucht werde.

So warte ich mit Wehmut auf den Tag, an dem in Deutschland eine Hotelkette den gleichen perfekten Service garantiert und seinen Kunden verspricht:

»Wenn wir Sie nicht zufriedengestellt haben, brauchen Sie nicht zu zahlen.«

Verständnis muß immer nur der Kunde aufbringen

45

Geld-zurück-Garantie

Im Flughafen von Singapur steht überall groß angeschlagen: *»Wenn Sie bei uns ein Produkt kaufen und damit nicht zufrieden sind, erhalten Sie innerhalb von 30 Tagen Ihr Geld zurück. Wir stellen keine Fragen.«*

»Wir stellen keine Fragen«

Den Saturn, ein PKW der unteren Mittelklasse von GENERAL MOTORS, kann der Kunde in den USA ebenfalls innerhalb von dreißig Tagen zurückgeben, wenn er nicht mehr als 2500 Meilen gefahren ist. Auch die Saturn-Händler werben mit dem Schlagwort: »Wir stellen keine Fragen.«

Ungläubig reiben sich da die meisten deutschen Hersteller und Dienstleister die Augen, und ihre erste Frage lautet: »Wie lange halten die das durch? Wann sind die pleite?«

Absolute Kundenzufriedenheit setzt absolute Qualität voraus

Umgekehrt habe ich viele Unternehmen gefragt: »Warum bieten Sie diesen Service nicht an? Jetzt, wo die Konkurrenz sich diesen mutigen Schritt noch nicht traut!« Nach langen Grundsatzerklärungen und Ausflüchten schimmerte dann meist die Wahrheit durch. Die Firmen sind noch nicht in der Lage, die konstante Qualität zu bieten, um sich dieser Herausforderung stellen zu können. Sie fürchten sich vor den vielen Nachbesserungen. Wer absolute Kundenzufriedenheit erreichen will, muß zunächst einmal in der Lage sein, *absolute Qualität* zu produzieren – und das trauen sich die wenigsten Marktanbieter zu.

Das Zeitalter des Kunden wird auch das Zeitalter der Qualität sein.

Qualitätsversprechen »Made in Germany«?

»Made in Germany« ist kein Pfifferling mehr wert, wenn sich dahinter nicht ein fehlerfreies Produkt befindet, das auch dem Maßstab gerecht wird: »Wenn Sie mit Made in Germany nicht zufrieden sind, geben Sie es uns zurück. Wir stellen Ihnen keine Fragen.« Voraussetzung dafür ist allerdings, daß sich die Unternehmen

selbst hinterfragen, warum sie nicht in der Lage sind, eine gleichbleibend hohe Qualität zu produzieren, um jeder, aber auch jeder Herausforderung auf dem Weltmarkt begegnen zu können.

Zwischen den Milchkuhweiden und Käsefabriken des westlichen US-Bundesstaates Wisconsin hat ein Versandhaus mit dem bezeichnenden Namen LANDS' END begonnen, den Großen der Branchen neues Kundenbewußtsein zu lehren. »*Guaranteed Period*« lautet der wichtigste Satz für die Käufer. Und das bedeutet nicht mehr und nicht weniger als das Versprechen, jede Ware gegen den Kaufpreis zurückzunehmen, wenn der Kunde damit nicht zufrieden sein sollte. Und dies auch noch nach Jahren.

Neues Kundenbewußtsein bei LANDS' END

Das Geheimnis des Erfolgs von LANDS' END absolute Qualität und die hausinterne Maxime:

Der Kunde kommt vor dem Profit, denn dann stellt sich der Profit von ganz alleine ein.

Die Möglichkeit des Kunden, seinen Kauf jederzeit rückgängig zu machen, wirkt auf alle Lieferanten, Einkäufer und Mitarbeiter wie eine Drohung. Wenn du uns schlampige Ware lieferst, wenn du beim Einkauf mit zweitklassigen Produkten zufrieden bist, wenn du die Bestellung oberflächlich bearbeitest, dann – schwupps – ist die Ware wieder da. Das heißt sinkender Profit, und das bedeutet Gefährdung eines Bonus oder gar des Arbeitsplatzes.

Lieferanten, Einkäufer, Mitarbeiter – alle müssen mitziehen

An 365 Tagen im Jahr, an 24 Stunden am Tag stehen LANDS' END-Mitarbeiter für Kundengespräche zur Verfügung. Menschen – nicht elektronische Anrufmaschinen. Und kein Kunde muß länger als fünf Sekunden warten, bis sein Telefongespräch entgegengenommen wird.

Rund um die Uhr für den Kunden präsent

47

Das Gegenteil ist uns vertrauter: telefonische Warteschlangen

Das alles ist mit der heutigen Technik möglich, das alles hilft diesem Unternehmen, überdurchschnittliche Gewinne zu erzielen. Und dann sitzen Sie wieder in Deutschland am Telefon, und es klingelt und klingelt, dann kommt eine Stimme vom Band, die Sie um Geduld bittet oder gleich sagt, alle Leitungen seien belegt und Sie mögen es später noch einmal probieren. Wenn Sie endlich nach viel Musik und noch ein paar elektronischen Abfragen (»Antworten Sie bitte mit Ja oder Nein.«) endlich einen Menschen an der Strippe haben, sind Sie froh, wenn der sich als einigermaßen kompetent erweist.

Kleidung nach Maß per Telefon

Bei LANDS' END steht Ihnen eine persönliche Beraterin zur Verfügung. Diese sitzt in einem Raum, in dem alle Produkte ausgestellt sind. Mit dem Telefon in der Hand kann Sie so mit dem Hemd, das Sie kaufen wollen, zu den Krawatten gehen und Sie beraten, was da am besten zusammenpaßt. Sie bestellen Ihr Monogramm und können es aufnähen lassen, wo Sie wollen. Ihre Hose wird in der Länge Ihren Maßen angepaßt, und das Paket wird Ihnen an dem Tag zugestellt, den Sie wünschen.

Service, wo immer es geht

Diese individuelle Betreuung hat dazu geführt, daß sich in der Kundenkartei von LANDS' END Junggesellen befinden, die von einer Betreuerin automatisch in regelmäßigen Abständen eine neue Ausstattung erhalten. Vergeßliche Ehemänner haben einen Dauerauftrag für den Hochzeitstag oder den Geburtstag der Ehefrau eingerichtet. Das Versandhaus kümmert sich um das Geschenk und stimmt dann nur noch die Details ab, falls dies gewünscht wird.

Direkter Zugriff auf Qualität und Lieferbarkeit

Auf dem Flughafen der Hauptstadt Wisconsins, Madison, stehen zwei Lear Jets bereit. Treten irgendwo bei Lieferanten Qualitäts- oder Lieferprobleme auf, fliegt sofort eine Task Force ein. Das kann sogar soweit gehen, daß LANDS' END Personal mitbringt, um einen

Produktionsengpaß des Zulieferers zu überbrücken. Diese schnelle Zugriffsmöglichkeit auf die Produktion und die Sicherstellung der Qualität haben dazu geführt, daß LANDS' END immer mehr seiner Produkte wieder in den USA herstellen läßt. Die Billiglöhne im Fernen Osten sind kein Argument, um Waren aus Asien zu beziehen. Nur wenn auch die Qualität und die Liefersicherheit stimmen, wird im Ausland eingekauft. »Wir verhandeln nicht über den Preis, wir verhandeln in erster in Linie über die Qualität«, erläutert Mike Atkin die Einkaufsstrategie.

Zehn Prozent der Bestellungen kommen zurück. Neun Prozent wollen umtauschen – darunter ist ein extrem hoher Anteil von Badeanzügen. Nur ein Prozent der Kunden wollen ihr Geld zurückhaben.

Nur 1% der Kunden nehmen die Geld-zurück-Garantie in Anspruch

Wir waren in der Reklamationsabteilung dabei und haben beobachtet, wie ein Paar Kinderschuhe zurück-kamen. Die schon abgelaufene Sohle hatte sich vom Schuh gelöst. Laut Katalog waren die Schuhe zwei Jahre alt. Ohne Kommentar wurde der Kaufpreis per Scheck erstattet. Es kam auch ein Strickpullover zurück, der sich an den Ellbogen aufgelöst hatte. Der war so alt, daß ihn die Sachbearbeiterin noch nicht mal mehr in den Katalogen der letzten vier Jahre fand, die an ihrem Arbeitsplatz zum Nachblättern liegen. Eine Abteilungs-leiterin machte sich auf die detektivische Sondersuche, um auch für dieses abgetragene Stück den Kaufpreis zu ermitteln. Die Kunden können die Gründe für ihr Rückgabeverlangen angeben, müssen es aber nicht. Neunundneunzig Prozent tun es dennoch. So hat LANDS' END einen guten Einblick, wie ihre kritischsten Käufer denken.

Allein in den USA hat LANDS' END 22 Millionen Kunden, von denen im Schnitt jedes Jahr acht Millionen eine Bestellung aufgeben. Über jeden dieser Kunden werden, wie bei allen erfolgreichen Firmen, so viele Informationen gespeichert wie möglich. Daher weiß

LANDS' END auch, wer das großzügige Kostenerstattungsangebot mißbraucht.

»In über zwanzig Jahren waren es nur 2.000 Kunden, die wir als Betrüger identifiziert haben«, sagte uns Vorstandsmitglied Mike Atkin. »Die haben im Herbst die Sommerkollektion und im Frühjahr die Winterkollektion zurückgegeben. Die haben wir aus unserer Kundenkartei herausgeschmissen. 2.000 von 22 Millionen. Das ist nichts. Der Grund ist für uns ganz einfach: Wir behandeln unsere Kunden als ehrliche Leute. Und dann sind die auch ehrlich zu uns. Man betrügt keinen Freund.«

Bleibt nur noch zu ergänzen, daß LANDS' END überdurchschnittliche Löhne zahlt. Für die Mitarbeiter stehen eine große Sporthalle und ein Schwimmbad direkt neben der Kantine kostenlos zur Verfügung. Diese Anlagen können es hinsichtlich ihres Angebots und ihrer Ausstattung mit manchem Freizeitcenter und Restaurant aufnehmen.

Großzügigkeit auch gegenüber den Mitarbeitern

Wenn ich in Deutschland von diesem Beispiel erzählte, das ich in meinem Film *Das Märchen vom König Kunde* in der ARD vorstellte, hörte ich die üblichen, fast standardisierten Ausflüchte:

Bei uns geht das alles nicht?

»Das hat einen Pferdefuß, sonst wären die schon pleite.«

Oder: »Vielleicht geht das in Amerika, hier in Deutschland würden das unsere Kunden ausnutzen. Was glauben Sie, wie viele uns da betrügen würden.«

»Nein, von so einem Beispiel können wir nichts übernehmen. Wo soll das hinführen? Wenn wir das machen, dann macht das bald auch die Konkurrenz, und das halten wir dann alle nicht durch. Am besten, wir fangen so etwas gar nicht erst an.«

Das war im Frühjahr 1996. Im Spätsommer 1996 eröffnete LANDS' END seine Filiale in Deutschland und bietet seither dieselbe lebenslange Garantie zwischen Rhein und Oder an und hat schon im ersten Jahr einen Zulauf, der so nicht erwartet worden war.

Merksatz:
Die Unternehmer sind heute vor keiner kundenfreundlichen Idee mehr geschützt – selbst wenn sie vom Ende der Welt, aus der Prairie Wisconsins stammt. Es ist daher besser, sich nicht auf die Trägheit der Konkurrenz zu verlassen.

6.
Das haben wir schon immer so gemacht

Deregulierte Märkte
schaffen kreative
Freiräume

In Texas wurde 1971 eine Airline gegründet, die seither jedes Jahr zweistellige Zuwachsraten aufweist und fast jedes Jahr zweistelligen Gewinn abwirft. Die SOUTHWEST AIRLINE konnte nur entstehen, weil der Flugmarkt in den USA dereguliert wurde und dadurch Freiraum für neue Ideen entstanden war. Der Gründer der Airline, HERB KELLEHER, ein Rechtsanwalt, hatte bis dahin mit der Luftfahrtindustrie nichts zu tun, außer daß er Vielflieger, also Kunde, war. Und wie fast alle Vielflieger litt auch er unter einem ständigen Ärgerpegel, der kurz vor dem Überlaufen stand. Verspätungen, fehlgeleitete Koffer, unzureichende Informationen, verpaßte Anschlüsse, unübersichtliche Tarife, bei denen man sich ständig übervorteilt fühlt, weil der Nachbar im Flugzeug nur die Hälfte bezahlt hatte. Außerdem konnte KELLEHER nicht begreifen, warum das ganze Fliegerpersonal in dunklen Uniformen herumlief, als sei man beim Militär.

Das Ziel: preiswert,
pünktlich, zuverlässig

Den Ärger leid, gründete er seine eigene Airline, die nur eine Aufgabe haben sollte: den Kunden möglichst preiswert, pünktlich und zuverlässig von A nach B zu bringen. Sein Personal sollte die Passagiere möglichst locker unterhalten, denn im Gegensatz zu allen Werbesprüchen akzeptierte KELLEHER die Tatsache, daß Fliegen eine unbequeme Angelegenheit ist, die die Passagiere, in engen Sitzen eingeklemmt und auf Tuchfühlung mit allen möglichen Zeitgenossen, überstehen müssen. Statt in Uniformen versieht deshalb das Southwest-Personal seinen Dienst in roter, orangefarbener, hellbrauner oder in anderen freundlichen Farben gehaltener Freizeitkleidung. Heiße Höschen inbegriffen.

Heute ist SOUTHWEST die sechstgrößte Airline innerhalb der USA, und sie wächst immer noch schneller als alle anderen. Das Flugticket kostet 55 Dollar pro Flugstunde. Der Kunde kann den Flugschein seit über zwanzig Jahren im Automat per Kreditkarte kaufen oder sich ganz persönlich und traditionell am Schalter bedienen lassen. Eingecheckt wird bis zehn Minuten vor Abflug. In den letzten Jahren wurde SOUTHWEST regelmäßig von den Passagieren zur *freundlichsten Airline der USA* gewählt. Dazu belegte sie auch immer den ersten Platz als *pünktlichste Airline* und den ersten Platz für die Fluglinie, die die wenigsten Koffer verschlampt.

> **Erfolg durch konsequente Kundenfreundlichkeit**

Um diese Ziele zu erreichen, verzichtete KELLEHER in der Anfangsphase auf Führungskräfte, die schon bei anderen Airlines gearbeitet hatten. »Die wissen, wie man eine Airline ruiniert, aber nicht, wie sie neue Ideen umsetzen sollen«, lautete dazu einer seiner provokanten Sätze.

SOUTHWEST bietet ein genormtes Produkt an. Es werden nur Boeing 737 geflogen. Die weiteste Flugstrecke beträgt zwei Stunden. Aber alle Verbindungen, die SOUTHWEST im Streckennetz hat, werden gleich mehrfach am Tage beflogen, so daß der Kunde immer mehrere Auswahlmöglichkeiten hat. Die Rennstrecken zwischen Dallas, Houston und San Antonio, zwischen Phoenix, Los Angeles und Las Vegas werden mittlerweile im 30-Minuten-Takt angeboten.

Ulkigerweise werden diese Verbindungen auch immer wieder als Chance für die deutsche Magnetschwebebahn erwähnt. Das ist schon komisch. Da sollen dann die Passagiere freiwillig ein Vielfaches von dem

> **Die deutsche Magnetschwebebahn ist nicht wettbewerbsfähig**

bezahlen, was SOUTHWEST von ihnen verlangt, um dafür auch noch länger unterwegs zu sein. Solange die US-Behörden die Luftfahrt nicht so künstlich benachteiligen, wie dies in Europa geschieht, werden dort Airlines jede Magnetschwebebahn vom Markt fegen.

Außer dem billigen Ticket gibt es bei SOUTHWEST nichts umsonst. Ein Drink kostet ein oder zwei Dollar. Dafür ist jeder Southwest-Flugsteig mit einem großen Angebot an Restaurants ausgestattet, bei denen natürlich auch die Billigangebote von McDonald oder Pizza Hut nicht fehlen.

Ohne hochmotiviertes Personal geht nichts

KELLEHER war klar, daß er seine Vorstellung von einer effektiven, am Kunden orientierten Airline nur mit einem entsprechend motivierten Personal umsetzen kann. Eingestellt wird nur, wer im Team arbeiten kann und Spaß versteht. »Wir haben lieber einen Clown zuviel als einen, der sich auf seine Eliteausbildung etwas einbildet«, verdeutlicht Personalchefin Patricia Lelong ihre Auswahlkriterien.

Eigenverantwortung und leistungsorientierte Bezahlung

Piloten und Flugbegleiter bestimmen selbst innerhalb eines Sicherheitsrahmens, wie oft sie fliegen. Danach richtet sich ihr Grundgehalt. Prämien gibt's für Pünktlichkeit. Als Norm gilt: Innerhalb von nur zwanzig Minuten nach Ankunft der Maschine am Terminal werden die Koffer aus- und eingeladen, wird die Maschine aufgetankt und gereinigt, steigen die Passagiere ein und aus, und der Jet rollt wieder ab. Gibt es Engpässe, hilft der Pilot ebenso mit wie der Stationsmanager. Sie alle können sich nicht auf die Fehler der Bodencrew oder von sonst jemandem berufen, Ausreden zählen nicht, nur das Ergebnis. Und so geschieht das Wunder, daß die Southwest-Maschinen zu neunundneunzig Prozent pünktlich sind.

Ein Teil der Gehälter wird in Aktien ausgezahlt. Außerdem bekommen die langjährig Beschäftigten zusätzliche Aktien, wenn neues Kapital an der Börse aufgenommen wird. Ein Pilot, der zirka zwanzig Jahre bei SOUTHWEST gearbeitet hat, geht so als Millionär in Rente. Dies alles in einem Unternehmen im Süden der USA, dessen Mitarbeiter zu hundert Prozent der Gewerkschaft angehören.

Mitarbeiter als Aktionäre

Dutzende von Städten in den USA stehen heute bei SOUTHWEST Schlange und bitten, daß diese Airline sie in ihren Liniendienst aufnimmt, weil dies ein Standortvorteil ist. Denn Unternehmen mit hohem Flugaufkommen machen ihre Ansiedlung mittlerweile davon abhängig, mit welchen Reisekosten sie rechnen müssen.

Wie gesagt: Diese Airline wurde erst möglich, weil der US-Luftverkehrsmarkt dereguliert wurde. Seltsamerweise wurde in Deutschland fast nur von den Opfern der Deregulierung geredet, von PAN AM, TWA und EASTERN, um nur einige Große zu nennen. Dabei wurde immer der Eindruck erweckt, daß die Ursache für die Schwierigkeiten dieser Gesellschaften die Deregulierung sei, und deshalb wurde intensiv davor gewarnt, in Europa denselben Fehler zu begehen. Doch diese Airlines sind an ihrem *Dinosaurier-Verhalten* eingegangen, an lausigem Service, zu hohen Preisen. Sie verdienen kein Mitleid.

Die Opfer der Deregulierung

Kommen Sie bitte nicht mit dem Argument, eine Southwest sei bei uns nicht möglich. Mühsam setzt auch hier die Europäische Union die Deregulierung am Himmel durch. Die traditionellen, teilweise immer noch halbstaatlichen Airlines kämpfen einen verbissenen Kampf gegen einen freien Markt. Noch kostet zum Beispiel ein Lufthansa-Ticket Frankfurt-Berlin 840 Mark.

Private Airlines treten auch in Europa den Siegeszug an

Aber schon macht sich die britische DEBONAIR von Mönchengladbach und München aus breit. Für 149 Mark fliegt sie zwischen den beiden Städten und für 209 DM von München nach London.

David gegen Goliath

Auch in den USA haben die traditionellen Fluggesellschaften gegen SOUTHWEST einen erbitterten Krieg geführt. Sie haben es sogar geschafft, daß ein Bundesgesetz gegen die private Airline erlassen wurde. So darf SOUTHWEST keine Umsteigeflüge über ihren ersten Zentralflughafen Dallas anbieten. Doch diese lächerlichen juristischen Gefechte haben die Airline nicht aufgehalten, sondern nur Dallas geschadet. Jetzt werden andere Städte ausgebaut.

Statt den Kampf um den Kunden aufzunehmen, versuchen es alle Dinosaurier immer wieder mit Lobbyismus, Juristen und dem Geld der Steuerzahler. Mit dem Gejammere, Arbeitsplätze würden gefährdet, erschleichen sie sich dann die Subventionen.

Natürlich haben einige Fluglinien in den USA es versucht, SOUTHWEST einfach zu kopieren. Doch das hat sie fast in den Ruin getrieben. Eine verkrustete Hierarchie, die sich Jahrzehnte mit ihren inneren Grabenkriegen beschäftigt hat, kann sich nicht mit einigen Dienstanweisungen in eine kundenorientierte Organisation umwandeln. Dazu ist eine *firmeninterne Revolution* notwendig, die alles, aber auch alles Gewohnte in Frage stellt. Für diesen Umsturz hat die Managementlehre schnell den Begriff des »Reengineering« geprägt. Die Unternehmen, die es konsequent angewandt haben, berichten von Quantensprüngen, sowohl beim Wachstum wie beim Gewinn. Doch allzu viele haben während des Reengineering-Prozesses den Mut vor den Konsequenzen verloren und sind auf halbem Wege stehengeblieben. Damit wurde ihre Situation oft noch schlimmer. Sie sind es, die die Reengineering-Welle in Mißkredit gebracht haben.

Nur die wenigsten haben Mut zum Reengineering

Mitten in der schwäbischen Alb hat JOHANNES TICKART die METTLER TOLEDO Waagenfabrik einem totalen Reengineering unterzogen, und seither pilgern viele Kollegen nach Albstadt, um dieses Wunder zu bestaunen. TICKART würde nie von einem Reengineering sprechen. Das ist ihm ein zu statischer Begriff. Er hat eigentlich nichts anderes machen wollen, als die Fähigkeiten seiner Mitarbeiter zu mobilisieren und diese für den Kunden einzusetzen.

METTLER TOLEDO hat gewagt und gewonnen

Um das Ergebnis vorwegzunehmen: Statt der üblichen Lieferzeit von acht Wochen wird heute jedem Kunden garantiert, daß er innerhalb von fünf Tagen jede gewünschte Menge jedes x-beliebigen Modells erhält.
Die Zahl der Grundmodelle hat sich von 50 auf 500 erhöht und die davon abgeleiteten Varianten von 2.000 auf 12.000. Der Warenwert des Ersatzteillagers hat sich von 20 Millionen auf 4 Millionen Mark verringert, der

Garantierte Lieferzeit von 5 Tagen

Umsatz dagegen von 50 Millionen auf 100 Millionen Mark verdoppelt, und der Marktanteil von METTLER TOLEDO ist von 12 Prozent auf 20 Prozent gestiegen.

Wer die Hallen von METTLER TOLEDO betritt, denkt erst, hier sei immer Feierabend. Ohne Hektik bauen die Mitarbeiter in einer für die geringe Aktivität viel zu groß gehaltenen Halle einige Waagen zusammen.

Eigenverantwortung der Mitarbeiter

Doch der Schein trügt. Es gibt Tage, da wuselt es hier von Mitarbeitern, die, ohne dafür von ihrem Meister eingeteilt worden zu sein, Waagen bauen. Bei METTLER TOLEDO gelten nämlich dieselben Grundsätze wie bei LAND'S END oder SOUTHWEST AIRLINE: Die Mitarbeiter sind eigenverantwortlich, planen ihren Arbeitsablauf und ihre Arbeitszeit selbst. Sie haben nur eine Verpflichtung: In fünf Tagen muß jeder Auftrag erledigt sein.

Kundennähe von Anfang an

Fast die gesamte Entwicklungsabteilung ist ständig bei den Kunden vor Ort und bespricht mit diesen deren spezifische Vorstellungen. Die Waage entsteht praktisch beim Kunden. Der Entwickler gibt dann die Bestellung an die Zentrale, wo fünf vielsprachige Frauen die aus ganz Europa einlaufenden Bestellungen überprüfen und alle eventuellen Nachfragen sofort telefonisch erledigen. So werden bereits im Vorfeld Mißverständnisse und Fehlerquellen ausgeräumt. In weniger als einer Stunde haben die Computer die Bestellung mit den Vorräten der Bauteile im Lager verglichen, die Gebrauchsanweisung dieses speziellen Modells in der entsprechenden Landessprache und alle aufzuklebenden Typenmerkmale ausgedruckt. Ein Meister legt dann die fertige Auftragsmappe in das Fach mit dem Datum, an dem die Waage fertig sein muß.

Flexible Arbeitszeiten je nach Auftragslage

Hier fängt die Eigenverantwortung des Werkers an. Ist wenig los, bleibt er vielleicht einen Tag zu Haus und sammelt die Minusstunden auf seinem Zeitkonto. Gibt es viele Aufträge, werden alle Mitarbeiter kommen. Ihnen steht dann die doppelte Maschinenkapazität zur Verfügung. Diese Maschinenreserve wird viele Finanzfuzzis zum Widerspruch herausfordern. Stehen sie doch nur für den Notfall herum, sind also garantiert nicht ausgelastet. Aber TICKART denkt an seine Kundengarantie: Auslieferung jeder Waage in jeder Mengen in fünf Tagen. Das funktioniert nur mit den zusätzlichen Maschinen. Und es hat sich ausgezahlt: Die Investition, der in keinem Großbetrieb der Finanzcontroller zustimmen würde, hat ihm eine Verdoppelung des Marktanteils eingebracht. Die Kunden honorieren die zuverlässigen kurzen Lieferzeiten.

Es wird schon langweilig aufzuzählen, was diese kundenfokussierten Unternehmen alle auszeichnet: Natürlich sind bei METTLER TOLEDO die Arbeitsplätze seit der konsequenten Kundenorientierung sicherer, natürlich kann das Unternehmen Prämien zahlen, ist das Betriebsklima prima und wächst das Unternehmen überdurchschnittlich. Es ist immer dasselbe:

Konsequente Kundenorientierung bringt überdurchschnittliche Ergebnisse

Wer nah am Kunden operiert und seine Mitarbeiter wirklich als die entscheidende Ressource im internationalen Wettbewerb betrachtet, erzielt überdurchschnittliche Ergebnisse.

Ein Einwand gegen eine Firmenpolitik des *Total Customer Satisfaction* ist leicht zu entkräften: »Wenn alle Unternehmen die gleichen Methoden anwenden, dann ist der Wettbewerbsvorteil wieder verschwunden.«

Die Angst vor Nachahmung ist unbegründet

Keine Angst: Nur die wenigsten Unternehmen schaffen es, sich wirklich voll auf ihre Kunden einzustellen. Die Masse wird sich auch in Zukunft mit sich selbst beschäftigen. Da ist wichtig, wer wem ein Bein stellt, wer recht behält, wer mit wem eine Seilschaft bildet und was sonst noch im täglichen Kleinkrieg die

Karriere fördert. Der Kunde ist da ein Störfaktor, und entsprechend wird er behandelt.

Die Mehrheit der Unternehmen kämpft mit sich selbst statt um den Kunden

So wird es auch in Zukunft Unternehmen geben, die lieber Geld für teure Werbung und riesige Marketingabteilungen ausgeben, anstatt direkt beim Kunden zu fragen, was er denn gerne kaufen möchte. Die Beispiele, die ich aus den USA und Japan geschildert habe, zeigen nur eines: Dort erlaubt die am Wettbewerb orientierte Wirtschafts- und Gesellschaftspolitik, daß sich die Besten herausheben, ihre Ideen in die Tat umsetzen und damit auf dem Weltmarkt erfolgreich agieren können. Aber auch in Japan ist die Mehrheit der Unternehmen mit den hausinternen Hahnenkämpfen beschäftigt. Dies sind allerdings Firmen, die wir kaum kennen, da sie gar nicht erst auf dem Weltmarkt auftauchen. Die gehen vorher pleite. Auch das ist in diesen beiden Staaten leichter als bei uns. Erhaltungssubventionen stehen dort in keinem Programm einer politischen Partei.

Ein einfacher Test: Versetzen Sie sich in die Rolle Ihres Kunden!

Es gibt einen einfachen Test, um festzustellen, auf welchem Weg sich Ihr Unternehmen befindet. Versetzen Sie sich in die Rolle Ihres Kunden. Der muß ja alles, was sich bei Ihnen im Unternehmen abspielt, bezahlen. Fragen Sie sich doch selbst, ob Sie als Kunde bereit wären, alle Ausreden, personellen Streitigkeiten, Rücksichtnahmen auf Vorgesetzte oder Untergebene, Nachlässigkeit bei Ihren Lieferanten und den eigenen Produktionsabläufen – ob Sie als Kunde bereit wären, für all diese Unzulänglichkeiten einen höheren Preis zu bezahlen, als das Produkt bei perfekter Produktion kosten müßte.

Merksatz:
Gehen Sie davon aus, daß Ihr Kunde nicht dümmer ist als Sie selbst. Er wird also bald herausfinden, ob er für sein Geld einen entsprechenden Gegenwert erhält oder ob er für Ihre Mißwirtschaft mitbezahlen muß. Sparen Sie sich also die Ausgaben für Marketingstrategien, die Ihre Unzulänglichkeiten übertünchen sollen, und behandeln Sie Ihre Kunden wie ehrliche, intelligente Menschen.

7.
Die neue Welt des Kunden

Warum einfach, wenn's auch kompliziert geht?

»Die Kundenorientierung soll im folgenden als variable, situativ zu beurteilende Grundeinstellung der Mitarbeiter eines Unternehmens zu den Kunden und Kundenbedürfnissen verstanden werden. Es liegt damit nahe, sic als eine der grundsätzlichen Werterhaltungen aufzufassen, welche die Unternehmenskultur prägen.«

Auszug aus einem Buch, das »Management der Kundenorientierung« überschrieben ist. Schwer verdauliche Zeilen.

Aus der eigentlich simpelsten Sache der Welt, den Kunden herzlich zu bedienen und dabei dessen Bedürfnisse und Wünsche zu erfüllen, damit er positiv gestimmt immer wiederkommt, aus dieser uralten Weisheit wird eine komplizierte Lehre gemacht.

Pseudowissenschaftliche Nomenklatur steigert den Marktwert

Die Ursache dafür ist ganz einfach: Je komplizierter die Charts, je worthülsiger die Vorträge, je verdrehter die neuen Vokabeln von »Clienting« bis »Interfusion«, um so teurer lassen sich die entsprechenden Unternehmerseminare verkaufen.

Doch lassen Sie mich auch hier eine schlichte, wenn auch zynische Voraussage treffen: Unternehmen, die es nötig haben, sich auf so verquere Weise erklären zu lassen, was ein Kunde ist, werden sowieso nicht mehr lange auf dem Markt überleben.

Natürlich kann alles, was Zukunftsforscher voraussagen, und auch das, was wir hier schreiben, über Nacht nicht mehr stimmen. Ein großer Krieg in einer wichtigen Weltregion, ein verheerendes Erdbeben im Finanzzentrum von Tokyo, eine gigantische Umweltkatastrophe und Waren und Geld werden so knapp, daß wir Kunden wieder froh sind, wenn wir überhaupt etwas ergattern können. Keine dieser apokalyptischen Ereignisse ist auszuschließen, aber aus lauter Angst, daß die Welt eh untergeht, gleich dem Status quo zu verfallen, gleicht dem Selbstmord aus Angst vor dem Tod.

Wahrscheinlicher ist, daß wir uns mit der neuen globalen und vernetzten Weltwirtschaft, die in immer schnelleren Zyklen eine Flut von Waren und Ideen produziert, auseinandersetzen müssen. Es wird für den Verbraucher eine Lust sein, seine Macht als König Kunde zu nutzen, und für Unternehmen, die sich diesen Herausforderungen stellen, wird Spaß und Profit gleichermaßen den Erfolg ausmachen.

Globalisierung und die Macht des Kunden

Der neue Kunde ist kaum mehr in irgendeine Kategorie einzuordnen. Die Zeiten, da multinationale Organisationen Werbestrategien entwerfen, mit denen sie die Hälfte der Bevölkerung ansprechen konnten, sind vorbei. Niemand spürt das so sehr wie die großen Volksparteien.

In der Zukunft müssen wir mit einem Widerspruch leben: Auf der einen Seite nimmt die Globalisierung rasend schnell zu – die Japaner sprechen von »unserem globalen Dorf« –, auf der anderen Seite werden wir zunehmend individualistischer.

Globalisierung und Individualisierung

Es gibt immer noch Firmen, die ein Produkt lange von ihrer Marketingabteilung testen lassen, bevor sie es nach mehrjähriger Vorbereitung auf den Markt bringen. Doch was bei den Tests noch akzeptiert wurde, ist dann oft schon »megaout«.

Schnellebigkeit

63

Wer aber ständig seinen Finger am Puls des Kunden hat, wer also seine Kunden kennt, der kann ihm schnell das bieten, was er wünscht.

Schnelligkeit und Flexibilität sind gefordert

Schon seit über zehn Jahren bringt die japanische Getränkeindustrie Jahr für Jahr zirka zehntausend neue Softdrinks auf den Markt. In sorgfältig ausgewählten Test-automaten werden sie zusammen mit den gängigen Marken angeboten. Nimmt der Kunde sie an, bleiben sie im Automat. Entspricht der Absatz nicht den Erwartungen, fliegen sie wieder raus. Marktpenetration durch »trial and error«, gekoppelt mit einer extremen Flexibilität.

Produziert wird, was der Kunde wünscht

In den USA betreibt das Modehaus GAP dieselbe Strategie. Dreimal pro Woche werden allein die Filialen in New York mit neuer Mode beliefert. Die Information, ob ein Produkt angenommen wird, liefert die Kasse über die Barcodes an die Zentrale. Dort wird sofort reagiert. Wird ein neuer Trend akzeptiert, wird die Produktion beschleunigt und sofort nachgeliefert. Die Näherinnen sitzen in der 23. Straße in Manhattan und nicht in China oder Indonesien. Bleibt ein Teil der Lieferung liegen, wird er aus dem Programm genommen und etwas Neues ausprobiert.

In Japan gibt es Modedesigner, die per Computer jede Bestellung individuell herstellen. Kein Kleid muß mehr aussehen wie das andere. Das ist der Tod der in Übersee massenhaft hergestellten Konfektionsmode. Per Bildschirm wird mit dem Kunden kommuniziert. Und trotzdem wird das Kleid nicht teurer, da die Produktion ihre Informationen direkt aus dem Computer bezieht und die Maschinen entsprechend programmiert werden. Für die Zuschneide- und Nähautomaten ist es gleichgültig, ob sie immer den gleichen Schnitt oder jedesmal einen anderen umsetzen.

Massenware hat ausgedient

Was METTLER TOLEDO in Albstadt mit seinen Waagen praktiziert, wird auch die Modeindustrie verändern. So wie METTLER TOLEDO als Frühstarter Marktanteile hinzugewann, gelingt dies auch den ersten Konfektionären, die vom Massenprodukt auf die individuellen Wünsche des Kunden eingehen können, ohne Haute-Couture-Preise verlangen zu müssen.

In über zweihundert Einkaufszentren in Deutschland gibt es Filialen von GOLD MEISTER, einem Uhren- und Schmuckgeschäft. Jeden Monat eine neue Kollektion, lebenslange Umtauschgarantie, Kundenkarteien der Verkäuferinnen, die sich notieren, welche Wünsche ihre Kundinnen äußern, Umsatzbeteiligung des Personals, Prämien und Sonderpreise für herausragende Leistungen – GOLD MEISTER erfüllt viele der Kriterien, die wir als einen sicheren Weg zum Erfolg beschrieben haben. Während große Namen der Juwelier- und Uhrenbranche zur Zeit über einen schleppenden Verkauf und sinkende Gewinne klagen, steigt der Markt-

Erfolg durch Kundennähe ist keine Frage der Branche

anteil von GOLD MEISTER. Dabei wurde die Firma anfänglich von den Konkurrenten nur hochmütig als Schmuddelkind betrachtet, das sich noch nicht einmal in die besten Verkaufslagen der Städte traut.

Die neue Welt der Kundenmacht. Wer sie ängstlich erwartet, vielleicht sogar bekämpft, der hat schon verloren.

Maximal 25% werden es schaffen

Weltweit werden es höchstens ein Viertel der Unternehmen und Organisationen schaffen, sich dieser globalen Herausforderung zu stellen. Für sie trifft dann auch zu, was wir bei jedem einzelnen Beispiel erlebt haben, das sich schon heute auf einen Total-Customer-Satisfaction-Service eingelassen hat: *höhere Gewinne, steigende Marktanteile, überdurchschnittliche Gehälter der Mitarbeiter und eine hohe Mitarbeiter- und Kundenzufriedenheit.*

Der Bürger als Kunde

Die Bertelsmann-Stiftung hat eine Studie finanziert, um herauszufinden, welches die am besten verwalteten Städte der Welt sind. Sieger wurden CHRISTCHURCH in Neuseeland und PHOENIX im US-Bundesstaat Arizona. Beide Städte waren pleite, als sie den Bürger als Kunden entdeckten. Beide Städte haben daraufhin eine Kulturrevolution in ihrer Verwaltung ausgelöst. Sie haben nicht mehr gefragt: »Was können wir für unsere Bürger noch tun?«, sondern sie haben gefragt: *»Was kann der Kunde von uns erwarten? Zu was müssen wir in der Lage sein?«*

In beiden Städten stellten die Verwaltungen in Umfragen fest, daß die Bürger zum Beispiel eine Baugenehmigung innerhalb von vierzehn Tagen erwarten. Das wurde als absolute Vorgabe akzeptiert. Also wurde die Verwaltung so umorganisiert, daß heute jeder Bürger innerhalb von vierzehn Tagen seine Baugenehmigung für sein Einfamilienhaus an einem Schalter abholen kann.

Ein einfacher Feuerwehrhauptmann in Phoenix erläuterte die Veränderung, die die Mitarbeiter in seiner Stadt erfaßt hat: »Früher hatten wir Schichten von Verantwortungsbereichen. Oben stand der Chef der Feuerwehr, und dann kamen sieben Befehlsstufen. Und die waren alle mit ihren Prestigekämpfen und persönlichen Konflikten beschäftigt. Ganz unten in der Befehlsstruktur standen die Feuerwehrleute, die dann die Arbeit beim Kunden zu verrichten hatten und die Streitigkeiten ausbaden mußten. Noch tiefer und außerhalb dieser Pyramide stand der Kunde. Aber die ganze Organisation hat den überhaupt nicht mehr wahrgenommen. Wir lebten ganz gut ohne den Kunden. Aber für ihn waren wir ja eigentlich da, der zahlte mit seinen Steuern unsere Gehälter. Unsere ganze Existenzberechtigung hatten wir ja nur, um den Kunden, unseren Bürgern, zu dienen.

Früher stand der Kunde an unterster Stelle ...

Heute steht der Kunde im Mittelpunkt. Um ihn herum sind die Feuerwehrleute gruppiert. Sie halten den Kontakt mit ihm, erfüllen für ihn ihren Dienst. Und alle die Streit- und Lähmschichten sind verschwunden. Diese sind jetzt um die Feuerwehrleute gruppiert und haben nur noch eine Aufgabe: Dem einfachen Feuerwehrmann zu helfen, seinen Dienst am Kunden möglichst perfekt erfüllen zu können. Seit wir diese neue Organisation- und Bewußtseinsform haben, hat kein einziger Bürger von Phoenix mehr verlangt, den Etat der Feuerwehr zu senken. Sie alle wissen jetzt, daß ihre Steuergelder von uns nicht verschwendet werden.«

... heute steht der Kunde im Mittelpunkt

Bleibt nur noch ein Nachsatz:
Je kundenbezogener eine Institution oder Firma arbeitet, um so höher ist die Zufriedenheit aller am Geschäft Beteiligter und um so höher ist auch der Gewinn.

Teil 2

Kundenorientierung als Unternehmensstrategie

von Lothar J. Seiwert

Zufriedene Kunden werden nicht geboren, sondern gemacht.

Der Kunde ist unser Mittelpunkt.

Von den Kunden leben wir. Uns geht es nur gut, wenn die Kunden mit uns zufrieden sind.

Zufriedene Kunden sind das Wichtigste für uns alle.

Ohne Kunden wären wir nichts.

Zufriedene Kunden garantieren unseren Erfolg.

8. Kundenorientierung im Unternehmen

8.1 Kundenorientierung: Modetrend oder Notwendigkeit?

»Ich habe kein Marketing gemacht, ich habe immer nur meine Kunden geliebt.«

ZINO DAVIDOFF
Zigarrenhersteller

Die Notwendigkeit einer maximalen Kundenorientierung wird in Deutschland momentan von allen Seiten gefordert und diskutiert. So war das Reizwort *»Kunde«* allen wichtigen Wochenmagazinen eine eigene Titelstory wert:

Reizwort Kunde

- »Störenfried Kunde: Vom König zum Bittsteller« (DER SPIEGEL vom 27.6.1994)
- »Der Kunde ist der Dumme: Früher Ladenschluß – schlechter Service« (STERN vom 15.5.1996)
- »Service-Wüste Deutschland: Der Kunde verdurstet, der Umsatz trocknet aus« (FOCUS vom 19.8.1996)
- »Wo der Kunde König ist« (WIRTSCHAFTSWOCHE vom 17.10.1996)

»König Kunde« wird als betriebliche Notwendigkeit offenbar nur vordergründig akzeptiert, aber von der *inneren Einstellung* her vielerorts noch unzureichend gelebt. Dies belegen nicht nur aktuelle Kundenbefra-

Viel diskutiert, aber nicht »gelebt«

gungen (z. B. DEUTSCHES KUNDENBAROMETER, FOCUS-SER-VICESTUDIE), sondern auch ketzerische Parolen, die als selbstgemachte Spruchtafeln, ob in Büro oder Behörde, Handwerk oder Handel, noch immer über Schreibtischen und Kopierern hängen und zur allgemeinen Belebung des Betriebsklimas gerne verbreitet werden:

Störenfried Kunde

- »Der Kunde ist König, aber die Monarchie wurde bekanntlich abgeschafft.«
- »Der Kunde steht im Mittelpunkt – und damit allem im Wege.«
- »Alle Kunden sind gleich – mir jedenfalls.«
- »Kunde droht mit Auftrag.«
- »Bei uns wird Kundenzufriedenheit großgeschrieben. Wir schätzen es nämlich, wenn unsere Kunden freundlich sind.«

Die Forderung, den Kunden als »König«, womöglich noch als »Arbeitgeber« sehen zu wollen, wird häufig nur als Lippenbekenntnis praktiziert, die erlebte Realität ist jedoch eine andere.

»29,50 Mark für 9 Pfennig – Guthabenkonto bei der Sparkasse war leicht überzogen« (FRANKFURTER RUNDSCHAU *vom 30.9.97): Ein Kunde einer Frankfurter Sparkasse gerät mit neun Pfennig (!) ins Minus, weil die Stadtwerke sein Konto mit 50 Mark belastet hatten. Einschließlich Rückgabe der Lastschrift etc. kostet ihn der Vorgang schließlich 29,50 Mark an Bankgebühren. Der Pressesprecher des Instituts hält die Gebühr »für angemessen«* ...

Beispiel Bankgebühren

So hagelt es auf der einen Seite berechtigte *Kritiken*, auf der anderen Seite blühen neue *Konzepte*, die meist ihren Ursprung in den USA haben:

Einerseits Kritik, andererseits Konzepte

Total Customer Care (TCC), Customer-Driven Company, Customer-Focused Learning Organization, Total Quality Service, Customer Intimacy (Kundennähe), Clienting (Geffroy: Vernetzung mit dem Kunden), Customer Integration, Partnering, Customer Marketing, Relationship Marketing, Retention Marketing (Kundenbindung), Kundenpartnerschaft und andere mehr.

Der amerikanische »Service-Papst« KARL ALBRECHT (1993, *S. 75) schildert den anschaulichen Fall eines russischen Soldaten aus dem Zweiten Weltkrieg in Berlin, der zum ersten Mal in seinem Leben elektrisches Licht sah. Der Besatzer war von der hellen Glühbirne vollauf begeistert – und schnitt in dem Haus mit seinem Bajonett das Kabel mit Lampe unterhalb der Decke einfach ab, um diese segensreiche technische Neuerung mit nach Rußland zu nehmen. – Wir wissen nicht, wie es dem Soldaten dann in seiner Heimat mit der Glühbirne ergangen ist, aber ohne Steckdose, Lichtschalter, Strom-*

leitung und Versorgungsnetz wird er mit der Einführung des elektrischen Lichts wohl nicht weit gekommen sein.

Was uns diese Geschichte lehren soll:

Kundenorientierung – losgelöst von einer entsprechenden Unternehmenskultur und Unternehmensstrategie – verpufft und bleibt letztendlich wirkungslos.

Kundenorientierung als Teil der Unternehmenskultur

Ohne Einbindung von Kundenorientierung und Service in eine Unternehmenskultur und Marketingstrategie bleiben alle Ad-hoc-Maßnahmen zur Kundenzufriedenheit nur oberflächlicher Natur mit begrenzter Wirkung. So werden häufig nur äußere Symptome oder Hygienefaktoren kuriert, aber keine inneren Ursachen abgestellt. Nur unter Einbeziehung aller Ressourcen – von innen nach außen – können externe Markt- und Wettbewerbschancen mit internen Stärken und Kernkompetenzen in Einklang gebracht werden.

8.2 Paradigmenwechsel: Von der Produkt- zur Kundenorientierung

»Der Erfolg Ihres Unternehmens wird von zwei Faktoren bestimmt: von dem Kunden und von dem Produkt.

Wenn Sie sich um den Kunden bemühen, kommt er zurück.

Wenn Sie sich um Ihr Produkt kümmern, kommt es nicht zurück.

So einfach ist das, und doch so schwer.«

RICHARD WHITELEY

Lange Zeit stand die Angebots- oder Produktorientierung im Vordergrund betriebswirtschaftlichen Denkens und Handelns. Ausgangspunkt aller Überlegungen waren bestimmte *Produkte* und Dienstleistungen, die zunächst entwickelt und dann im Markt entsprechend angeboten wurden.

Kunden kaufen jedoch keine Produkte, sondern einen *Nutzen*. Sie wollen keine CD wegen der silbrigen Scheibe erwerben, sondern Musik genießen. Sie wollen keine Uhr, sondern einen Zeitmesser, ein Prestigeobjekt, ein Modeaccessoire o.ä.

Kunden kaufen Nutzen, nicht Produkte

Ein Umdenkprozeß oder *Paradigmenwechsel* findet statt, wenn Produkte und Dienstleistungen auf die aktuellen und potentiellen Bedürfnisse des Marktes hin ausgerichtet werden. Entscheidend ist aber nicht, was das Unternehmen z.B. technisch kann, sondern das, was der Kunde wirklich braucht.

Entscheidend ist, was der Kunde will

Häufig wird am Kunden vorbeiproduziert

Eine moderne Hightech-Telefonanlage kann über zweihundert verschiedene Funktionen leisten, der Normalbürger benötigt jedoch nur einige wenige. Eigentlich will er »nur« telefonieren. Der Streß beginnt bereits, wenn ein Gespräch weiterverbunden, angeklopft oder gemakelt werden soll. 95 Prozent der Funktionen sind in der Regel überflüssig und werden nie benutzt.

Haben Sie sich bei einer zehnstelligen Telefonnummer gegen Ende einmal vertippt, gibt es nicht – wie beim billigsten Taschenrechner – eine Löschtaste (C), sondern Sie dürfen die lange Nummer komplett neu eingeben. Auch schon öfters erlebt?

Ein Benutzerhandbuch für ein Mobil-Telefon umfaßt schon hundertfünfzig Seiten: Wieviel Funktionen Ihres Handys beherrschen oder benötigen Sie jedoch wirklich?

Was für ein unternehmensinternes Bild vom Kunden liegt diesen – und vielen anderen – Fällen zugrunde? Die Techniker und Produktentwickler wissen schon am besten, was für den Kunden vor Ort richtig und wichtig ist?

Paradigmen sind individuelle oder gemeinsame Weltbilder und Sichtweisen. Sie wirken wie geistige Brillen oder mentale Landkarten, durch die wir unsere Umwelt sehen.

»The way we see the problem is the problem.«

JOEL BAKER
amerikanischer Futurologe und Paradigmenexperte

Je nachdem, welche Annahmen über *Kunden* für einzelne Unternehmen gelten bzw. in den Köpfen von deren Mitarbeitern existieren, können *Paradigmen* ebenso förderlich wie hinderlich für den Erfolg sein.

Das *alte Paradigma* über die Bedeutung von Kunden läßt sich durch einen *produktionsorientierten* Standpunkt charakterisieren. Das »Unternehmen-Markt-Verhältnis« reduziert sich auf das Vermarkten von Produkten für einen eher anonymen Markt (vgl. Nagel/Rasner, Herausforderung Kunde, S. 94).

Altes Paradigma

Marketing

Unternehmen → Standard-Produkte → Absatzmarkt

Produktionsorientierung

Neues Paradigma

Beim *neuen Paradigma* einer kundenorientierten »Markt/Kunden-Unternehmen/Mitarbeiter-Beziehung« steht die *bedürfnisorientierte Problemlösung* der Zielgruppe im Vordergrund der Aktivitäten (vgl. a.a.O.).

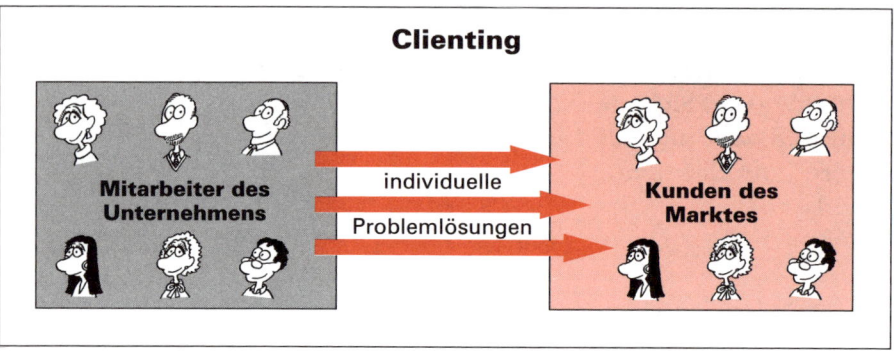

Kundenorientierung

Führungskräfte und Mitarbeiter sind gefragt

Um *kundenorientiert* handeln zu können, bedarf es entsprechender *Führungskräfte* und *Mitarbeiter,* die kompromißlos aus Sicht des Kunden denken, d. h. in ihren Köpfen, aber auch in ihren Herzen den Kunden absolut in den Mittelpunkt stellen.

Gängige Trugschlüsse

Neben den beiden Grundannahmen oder Paradigmen über eine marktgerechte Unternehmenskultur, nämlich Produkt- versus Beziehungs- oder Kundenorientierung, tauchen im betrieblichen Alltag jedoch immer wieder Standpunkte und Denkhaltungen auf, die sich als Fehlannahmen für gelebte Kundenorientierung erweisen. So gibt es im Zusammenhang mit Service *vier Trugschlüsse* oder Paradigmen, die Unternehmen entscheidend daran hindern, Dienstleistungen zu erbringen und Kundenorientierung zu verbessern (vgl. Noble, König Kunde, S. 176):

- Nur Dienstleistungsunternehmen sind in der Lage, Service zu bieten.
- Es gibt ausschließlich externe Serciveleistungen, keine internen.
- Qualität spricht für sich selbst und verkauft sich von alleine.
- Service ist kostspielig und rechnet sich nicht.

Paradigmen beinhalten Regeln und Grenzen, die man sich letztlich selber setzt. JOEL BAKER (Paradigms, 1993) beobachtete, daß Unternehmen bzw. deren Mitarbeiter Änderungen ihrer Sichtweisen bzw. Paradigmen tunlichst vermeiden und so für aussichtsreiche Zukunftschancen regelrecht blind sind. Um Spitzenleistungen und Kundenorientierung zu erreichen, sind Paradigmenwechsel unausweichlich, besonders wenn folgende visionäre Frage aufgeworfen wird:

»Was erscheint Ihnen heute völlig unmöglich, für Ihre Kunden zu tun – aber was wäre, wenn es doch ginge? Wie würde dies Ihren Geschäftsbetrieb grundlegend verändern?«

Paradigmenwechsel bedeutet, die Welt des Kunden mit anderen Augen zu sehen und hinderliche Annahmen oder Sichtweisen über Bord zu werfen. Und kaum etwas erscheint so schwierig wie eine Veränderung des Status quo.

Ein erfolgreiches *kundenorientiertes Unternehmen* (Customer-focused Organization) muß nach den Beobachtungen der amerikanischen Managementstrategen HAINES und MCCOY auf jeden Fall zehn Anforderungen und Kriterien genügen. Die nachstehende *Checkliste* können Sie auch als Aktionsprogramm und Maßnahmenkatalog nutzen, falls Sie von der Ideallinie noch weit entfernt sind.

Blind für Zukunftschancen

10 Kriterien für Kundenorientierung

Die zehn Gebote für kundenorientierte Unternehmen

(Quelle: Haines/McCoy, High Performance, 1995, S. 27f)

1. Gebot:
Pflegen Sie einen engen Kontakt mit Ihren Kunden,
dies gilt insbesondere für leitende Angestellte (dazu gehören: sehen, berühren, fühlen, sich treffen und in regelmäßigen Abständen – außerhalb der Geschäftsräume – ein Gespräch von Angesicht zu Angesicht mit den Kunden zu führen).

2. Gebot:
Machen Sie sich mit den Bedürfnissen, Erwartungen und Wünschen Ihrer Kunden vertraut. Es sollte das Ziel Ihrer gesamten Organisation sein, die Erwartungen Ihrer Kunden noch zu übertreffen.

3. Gebot:
Überprüfen Sie regelmäßig die Zufriedenheit Ihrer Kunden mit Ihren Produkten und Dienstleistungen. Ein ständiger Informationsfluß zwischen Ihnen und Ihren Kunden ist sehr wichtig – sei er positiv, neutral oder negativ. Verschließen Sie sich dem nicht, heißen Sie es willkommen!

4. Gebot:
Konzentrieren Sie sich auf all Ihre Leistungen, mit denen Sie die Wertschöpfung für den Kunden erhöhen, wie z. B. Qualität und Service, Umweltfreundlichkeit, Wirtschaftlichkeit, Eingehen auf die Wünsche und Bedürfnisse des Kunden, schnelle Lieferung sowie Leistung, Sicherheit u. a.

5. Gebot:
Beziehen Sie Ihre Kunden in Ihre Entscheidungsfindung, in themenmäßige Schwerpunktgruppen, Treffen, Planungen und sogar in betriebsinterne Überlegungen mit ein. Schließen Sie sie nicht aus.

6. Gebot:
Verlangen Sie von jeder Person innerhalb der Organisation, Ihre Kunden mindestens einen oder mehrere Tage im Jahr persönlich zu treffen und zu bedienen. Es gibt keinen Ersatz dafür, um am Puls Ihres Unternehmens und Ihrer Kunden zu bleiben.

7. Gebot:
Passen Sie Ihre Geschäftsprozesse an die Bedürfnisse und Wahrnehmungen des Kunden an, und strukturieren Sie sie gegebenenfalls um. Gehen Sie von oben nach unten vor, und beziehen Sie alle Funktionsbereiche Ihrer Organisation mit ein.

8. Gebot:
Strukturieren Sie Ihre Organisation entsprechend dem Markt. Richten Sie die Organisation so aus, daß sie auf Ihre Märkte zugeschnitten ist (d. h., 1 Kunde = 1 Vertreter).

9. Gebot:
Entwickeln Sie eine Kunden-Rückgewinnungs-Strategie (Customer Recovery Strategy = CRS) und wenden Sie sie an. Belohnen Sie CRS-Verhalten, insbesondere bei funktionsübergreifenden Teams mit Kundenkontakt. Sowohl Marriott als auch Nordstrom nehmen den alten Grundsatz sehr ernst: »Wenn ein Kunde zufrieden ist, erzählt er oder sie es einem bis drei anderen Personen. Aber jeder unzufriedene Kunde erzählt seine Geschichte elf anderen weiter.« Beide Organisationen reagieren prompt auf jede Reklamation und erfüllen bzw. übertreffen sogar die Erwartungen dieses Kunden.

10. Gebot:
Sie sollten nur kundenfreundliche Mitarbeiter und Mitarbeiter einstellen und fördern. Obwohl dies offensichtlich und vom gesunden Menschenverstand her selbstverständlich zu sein scheint, ist es eine Tatsache, daß die meisten Organisationen (und dies gilt insbesondere für den öffentlichen Sektor) so mit ihren eigenen Schreibarbeiten, Aktivitäten, Bürokratien und Hierarchien beschäftigt sind, daß sie ihre eigentliche Daseinsberechtigung – den Kunden

Vom Verkäufer- zum Käufermarkt

Die Marktmacht hat sich längst vom Verkäufermarkt zum Konsumenten- oder Käufermarkt verschoben. »Aus einem Anbieter- und Produktmarkt wird ein Kundenmarkt« (Gündling, 1997, S. 43).

Kundenorientierung als gemeinsamen Wert im Unternehmen zu leben und zu praktizieren heißt, den Kunden absolut in den Mittelpunkt aller Aktivitäten zu stellen.

Kundenorientierung bedeutet, das gesamte betriebliche Denken und Handeln aller Führungskräfte und Mitarbeiter auf den Kunden hin, d. h. auf seine aktuellen und potentiellen Bedürfnisse, Wünsche und Probleme, auszurichten.

Erst der Kunde, dann das Produkt

Ausgangspunkt einer kundenorientierten Unternehmensstrategie sind also die Bedürfnisse und Erwartungen der Zielgruppe. Erst *dann* gilt es, entsprechende Produkte und Problemlösungen, Dienst- und Serviceleistungen und andere Innovationen zu entwickeln, um durch sie die konkreten Kundenerwartungen erfüllen – oder gar übertreffen – zu können. Unternehmen, die kompetent das anbieten, was ihre Kunden tatsächlich wünschen, erzielen gegenüber ihrer Konkurrenz vielfache Wettbewerbsvorteile.

Kunden wollen mehr als Produkte...

...sie wollen Lösungen!

Wer die Realität verändern will, muß bei sich selbst und seinen Paradigmen beginnen:

Unternehmen müssen als lernende Organisation endlich verstehen, was in den Köpfen und Herzen ihrer Kunden wirklich vorgeht – und anfangen zu handeln.

»T.L.C. = Think like a Customer«

KARL ALBRECHT

8.3 Kundenorientierung: Vorteile, Folgen, Konsequenzen

»Wir können unsere Vertriebsleistung im Inland um 25 Prozent steigern, wenn sich alle Beschäftigten angewöhnen, jeden Kunden, den sie sehen, freundlich zu begrüßen.«

HILMAR KOPPER
Aufsichtsratsvorsitzender der Deutschen Bank

Kundenorientierung – eine lohnende Investition

Investitionen in Maßnahmen zur Kundenorientierung lohnen sich in der Regel immer, denn:

- Es ist fünf- bis sechsmal teurer, einen neuen Kunden zu gewinnen, als einen Stammkunden zu halten (vgl. Whiteley/Hessan, 1996, S. 200f. sowie Zemke/Anderson, 1995, S. 18).
- Mindestens jeder vierte unzufriedene Kunde wechselt sofort den Anbieter, wenn er eine bessere Alternative hat.
- Jeder zufriedene Kunde bringt mindestens drei weitere neue Kunden.
- Ein unzufriedener Kunde erzählt sein Negativerlebnis zehn weiteren potentiellen Kunden.
- Die Wiederverkaufsrate steigt, je vertrauter und zufriedener Kunden mit den Leistungen ihres Lieferanten sind.
- Stammkunden weisen eine geringere Preisempfindlichkeit als Neukunden auf.
- Kundenfreundliche Unternehmen können sogar höhere Preise verlangen als der Wettbewerb.
- Die Marketing- und Vertriebskosten zur Erhaltung der Kundenbeziehung sinken.

Vor allem durch *Weiterempfehlung* von Stammkunden erhält man kostenlose Werbung. Zufriedene Kunden sind gerne bereit, ihre guten Erfahrungen weiterzugeben. Im Laufe der Zeit können so eine ganze Reihe von Neukunden gewonnen werden (vgl. Friedrich, Empfehlungsmarketing, 1998).

Stammkunden sind Werbeträger

Beispiele aus verschiedenen Branchen

600 % teurer ist es, neue Kunden zu gewinnen, als vorhandene zu halten

300 % größer ist bei sehr zufriedenen Kunden die Wahrscheinlichkeit, daß sie nachbestellen, als bei nur zufriedenen Kunden

fast 100 % ist die Wahrscheinlichkeit, daß sehr zufriedene Kunden zu besten Werbeträgern des Unternehmens werden

95 % der verärgerten Kunden bleiben dem Unternehmen treu, wenn das Problem innerhalb von 5 Tagen gelöst wird

75 % der zu Wettbewerbern wechselnden Kunden stören sich an mangelnder Servicequalität

25 % der zu Wettbewerbern wechselnden Kunden stören sich an unzureichender Produktgüte oder zu hohem Preis

über 30 % der Gesamtkosten amerikanischer Dienstleister werden durch Nachbesserungsaufwand verursacht

über 30 % des Jahresumsatzes gibt ein durchschnittliches amerikanisches Industrieunternehmen für die Wiedergutmachung von Fehlern aus

7,25 % beträgt die Steigerung des ROI, die jeder Prozentpunkt nachhaltig erhöhter Kundenzufriedenheit bewirkt

Wirkungen von Kundenzufriedenheit (Quelle: Töpfer/Mann, 1996, S. 26)

»Fünf Prozent weniger Kundenabwanderung können den Gewinn von Unternehmen um bis zu 85 Prozent erhöhen« (ARMIN TÖPFER, in: WIRTSCHAFTSWOCHE vom 17.10.1996).

Kundenbindung wirkt um ein Vielfaches auf den Gewinn

Nach R<small>EICHHELD</small>/S<small>ASSER</small> (1991) steigert eine Erhöhung der *Kundenbindungsrate* um nur fünf Prozent bereits die Gewinne je nach Branche zwischen 25 und 125 Prozent: Neben dem Grundgewinn können über positive Stammkunden-Beziehungen Gewinne aus einer *erhöhten Kauffrequenz* und *gestiegenen Rechnungsbeträgen,* Gewinne aufgrund *geringerer Verwaltungs- und Vertriebskosten* sowie Gewinne aus *Preisaufschlägen* realisiert werden.

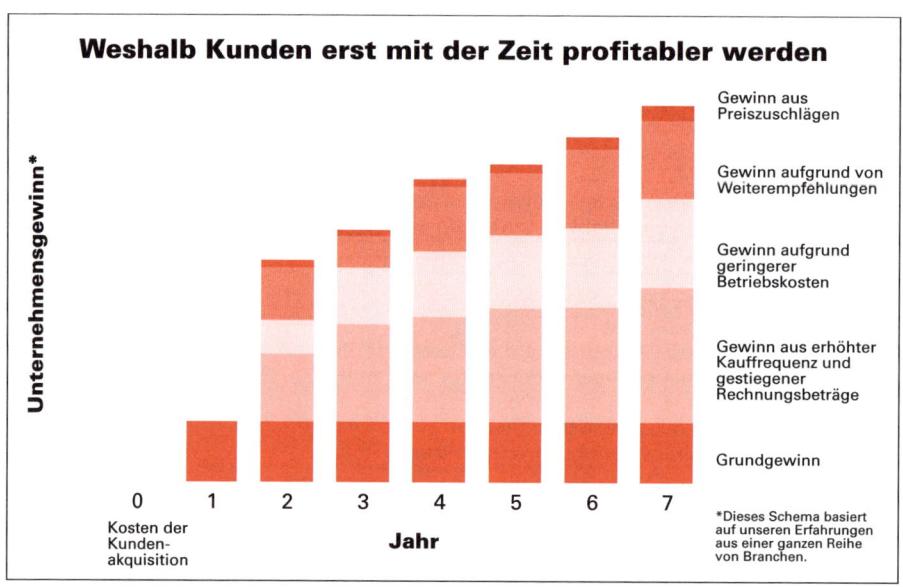

Weshalb Kunden erst mit der Zeit profitabler werden

Gewinnpotential durch Stammkunden (Quelle: Reichheld/Sasser, 1991, S. 111)

Konzentrieren Sie Ihre Aktivitäten vor allem auf die Pflege und Intensivierung vorhandener Kundenbeziehungen, statt auf die Gewinnung von Neukunden.

Neukundengewinnung   Stammkundenbetreuung

Kundenorientierung in der betrieblichen Praxis bedeutet, in *jeder* Phase eines *Kunden-Kontaktprozesses* die Chance zu nutzen, den Kunden optimal zufriedenzustellen (vgl. Abb.):

Jeder Kundenkontakt ist eine Chance!

Kundenorientierung im Kontaktprozeß

87

Oft werden schon in der Phase des *Erstkontaktes* entscheidende Fehler gemacht:

Als besonders eingängiges Beispiel für erlebte Kundenfeindlichkeit findet sich immer wieder die Situation in einem Autosalon, der von einem ernsthaften, dazu solventen Kaufinteressenten betreten wird. Er will ein nagelneues teures Auto sofort erwerben, was aber von einem arrogant-ignoranten Verkäufer regelrecht verhindert wird, indem der mit einem Auftrag »drohende« Kunde abgewimmelt und mit einem Arm voll Prospekten fortgeschickt wird. Der Kunde fühlt sich mit Recht unangemessen behandelt und kauft sein Auto woanders.

Der führende amerikanische Autohändler CARL SEWELL hingegen vermittelt die Philosophie, daß jeder Kunde für ein Umsatzpotential von insgesamt 322.000 Dollar Umsatz steht, die er im Laufe seines Lebens durchschnittlich für Autos ausgibt. Mit dieser Einstellung werden potentielle Kunden in seinem Unternehmen schon beim Erstkontakt behandelt (Sewell/Brown, 1996) – *denn für den ersten Eindruck gibt es nie wieder eine zweite Chance!*

9. Erfolgsfaktor Kundenzufriedenheit

9.1 Kundenzufriedenheit und Kundenbindung

»Wenn die Deutschen eine Maschine bedienen sollen, funkeln ihre Augen, wenn sie Menschen bedienen sollen, sträuben sich ihnen die Haare.«

GÜNTER REXRODT

Strategisches Ziel und zentraler Maßstab aller Aktivitäten zur *Kundenorientierung* ist die mehr als hundertprozentige Zufriedenheit vor allem von Stammkunden. Die objektiv meßbare Kundenzufriedenheit resultiert aus einem inneren subjektiven Vergleichsprozeß, und zwar zwischen

Kundenzufriedenheit ist meßbar

- den persönlichen Bedürfnissen, Wünschen und *Erwartungen* des Kunden einerseits und
- der wahrgenommenen *Qualität* von Produkten und Dienstleistungen andererseits.

$$\text{Kundenzufriedenheit} = \frac{\text{wahrgenommene Produktqualität oder Dienstleistung}}{\text{subjektive Erwartungen}}$$

Kundennutzen und Kundenzufriedenheit werden äußerst *subjektiv* erlebt und wahrgenommen.

Sowohl die Erwartungen der Kunden als auch die erlebten Leistungen können von unterschiedlichen Faktoren beeinflußt werden.

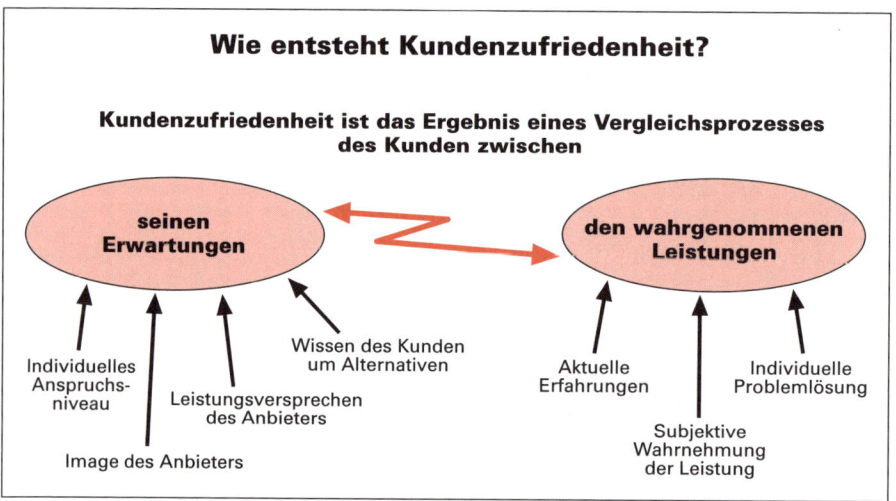

Wie entsteht Kundenzufriedenheit?

Kundenzufriedenheit ist das Ergebnis eines Vergleichsprozesses des Kunden zwischen

seinen Erwartungen

den wahrgenommenen Leistungen

Individuelles Anspruchs-niveau

Leistungsversprechen des Anbieters

Image des Anbieters

Wissen des Kunden um Alternativen

Aktuelle Erfahrungen

Individuelle Problemlösung

Subjektive Wahrnehmung der Leistung

Beeinflussungsfaktoren der Kundenzufriedenheit
(Quelle: Meyer/Dornach, 1997b, S. 166)

»Weiche« Faktoren werden zu sehr vernachlässigt

Bei den wahrgenommenen Qualitäten und Leistungen spielen sowohl *»harte« Faktoren* wie z. B. produkttechnische Ausstattung als auch *»weiche« Faktoren* wie Freundlichkeit, Aufmerksamkeit, Kompetenz der Mitarbeiter eine Rolle. Letztere werden gerade in Deutschland häufig unterschätzt und sträflich vernachlässigt.

Zusammenhang zwischen Kundenzufriedenheit und -verhalten

Zwischen aktueller Kundenzufriedenheit – als Resultat aus persönlichen Erwartungen und erlebter Realität – und zukünftigem *Kundenverhalten* bestehen eindeutige, strategisch wichtige Zusammenhänge (vgl. DEUTSCHES KUNDENBAROMETER 1996):

- Erhält Ihr Kunde *weniger,* als er erwartet hat, ist er *enttäuscht* und unzufrieden. Er wird aktiv negative Mund-Propaganda betreiben und abwandern, sobald er eine mindestens gleichwertige Alternative hat.

  Negative Mund-Propaganda

- Wenn die subjektiv wahrgenommene Leistung in etwa dem *entspricht,* was Ihr Kunde erwartet hat, ist er schlichtweg nur *zufrieden.* Wenn überhaupt, dann empfiehlt er Sie passiv weiter. Seine Anbieterloyalität ist indifferent; Wettbewerber mit innovativen Angeboten oder besserem Service haben eine gute Chance.

  Indifferenz

- Eine vollkommene oder außerordentliche Zufriedenheit tritt ein, wenn die Erwartungen *übertroffen* wurden. Nur dann haben Sie *überzeugte* oder *begeisterte* Kunden, die Ihr Unternehmen aktiv weiterempfehlen und ein positives Verhalten bezüglich Wiederkauf und Zusatzkäufen aufweisen.

  Weiterempfehlung und Wiederkauf

Glückliche Kunden geben die beste Milch

**Vor allem
Extremurteile wirken
auf Kundenverhalten**

Die alljährlichen Erhebungen des DEUTSCHEN KUNDEN-BAROMETERS (1996, S. 57) zeigen deutlich, daß vor allem *Extremurteile* der Kunden Auswirkungen auf zukünftige Kauf- und Empfehlungsabsichten und damit auf die Kundenbeziehung haben.

Keine Kundenzufriedenheit	Hohe Kundenzufriedenheit
• Einmalkäufe	• Wiederholungskäufe
• Markenwechsel	• Stammkunden
• negative Mund-Propaganda	• Positive Weiterempfehlung

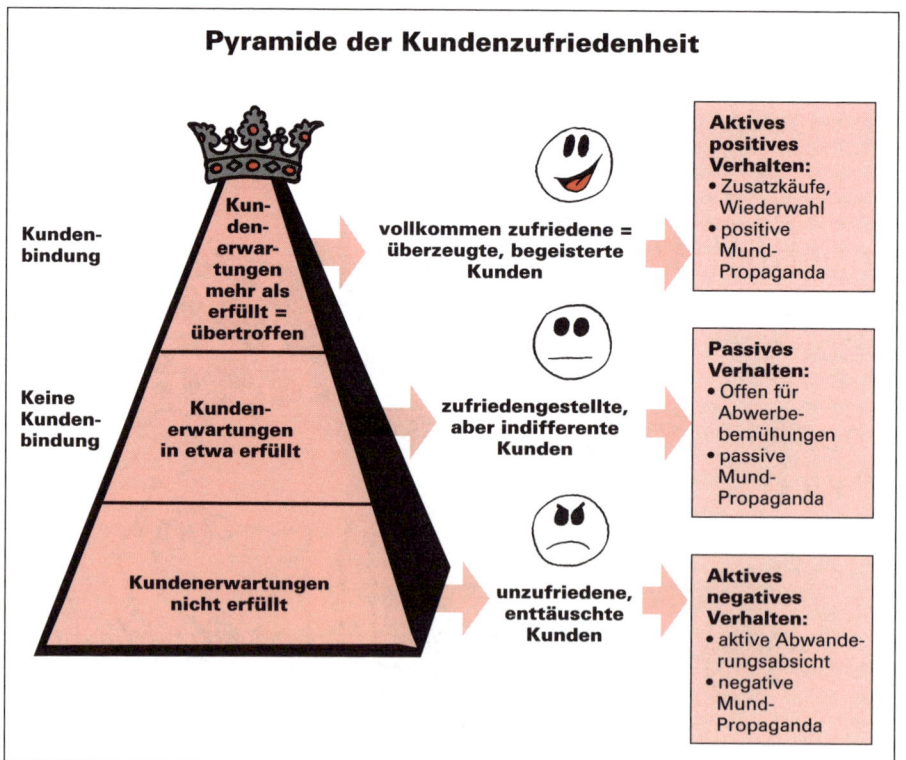

Pyramide der Kundenzufriedenheit

Kundenbindung — Kundenerwartungen mehr als erfüllt = übertroffen → vollkommen zufriedene = überzeugte, begeisterte Kunden → **Aktives positives Verhalten:** • Zusatzkäufe, Wiederwahl • positive Mund-Propaganda

Keine Kundenbindung — Kundenerwartungen in etwa erfüllt → zufriedengestellte, aber indifferente Kunden → **Passives Verhalten:** • Offen für Abwerbebemühungen • passive Mund-Propaganda

Kundenerwartungen nicht erfüllt → unzufriedene, enttäuschte Kunden → **Aktives negatives Verhalten:** • aktive Abwanderungsabsicht • negative Mund-Propaganda

Eine echte *Kundenbindung,* d. h. dauerhafte und enge Kundenbeziehungen, Loyalität bei Abwerbeversuchen von Wettbewerbern und verläßliche Folgeaufträge, können Sie nur bei größtmöglicher Kundenzufriedenheit erreichen (vgl. Abb. Pyramide der Kundenzufriedenheit).

Nur begeisterte Kunden werden zu Stammkunden

Es reicht also längst nicht mehr aus, nur gute bzw. sehr gute Produkte oder Dienstleistungen zu liefern – dies sind erstens nur Hygienefaktoren, und zweitens macht das der gesamte Wettbewerb auch. Sie müssen schon einiges mehr bieten, um die Bedürfnisse und Wünsche Ihrer Kunden zu übertreffen, etwa durch besonderen Service oder ehrlich gemeinte Herzlichkeit. Es kommt also darauf an, aus zufriedenen Kunden *begeisterte Kunden* und aktive Empfehler zu machen.

Auf das i-Tüpfelchen kommt es an

Das aktuelle DEUTSCHE KUNDENBAROMETER von 1997 weist für die Gruppe der begeisterten bzw. überzeugten Kunden eindeutig folgende Effekte auf die Kundenbindung nach (S. 68):

Überzeugte Kunden

- geben mehr Geld pro Einkauf aus,
- kommen häufiger und bieten somit öfter Verkaufschancen,
- nutzen mehr Leistungen eines Anbieters,
- bleiben länger ihrem Anbieter treu,
- denken weniger über Wechsel nach,
- haben weniger Zweitanbieter,
- empfehlen aktiv weiter und
- sind weniger preissensibel.

Praxisbeispiel o.tel.o:
Kunden begeistern

Der neue Telekommunikations-Dienstleister O.TEL.O tritt seit Jahresbeginn 1998 neben einigen anderen Providern an, in das bisherige Monopol der DEUTSCHEN TELEKOM einzubrechen. Die strategische Überlegung von O.TEL.O besteht darin, sich im nunmehr heiß umkämpften Telekommunikations-Markt – bei technisch gleicher und somit austauschbarer Leistung – allein durch *besseren Service* positionieren zu können.

Das Unternehmensleitbild von O.TEL.O beschreibt die Motivation zur konsequenten Orientierung am Kunden. Es beginnt mit dem Leitsatz: *»Wir begeistern unsere Kunden.«* Wie kann O.TEL.O diesem Anspruch gerecht werden? ULF BOHLA, Vorsitzender der Geschäftsführung, führte dazu anläßlich der Internationalen Funkausstellung 1997 aus:

O.TEL.O: Wir begeistern unsere Kunden.

»Begeisterung unserer Kunden durch Service bedeutet, Telekommunikation zugänglicher, einfacher und besser zu machen. Hier ist das Potential gewaltig:

- *Stellen Sie sich vor, Sie können Ihre Telefonfirma jederzeit anrufen, um eine Störung zu melden oder einen neuen Dienst zu beziehen, und Ihre Aufträge werden sofort bearbeitet.*
- *Oder Sie ziehen um und bekommen in der Zwischenzeit ein Handy, auf das automatisch die Gespräche geleitet werden.*
- *Oder Sie können unmittelbar nach einem Gespräch bei uns anrufen und fragen, was es gekostet hat.*
- *Oder Sie können diese Daten nach einem Gespräch direkt über das Internet abrufen.*
- *Oder Sie bekommen von uns für besonders häufig genutzte Verbindungen einen Sonderrabatt.*

- *Oder wir rufen Sie an, wenn sich Ihr Nutzungs-verhalten so spontan und drastisch verändert, daß ein Mißbrauch des Anschlusses vorliegen könnte.*

So wird Kundenorientierung konkret, begreifbar, erlebbar.

Der entscheidende Unterschied zu unseren Wettbewerbern wird sein, daß wir diese Angebote von Anfang an mit einer in Deutschland bisher unbekannten Servicequalität versehen.

Das heißt konkret, daß die Kunden unter einer einzigen Telefonnummer jederzeit bei O.TEL.O anrufen können, um sämtliche Fragen, Reklamationen oder Aufträge anzubringen. Also: das Telefon ab- und ummelden, die Kontoverbindung ändern, eine Störung melden, Rückfragen zur Rechnung, eine o.tel.o-Card bestellen. 24 Stunden am Tag, 7 Tage die Woche.

Die Mitarbeiter in unserem Call Center werden geschult und mit den entsprechenden Kompetenzen und Informationen ausgestattet. Spätestens nach dem vierten Klingeln nimmt jemand das Gespräch entgegen. Unser Ziel ist es, achtzig Prozent aller eingehenden Anrufe sofort abschließend zu beantworten. Keine Rückmeldung, keine Nachfragen, kein Vertrösten ...«

Wer besondere Erfolge bei der Kundenbindung erreichen will, muß auf den Tortenboden mit Belag und Schokostreuseln noch ein »Sahnehäubchen« obendrauf setzen, um seine Kunden nicht nur zu überzeugen, sondern regelrecht zu *verblüffen* (GEFFROY). KLAUS KOBJOLL (vgl. Ederer, Teil 1, S. 24ff) spricht sogar davon, die Kunden nach den feilgebotenen Leistungen geradezu *»süchtig«* zu machen. Bei dem jährlichen internen Wettbewerb der REWE HANDELS EG HUNGEN werden die besten zielgruppenorientierten Kundenbindungsmaßnahmen deshalb auch mit einer *»Goldenen Sahnehaube«* prämiert (fünf Einzelpreise zu je 10.000 DM).

Aber bitte mit Sahne!

Kundenbindung?
Aber bitte mit Sahne!

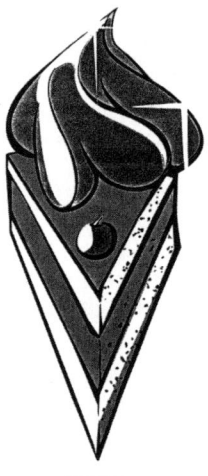

DIE
GOLDENE
SAHNE-
HAUBE
1997

Handels eG Hungen

Nur eine hohe Kundenzufriedenheit schafft die Basis für eine langfristige Kundenbindung. Konkreter Handlungsbedarf wird deutlich, wenn die Zufriedenheit der Kunden mit einzelnen Leistungen und ihre relative Bedeutung in einem strategischen *Kundenzufriedenheits-Profil* gegenübergestellt werden (vgl. Homburg, Kundennähe, 1995):

Service ist nicht gleich Service

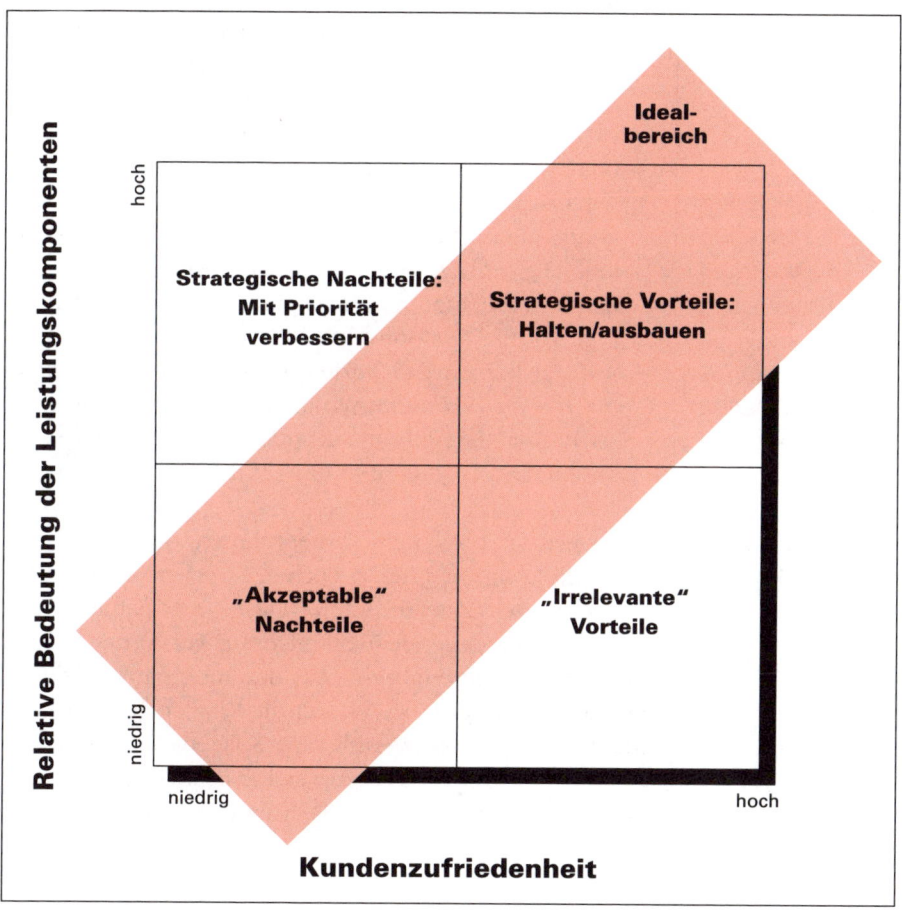

Das Kundenzufriedenheits-Profil
(Quelle: Homburg, Kundennähe, 1995, S. 21)

Wenn Kosten den Nutzen übersteigen

- Einige Unternehmen bieten Leistungen oder Service für ihre Kunden an, die sich jedoch nicht lohnen, weil der Kunde diese *irrelevanten Vorteile* nicht zu schätzen weiß; die Kosten dürften hier den Nutzen übersteigen (vgl. Grafik: Quadrant rechts unten).

Wenn Service wertgeschätzt wird

- Aus unternehmensstrategischer Sicht empfiehlt es sich nach dem Kundenzufriedenheits-Profil, seine Aktivitäten genau dort weiter zu konzentrieren, wo bereits eine hohe Kundenzufriedenheit erreicht wird und die Kunden diese Leistung auch entsprechend zu würdigen wissen. Diese *strategischen Vorteile* gilt es gegenüber der Konkurrenz langfristig auszubauen (vgl. Grafik: Quadrant rechts oben).

Wenn mehr Service gewünscht als geboten wird

- Mit höchster Priorität müssen *strategische Nachteile* kurzfristig dort ausgebügelt werden, wo das angebotene Leistungsspektrum für die Kunden wichtig, deren momentane Zufriedenheit jedoch niedrig ist (vgl. Grafik: Quadrant links oben).

Wenn Leistung und Zufriedenheit gering sind

- Auf gar keinen Fall dürfen Sie sich bei *akzeptablen Nachteilen* verzetteln, wo also sowohl Ihr Leistungsspektrum als auch die Kundenzufriedenheit relativ gering sind (vgl. Grafik: Quadrant links unten).

Das Bessere ist der Feind des Guten

Einerseits gibt es kein Unternehmen, das bei allen Leistungskomponenten in Sachen Kundenzufriedenheit Spitzenwerte erzielen kann. Das wäre nämlich die berühmte »eierlegende Wollmilchsau, Version tieftauchfähig und höhenerfahren«. Auf der anderen Seite eröffnet gerade diese breite Vielfalt die Chance zur Konzentration und Spezialisierung auf Spitzenleistungen, mit denen Sie sich von anderen sichtbar abheben können (vgl. Kapitel 10, Strategie der Kundenfokussierung).

Kundenzufriedenheit in Deutschland

Die jährliche Erhebung des DEUTSCHEN KUNDENBARO-METERS über Kundenmeinungen, Kundenbeschwerden, Benchmarking etc. mit knapp 37.000 befragten Haushalten ist in Deutschland die größte ihrer Art und wird seit 1992 regelmäßig durchgeführt.

Bis 1996 gab es einen negativen Trend bei annähernd allen wichtigen Leistungsmerkmalen. Fast alle untersuchten Branchen wiesen bei der Zufriedenheit mit Leistungsmerkmalen wie Qualität der Beratung, Freundlichkeit der Mitarbeiter, Qualität des Telefonkontaktes, Zuverlässigkeit (Einhaltung von Terminen und Zusagen), Schnelligkeit und Erreichbarkeit im Vergleich zum Vorjahr *schlechtere Zufriedenheitswerte* auf.

Dieser auf breiter Ebene beobachtbare Rückgang der Kundenzufriedenheit wirkte sich auch entsprechend auf die *Kundenbindung* aus: Sowohl die Weiterempfehlungsabsichten als auch die Wiederkauf- bzw. Wiederwahlabsichten der Kunden, bezogen auf ihre aktuellen Anbieterbeziehungen, sanken in nahezu allen untersuchten Branchen. Die ohnehin sehr niedrigen Werte für die Beschwerdezufriedenheit verschlechterten sich weiter. In vielen Branchen waren über fünfzig Prozent der Beschwerdeführer von der Beschwerdereaktion enttäuscht (vgl. Meyer/Dornach, DEUTSCHES KUNDENBAROMETER 1996, S. 15 ff).

QUALITÄT UND ZUFRIEDENHEIT

Für 1997 weist das aktuelle Jahrbuch eine überraschende *Trendwende in der Kundenzufriedenheit* aus. Nachdem die Kundenzufriedenheit in Deutschland in den letzten Jahren kontinuierlich gesunken ist, zeigt sich in 1997 in nahezu allen Branchen eine *Verbesserung*. In einigen Branchen ist dieser Anstieg sogar sehr deutlich. Durch diese Trendumkehr konnten viele Branchen in etwa wieder das Niveau der Kundenzufriedenheit von 1994 erreichen.

Weitere wichtige Ergebnisse waren (vgl. Meyer/Dornach, Deutsches Kundenbarometer 1997, S. 15 ff):

- Das bereits in den Vorjahren in vielen Bereichen *feststellbare hohe Anspruchs- und Erwartungsniveau der Kunden* hat sich auch 1997 bestätigt.
- Der *Handel* hat in der Kundenzufriedenheit kräftig zugelegt und den 97er Aufwärtstrend im Kundenbarometer verursacht. Insbesondere Drogerie-, Lebensmittelmärkte und Versandhäuser konnten deutliche höhere Kundenzufriedenheitswerte als in den Vorjahren erreichen.
- Die Verbesserung der Globalzufriedenheit in den meisten Branchen geht auf eine stärkere *Steigerung der Kundenzufriedenheit* in allen wichtigen Leistungsmerkmalen zurück: Preis-Leistungs-Verhältnis, Freundlichkeit der Mitarbeiter, Qualität des Telefonkontaktes, Qualität der fachlichen Beratung oder Verständlichkeit des Schriftverkehrs.
- In sehr vielen Branchen steckt noch ein *großes Verbesserungspotential* bei einer Vielzahl von Leistungsmerkmalen: Die Verbesserung des Preis-Leistungs-Verhältnisses, die Erhöhung der Verständlichkeit von schriftlichen Unterlagen, Korrespondenz, Rechnungen bzw. Tarifsystemen sowie die schnellere Abwicklung an Schaltern und Kassen konnte in den meisten Branchen weiter gesteigert werden.

- Eine vergleichsweise hohe Kundenzufriedenheit der Verbraucher mit guter Auswahl und Angebotsvielfalt, Qualität der angebotenen Produkte und Freundlichkeit der Mitarbeiter gleicht andere Defizite teilweise aus.

- In vielen Branchen und Bereichen ist von allen untersuchten Leistungsmerkmalen die *Freundlichkeit der Mitarbeiter* das am besten oder zweitbesten beurteilte Merkmal: »Dementsprechend sollte bei der vielfach unter dem Schlagwort ›Servicewüste Deutschland‹ geführten Diskussion zumindest differenzierter argumentiert werden« (Meyer/Dornach 1997, S. 17).

- *Kundenbeschwerden* haben überwiegend um 25 Prozent und mehr zugenommen, und von der Reaktion auf die geäußerte Beschwerde sind über 50 Prozent der Betroffenen weiterhin *enttäuscht*.

- Bei der *Umsetzung der Kundenorientierung* in den Unternehmen gab es aus Sicht der Mitarbeiter keine nennenswerten Fortschritte.

9.2 Kundenerwartungen: Was will der Kunde?

»Handle so, daß die Maxime deines Willens jederzeit zugleich als Prinzip einer allgemeinen Gesetzgebung gelten könne.« (Populär: Was du nicht willst, das man dir tu, das füg auch keinem anderen zu.)

IMMANUEL KANT,
kategorischer Imperativ

Jeder Anbieter ist auch Kunde

Jeder *Anbieter* von Produkten oder Dienstleistungen findet sich selbst immer wieder auch in der Position des *Kunden:* Ob im Restaurant, Reisebüro, Hotel, Kaufhaus, Einzelhandel, in der Tankstelle, Autowerkstatt etc. – tagtäglich erleben wir die Welt aus Kundensicht. Nichts wäre einfacher und leichter, als unsere Erfahrungen und Erwartungen auf die *eigenen* Kunden zu übertragen. Denn alle Kunden haben das Recht, so behandelt zu werden, wie Sie selbst behandelt werden möchten, wenn Sie der Kunde sind!

Es gibt verschiedene Untersuchungen, warum ein Unternehmen seine *Kunden verliert.* Im Einzelhandel wurden z. B. folgende Gründe für das Abwandern von Kunden ermittelt (vgl. Wilson, 1996, S. 135):

Warum Unternehmen Kunden verlieren

Unternehmen verlieren Kunden

- 68% werden mißachtet oder gleichgültig behandelt
- 14% beschweren sich vergeblich
- 9% kaufen anderswo günstiger
- 5% kaufen bei Freunden oder Verwandten
- 3% ziehen weg
- 1% versterben

An erster Stelle stehen also *»weiche« Faktoren,* die mit zwischenmenschlicher Kommunikation und Mitarbeiterverhalten zu tun haben: 82 Prozent aller verlorengegangenen Kunden lassen sich demnach auf negative Einstellung oder schlechte Reklamationsleistung zurückführen! Für Deutschland gilt besonders:

Mangelhafter Service ist der Hauptgrund

- 60% der befragten Verbraucher haben schon einmal aus Ärger über schlechte Bedienung einen Laden verlassen, ohne etwas gekauft zu haben (Emnid-Umfrage für den SPIEGEL 26/1994, S. 69).
- 52% verneinen ausdrücklich den Satz »Der Kunde ist König«! (Emnid- Umfrage)

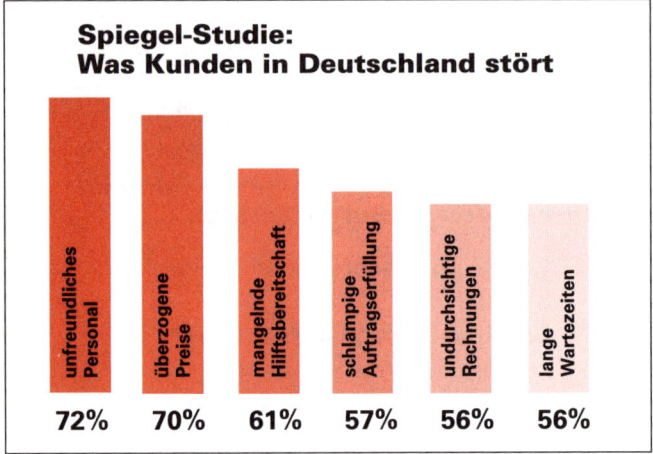

(Basis: 1.500 befragte Verbraucher, Emnid-Umfrage für den SPIEGEL, 26/1994, S. 69)

Eine Focus-Studie bestätigt, daß sich ein großer Teil der Bundesbürger regelmäßig über pampiges Personal, miesen Service und unpünktliche Handwerker ärgern muß (vgl. Niebisch/Betz, Umfragestudie für FOCUS 1996):

FOCUS-Studie: Was Kunden am meisten stört

- 80% bemängeln, daß die Verkäufer mehr am »schnellen Umsatz als an der Zufriedenheit der Kunden interessiert sind«.
- 67% haben den Eindruck, daß sie als Kunden »wenig willkommen« sind.
- 58% ärgert, daß der Kunde im Handel so viel selbst machen muß und er sich deshalb »wie der billigste Mitarbeiter vorkommt«.
- 44% finden Aufpreise für Lieferung und Montage von Möbeln »ausgesprochen ärgerlich«.
- 33% ärgern sich darüber, daß der Handwerker den vereinbarten Termin »nicht pünktlich« einhält.

(Basis: 529 ausführliche Telefon-Interviews, Sommer 1996)

Nur 14 Prozent sind mit den erbrachten Dienstleistungen »ziemlich« oder sogar »vollkommen« zufrieden. Kundenzufriedenheit resultiert aus der Differenz zwischen erwarteter und tatsächlich erfahrener Leistung. Das DEUTSCHE KUNDENBAROMETER konnte in einer repräsentativen Stichprobe eine Reihe gemeinsamer *Erwartungshaltungen* ermitteln (vgl. Meyer/Dornach, 1996, S. 40ff).

Im einzelnen erwarten:

- 99% rechtzeitige Information bei Nichteinhaltung von *Terminzusagen;*
- 98% richtige und vollständige Ausführung von Kundendienst- bzw. *Reparaturaufträgen* beim ersten Mal;
- 98% absolute Verständlichkeit von *Rechnungen;*
- 97% *Sauberkeit und Ordnung* von Geschäftsräumen als selbstverständlich;
- 94% einen zugesagten *Rückruf* innerhalb von 24 Stunden;
- 94% eine *Beschwerdeantwort* innerhalb einer Woche;
- 92% *freundliche Bedienung* auch in Stoßzeiten bzw. gegen Ende der Öffnungszeiten;
- 92% *individuelle Betreuung* in Fachgeschäften;
- 83% *persönliche Ansprechpartner* unter einer Hotline-Nummer;
- 81% *kulante Rückgaberegelung* bei Nichtgefallen von Produkten innerhalb von 4 Wochen;
- 81% eine umfassende *Servicebereitschaft* des Bedienungspersonals;
- 67% kundenorientierte *Öffnungszeiten;*
- 52% eine *namentliche Ansprache* bei Stammkunden;
- 41% *zügige Bedienung* an der Kasse.

Gemeinsame Erwartungshaltungen

Kundenservice am Telefon

Eine zunehmende Bedeutung kommt dem *Telefonkontakt* zu. In Branchen, in denen regelmäßig mit Kunden telefoniert wird, spielen die telefonische *Erreichbarkeit,* die *Freundlichkeit* am Telefon und die *Erledigung* des Anliegens am Telefon die entscheidende Rolle für die Kundenzufriedenheit. Hier kommen die Kreditkartenorganisationen am besten weg.

Die Gesamtheit der Leistung zählt

Mittlerweile werden vor allem auch solche Leistungsdimensionen als wichtig für die Zufriedenheit der Kunden bewertet, die mit der eigentlichen Kernleistung des Unternehmens nichts mehr zu tun haben, wie die folgende Abbildung zeigt (Quelle: Meyer/Dornach, 1996, S. 56):

Mit den Augen des Kunden

Art und Weise des Telefonkontaktes

Einhaltung von Terminzusagen/Verläßlichkeit

Höflichkeit/Freundlichkeit der Mitarbeiter

Erreichbarkeit

Auftreten und Verhalten der Mitarbeiter

Referenzen

Schnelligkeit

Kompetenz der Mitarbeiter

Werbung/Kommunikation

Verständlichkeit der Leistung

Unternehmensimage

Auswahl/Sortimentsbreite/Sortimentstiefe

Verhalten bei Beschwerden

Angebot von Alternativen

Garantie

Glaubwürdigkeit/Vertrauen

Kulanz

Flexibilität/Motivation

Zuverlässigkeit der Produkte/Leistungen

Materielles Umfeld

Die Wahrnehmung durch den Kunden ist für sein Qualitätsurteil entscheidend

Design

Sicherheit

Dargebotene Lösung/Nutzen/Erfolg

Preis-Leistungs-Verhältnis

Technische Ausstattung der Leistung

Entscheidend ist, wie die Kunden die dargebotenen Leistungen und Zusatzleistungen *subjektiv* wahrnehmen.

Nur wer die *Erwartungen* seiner Kunden nicht nur erfüllt, sondern *übertrifft,* wird den Anteil loyaler Kunden kontinuierlich zu steigern vermögen.

Erwartungen übertreffen

Beschwerdemanagement

In diesem Zusammenhang spielt der sensible wie wirkungsvolle Umgang mit *Beschwerden* eine gewichtige Rolle. Auch hier liegt der Engpaß weniger auf der sachlichen Seite, dem *»was«,* z. B. Produktmängel, Funktionsstörungen, verdorbene Ware o. ä., sondern auf der zwischenmenschlichen Ebene, nämlich *»wie«* mit dieser Situation umgegangen wird.

Umgang mit Beschwerden

107

So gewinnen Sie Ihre treuesten Kunden

Erfahrungsgemäß *beschweren* sich nur ca. 4 Prozent aller unzufriedenen Kunden; die anderen 96 Prozent bleiben stumm und ziehen ihre Konsequenzen (vgl. Wilson, 1991, S. 134). So werden 91 Prozent dieser unzufriedenen Kunden nie wieder in dem betreffenden Geschäft einkaufen. Auf der anderen Seite können gerade die Kunden, die sich beschweren und ebenso schnell wie unbürokratisch zufriedengestellt werden, zu noch treueren Kunden gemacht werden.

Beschwerdegrund Nr. 2: schlechtes Serviceverhalten

Die *Ursachen für Beschwerden* bzw. Reklamationen sind – erwartungsgemäß – vor allem Waren- bzw. Produktmängel (56,9 Prozent der Gesamtstichprobe). Das ungenügende Serviceverhalten der Mitarbeiter rangiert mit 15,9 Prozent an zweiter Stelle. Mängel in der Lieferung oder Montage waren in 15,3 Prozent der Nennungen der Reklamationsanlaß und der Preis bzw. die Rechnung war es in 8,7 Prozent der Fälle. (Vgl. Niebisch/Betz, Focus-Studie, 1996, S. 30)

Beschwerdemanagement – ungenutzte Chancen

Das *Beschwerdemanagement* läßt in vielen Unternehmen noch sehr zu wünschen übrig. Unhöflichkeit, Desinteresse, mangelndes Fingerspitzengefühl im Umgang mit Ärger sind heute noch immer an der Tagesordnung. So liegt die durchschnittliche Zufriedenheit der Verbraucher mit der Reaktion auf ihre Beschwerde nur bei 14,1 Prozent; vollkommen zufrieden waren sogar nur 3,9 Prozent der befragten Personen. Knapp die Hälfte (49 Prozent) zeigte sich von der Reaktion des Unternehmens bzw. der Mitarbeiter auf ihre Reklamation enttäuscht, sie waren gar nicht oder weniger zufrieden. 36,9 Prozent waren mit der Reaktion im großen und ganzen zufrieden (vgl. Focus-Studie 1996).

Beziehungsmanagement

Kunden erwarten immer – wie jeder andere Mensch auch –, daß sie auf der *persönlichen Beziehungsebene* ernst und wahrgenommen werden. Jeder Mensch hat ein Urbedürfnis nach Beachtung und daß auf ihn individuell eingegangen wird, auch wenn es auf der Sachebene unterschiedliche Auffassungen gibt. Nicht von ungefähr sind psychologische Ratgeber über *emotionale Intelligenz (EQ)* zur Zeit besonders gefragt. Der bekannte Betreiber und Inhaber der irischen Supermarktkette SUPERQUINN, FEARGAL QUINN, weist in seiner Erfolgsstory »Crowning the Customer« drei große Erfolgsgeheimnisse aus, warum er ein »Gefühl für den Kunden« bekommen hat:

- Listening to customers: the first big secret
- Listening to customers: the second big secret
- Listening to customers: the third big secret

Obwohl Aufmerksamkeit, Anerkennung und Freundlichkeit ganz natürliche menschliche Verhaltensweisen sind oder sein sollten, müssen sie doch firmenintern immer wieder trainiert werden.

Zunehmender Wettbewerb, erhöhter Leistungsdruck, knappere Budgets erfordern neue Strukturen und Alternativen für das Lernen am Arbeitsplatz. Das neue Konzept des *Lean-Training* aus den USA ermöglicht es auch unter Kostengesichtspunkten, z.B. mit dem Lerninstrument *»Listening Profil«* Basisfähigkeiten wie Kommunikation und Zuhören flächendeckend auch innerhalb einer großen Organisation zu vermitteln. So können z.B. in Kurz-Seminaren von ca. 3,5 Stunden Dauer auch größere Teilnehmergruppen (»Kantinen-Trainings«) noch effektiv trainiert werden.

Bessere Kundenorientierung und mehr Freundlichkeit der Mitarbeiter durch Kurz-Seminare »Listening« bei der britischen Post

Konzeption: Die britische Post (POCL = Post Office Counters Limited) hat insgesamt 15.500 Mitarbeiter, die mit Kunden Kontakt haben, mit Hilfe des *Listening-Profils**) in Kurz-Seminaren von 3,5-Stunden Dauer (meistens 15, aber auch 2-27 Teilnehmer – dies hatte mit der Größe der Poststelle zu tun) in ca. 9 Monaten *flächendeckend* trainiert, um den Umgang mit den Kunden zu verbessern. Jeder interne Trainer konnte zwei Kurz-Seminare an einem Tag abhalten.

Zielsetzung: Die Postmitarbeiter sollten *freundlicher* im Umgang mit den *Kunden* werden und genau heraushören, was der Kunde wirklich benötigt. Auf diese Weise sollten auch der Umsatz mit höherpreisigen Produkten (Zusatzverkäufe) und der Verkauf von Extraservice-Angeboten gesteigert werden.

Ergebnis + Follow up: Insgesamt konnte eine Umsatzsteigerung bei gleicher Kundenanzahl in jeder Außenstelle erzielt werden. Die Teilnehmer bewerteten die Kurz-Seminare zu 95 Prozent gut bis sehr gut (»satisfied or very satisfied«). Inzwischen werden 200 interne Trainer der Post mit anderen »Lean-Training«-Programmen vertraut gemacht.

*) nähere Informationen: Seiwert-Institut für Strategie und Time Management, Heidelberg. Fon 0 62 21 - 78 77-0, Fax 0 62 21 - 78 77 22, E-mail: info@seiwert.de

9.3 Totaler Kundenservice

»Wir haben eine Service-Gesellschaft ohne Service – und das stellt eine hervorragende Gelegenheit dar, die Konkurrenz um zehn Prozent zu schlagen.«

MICHAEL J. KAMI
amerikanischer Unternehmensberater

Produkte oder Dienstleistungen sind in der Regel – ein entsprechendes Qualitätsmanagement vorausgesetzt – hinreichend optimiert. Wodurch Sie sich hingegen vom Wettbewerber abheben und Pluspunkte sammeln können, sind drei Dinge: *erstens Service, zweitens Service und drittens Service.*

Wettbewerbs-vorsprung durch Service

Service ist eine besondere Leistung oder Tätigkeit, die gegenüber einem Kunden
*   als eigenständige Leistung (Service = Hauptleistung),
*   als Servicepaket (Service = Gesamtlösung) oder
*   als Ergänzung zu einer Kernleistung (Service = Zusatzleistung) erbracht wird (vgl. Nagel/Rasner, 1993, S. 151).

In welchem Umfang wird Service geleistet?

Service gewinnt zunehmend eine entscheidende Bedeutung als Instrument zur Differenzierung im Wettbewerb, da sich die Produkte preislich wie funktionell immer ähnlicher werden. Das Gesamtniveau des angebotenen individuellen Service hat sich jedoch insgesamt verschlechtert: Verkäufer/innen wissen oft nicht Bescheid, sind desinteressiert oder gar unverschämt; Kellner sind weder freundlich noch höflich und schaffen es perfekt, einen ständig zu »übersehen« etc. Wir alle erleben bzw. erleiden häufig solche Beispiele.

Das Serviceniveau hat sich verschlechtert

Die *Serviceorientierung* läßt immer noch sehr zu wünschen übrig. Die FOCUS-Studie 1996 belegt:

- 73,1% der Konsumenten bedienen sich am liebsten selbst, da das Personal häufig wenig hilfreich ist.
- 62% der Verkäufer/innen nehmen ihre Aufgabe als Servicegeber oder Berater lustlos und desinteressiert wahr.
- 57,9% der Befragten stimmen der Aussage zu, daß man bei vielen Handels- und Dienstleistungsunternehmen als Kunde inzwischen soviel selbst machen muß, daß man sich oft wie der billigste Mitarbeiter vorkommt.
- 97,3% merken sich hingegen sehr wohl, wo sie gut bedient worden sind und insgesamt gute Erfahrungen mit dem Service gemacht haben.

Vier Prinzipien für Servicequalität

Der amerikanische Experte für Service- und Dienstleistungsqualität, LEONARD L. BERRY, propagiert vier Prinzipien für eine exzellente Servicequalität (Top-Service 1996, S. 71):

- *Zuverlässigkeit* im Hinblick auf akkuraten und verläßlichen Service, z.B. gegebene Zusagen auch einhalten;
- *Überraschung,* d. h. sich etwas einfallen lassen – ein Extra, mit dem der Kunde nicht gerechnet hat;
- *Kulanz,* um das Vertrauen des Kunden zurückzugewinnen, wenn der Service einmal mangelhaft war;
- *Fairneß* als Grundhaltung für den gleichberechtigten Umgang zwischen Unternehmen und Kunden.

Wie können Kundenerwartungen übertroffen werden?

Insgesamt lassen sich *drei Phasen im Kundenkontaktprozeß* unterscheiden, in denen Erwartungen übertroffen werden können:

In der Pre-Sales-Phase

1. Pre-Sales-Service
Bereits beim ersten Kundenkontakt kommt es auf scheinbare Selbstverständlichkeiten an wie Freundlichkeit und Einsatzbereitschaft für den Kunden. Diese

112

erwarten immer *Anerkennung* und *Aufmerksamkeit* – beides sind soziale Grundbedürfnisse des Menschen, die häufig durch gelebte Gleichgültigkeit sträflich mißachtet werden. Entscheidend ist, daß Freundlichkeit von innen, nämlich von Herzen kommt, und nicht als aufgesetztes, antrainiertes Lächeln vermittelt wird.

> »Geben Sie dem Kunden das Gefühl, ...
>
> daß Sie ihm zuhören.
> daß Sie ihn verstehen.
> daß Sie ihn sympathisch finden.
> daß Sie ihn respektieren.
> daß Sie ihm behilflich sein können.
> daß Sie ihn schätzen und achten.«
>
> MICHAEL BABER
> Integrated Business Leadership
> Through Cross Marketing

2. Auftragsabwicklung

Hier kommt es ganz einfach darauf an, dem Kunden die *denkbar beste Leistung* angedeihen zu lassen. In einem REWE-Supermarkt in Hessen z. B. wird über die reine Warenversorgung hinaus ein ganzes Spektrum an Zusatzleistungen angeboten:

Bei der Auftragsabwicklung

33 Serviceleistungen im REWE-Supermarkt

- rollstuhlgerechter Eingangsbereich
- Kundenruhebank (Jugendbank)
- Kindereinkaufswagen
- Kindereinkaufskörbe
- Einkaufswagen mit Kindersitz und Kistenablage

- Wasserfaß für Hunde
- Fahrradständer
- kostenloser Verleih von Bollerwagen, Fahrradanhängern
- kostenloser Schirmverleih
- Kundeninfowand
- Meinungsbox
- telefonische Auftragsannahme
- Warenlieferung frei Haus
- ganztägig ofenfrische Backwaren
- Happy-hour-Brötchen
- lose Eier
- lose Süßigkeiten für Kinder
- 24-Std.-Foto-Entwicklungs-Service
- Reinigungsservice
- Präsentkörbe
- fertig gepackte Geschenke für jede Gelegenheit
- Wurst- und Käseplatten sowie Brötchenkörbe auf Bestellung
- Umtausch ohne »Wenn und Aber«
- jeden Montag Probiernachmittag mit Preisvorteil
- Tiefkühltaschen
- gekühlte Getränke ohne Aufpreis
- Getränkepaß mit Rabattgewährung
- Fax-Service
- Electronic-cash
- Postservice
- Getränkeservice auf Kommission
- Umwelt- und Plastiktasche zum gleichen Preis (0,20 DM) mit Rücknahme
- Rücknahme von Wurstgläsern

Kunden erwarten zunächst von ihren Lieferanten eine konkrete, schnelle und zuverlässige Unterstützung bei Inanspruchnahme der gebotenen Leistung. Darüber hinaus kann Service für den Kunden zu einem Erlebnis werden, nach dem er »geradezu süchtig wird« (KLAUS KOBJOLL). Zu einem *Serviceerlebnis* zählen Schnelligkeit, Termintreue, Flexibilität, Aufmerksamkeit, Komfort, Sauberkeit, Hilfsbereitschaft, besondere Freundlichkeit, besser: Herzlichkeit und vieles mehr. Oftmals sind es nur Kleinigkeiten oder ein von der Norm abweichendes Engagement, mit dem es gelingt, den Kunden positiv zu überraschen. Im wesentlichen sind es die »weichen« Faktoren, die in der Kundenbeziehung als Aktivposten zählen (vgl. Abb. Servicekreis):

Service muß für den Kunden zu einem Erlebnis werden

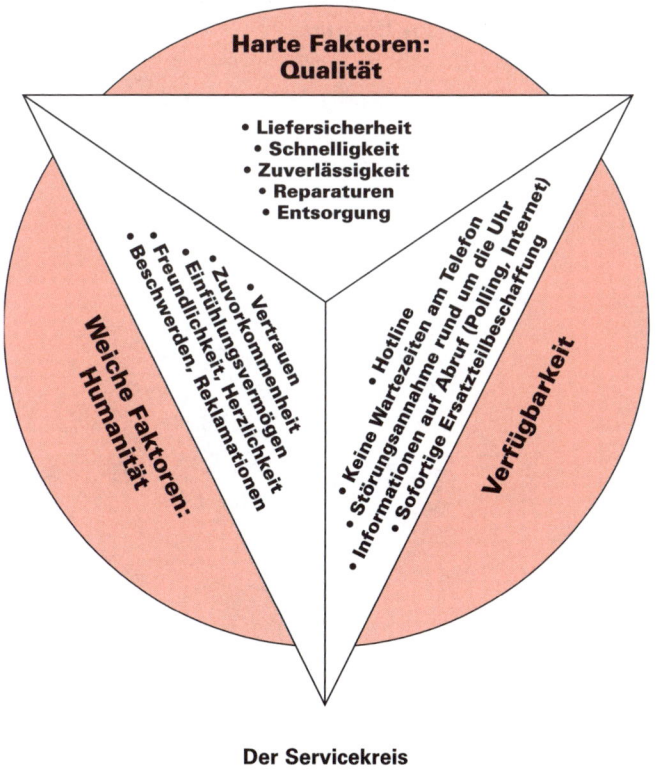

Der Servicekreis

3. After-Sales-Service

Während für viele Unternehmen mit dem Bezahlen der Rechnung das aktive Interesse am Kunden erlischt, kann gerade in der Nachbetreuung viel für die Kundenbindung getan werden, gilt es doch, aus Neukunden begeisterte Weiterempfehler und Stammkunden zu machen. Ob kleine Geschenke, Beratung, Schulung, ein kostengünstiger, sofort verfügbarer Reparaturservice oder »nur« ein freundlicher Anruf, ob alles in Ordnung sei (After-Sales-Call) – es gibt viele Gelegenheiten, sich weiterhin aktiv um seine Kunden zu kümmern.

Klopfen Sie alle Phasen Ihrer Kundenbeziehung nach Ansatzpunkten ab, wo und wie Sie die Wünsche, Bedürfnisse und Erwartungen Ihrer Zielgruppe übertreffen können.

Die schlimmsten Sünden im direkten Umgang mit Kunden in Servicesituationen – und wie Sie anders reagieren können:

Die schlimmsten Sünden

---

10 Kunden-Killer

und 10 Gegenmaßnahmen

- »Weiß nicht, da bin ich überfragt!«
- »Ich werde mich sofort informieren.«

- »Nein, geht nicht!«
- »Ich kann jetzt das ... für Sie tun.«

- »Dafür bin ich nicht zuständig!«
- »Es wird Ihnen sofort Herr/Frau X weiterhelfen.«

- »Das ist nicht meine Schuld!«
- »Ich überlege, was wir für Sie tun können.«

- »Da müssen Sie sich an meinen Chef wenden!«
- »Ich werde Ihnen gern weiterhelfen.«

- »Regen Sie sich doch nicht so auf!«
- »Entschuldigen Sie bitte ...«

- »Warten Sie, ich bin gerade beschäftigt!«
- »Ich bin gleich bei Ihnen ...«

- »Rufen Sie später noch mal an!«
- »Wann kann ich Sie zurückrufen?«

- »Das kann ich besser beurteilen!«
- »Ich tue mein Bestes, um sofort alles zu klären.«

- »Stimmt – ein unmöglicher Laden hier!«
- »Ich kann Ihre Enttäuschung gut verstehen.«

10. Strategie der Kundenfokussierung – Schlüssel zum Erfolg

*»Don't worry about what is best for the company.
Worry about what is best for the customer.«*

GARY COMER
Gründer von Lands' End

Nicht allen alles recht machen

Wer seine Kunden nicht nur zufriedenstellen, sondern dauerhaft an sich binden möchte, muß sie begeistern, überzeugen, verblüffen – kurzum: ihre *Erwartungen übertreffen*. Diese Spitzenposition können Sie nur erreichen, wenn Sie mehr bieten als andere. Nur dann werden Sie auch aktiv weiterempfohlen. Eine absolute Spitzenleistung allen Kunden mit ihren unterschiedlichen Wünschen und Bedürfnissen gleichermaßen anzubieten erweist sich in der Praxis jedoch als unmöglich: Sie können *nicht allen* Kunden *alles* »hundertfünfzigprozentig« recht machen. Dies wäre die bekannte »eierlegende Wollmilchsau, Version tieftauchfähig und höhenerfahren«.

Wesentlich realistischer, dazu *strategisch* sinnvoller ist es, für jemand ganz Bestimmtes etwas ganz Besonderes zu sein:

Bieten Sie einer fest umrissenen Zielgruppe einen zwingenden Nutzen!

Bauen Sie sich dazu eine sichtbare Kompetenz auf, damit Ihre Kunden Ihre angebotenen Leistungen auch wertschätzen! Ein solcher Erfolg ist vor allem eine Frage der richtigen *Strategie,* nämlich wie und wofür Sie Ihre Kräfte gezielt am besten einsetzen.

Sichtbare Kompetenz

Außergewöhnliche Erfolge gehen fast immer auf eine Konzentration der Kräfte und auf *Spezialisierung* zurück. Denn wer auf allen Gebieten gut sein will, kann allenfalls nur durchschnittlich werden. Darum lautet das oberste Gebot einer kundenorientierten Strategie: *Konzentration der Kräfte auf eine bestimmte Problemlösung* (vgl. Friedrich/Seiwert, Erfolgsstrategie, 1994).

Oberstes Gebot: Konzentration

Viele Führungskräfte und Mitarbeiter verlieren oder *verzetteln* sich jedoch im Tagesgeschäft in Nebensächlichkeiten und finden keine Zeit, sich um die wirklich wichtigen Dinge zu kümmern, nämlich Aktivitäten und Maßnahmen zur Verbesserung ihrer Kundenorientierung. Statt Fokussierung auf Strategie wird in ca. 95 Prozent der Unternehmen *operative Hektik* praktiziert.

Vorsicht vor Verzettelung und operativer Hektik

Eine Analyse insbesondere der internationalen Marketing- und Erfolgsliteratur zeigt, daß eine konsequente Konzentration auf das Wesentliche immer wieder als Erfolgsgrundlage ausgelobt wird.

In den USA war es zuerst – wie bei vielen anderen Managementthemen auch – PETER F. DRUCKER, der sich bereits in den 60er Jahren gegen ein »Let's do a little bit

Führende Management-Autoren

of everything« aussprach. In neuerer Zeit propagieren vor allem AL RIES und JACK TROUT eine Strategie der Stärke und *Kräftekonzentration*. Aber auch »Strategiepapst« MICHAEL PORTER (Konzentration auf Schwerpunkte oder Marktnischen), TREACY/WIERSEMA (Marktführerschaft durch Fokussierung) oder LINNEMAN/STANTON (Nischenmarketing) und viele andere heben immer wieder als *Strategiegrundsatz* hervor, sich auf einen einzigartigen Nutzen für eine bestimmte Zielgruppe zu konzentrieren, wenn man Marktführer werden will.

Wolfgang Mewes' Engpaß-Konzentrierte Strategie

Im deutschsprachigen Raum war und ist es vor allem der Frankfurter Systemforscher WOLFGANG MEWES, der mit seiner *»Engpaß-Konzentrierten Strategie (EKS)«* eine *wegweisende Strategielehre* entwickelt hat. Unsere nachfolgenden Ausführungen bauen darauf auf. Wir empfehlen daher für vertiefende Strategiestudien unbedingt den aktuellen EKS-Lehrgang von 1998 (vgl. Fußnote Seite 138).

Fokussierung auf Tiefe

»Die einzige dauerhafte Strategie ist ein starker Fokus« (Ries, 1996, S. 142). Trotzdem gehen viele Unternehmen weiterhin den Weg der Diversifizierung und Produktlinienerweiterung, statt nach Möglichkeiten zu suchen, tiefer in den Markt oder die Bedürfnisstruktur der Zielgruppe einzudringen:

- Eine nicht fokussierte Strategie ist *breit und flach* und bezieht sich auf viele verschiedene Produkte oder Märkte.
- Eine fokussierte Strategie ist *eng und tief* und bezieht sich auf einen Markt oder ein Produkt oder eine Problemlösung.

Die Fokussierung auf Tiefe anstatt auf Breite ist auch für die von HERMANN SIMON (1996, S. 51 ff) analysierten *»Hidden Champions«* typisch.

10.1 Konzentration der Kräfte

»Konzentration ist der Schlüssel zum wirtschaftlichen Erfolg. Kein anderes Prinzip wird heute so häufig verletzt wie das grundlegende Prinzip Konzentration. Statt dessen scheint das Motto zu lauten: von allem ein bißchen.«

PETER F. DRUCKER

Wer seine Stärken voll und ganz einsetzt, kann *Spitzenleistungen* erbringen. Darum besteht das wichtigste Element einer erfolgreichen kundenorientierten Strategie in der konsequenten Konzentration der Kräfte und Spezialisierung auf das,

Konzentration auf Fähigkeiten und Nutzen

- was Sie am besten können und
- womit Sie Ihren Kunden den größten Nutzen bieten können.

Statt eines breiten, diversifizierten Angebotes konzentrieren Sie sich auf eine Marktnische, in der Sie die *Nummer eins* werden können. Wer sich auf eine bestimmte Problemlösung für eine fest definierte Zielgruppe konzentriert und spezialisiert, verzeichnet automatisch Lerngewinne über die permanenten Wiederholungen und die Weiterentwicklung seiner Problemlösungsfähigkeit.

Marktnische

Eine Konzentration der Kräfte führt zur *Spezialisierung*. Der Spezialist hat in der Wahrnehmung des Kunden die Vorteile auf seiner Seite. Würden Sie Ihr Auto lieber von der Tankstelle an der Ecke warten lassen oder bei einem autorisierten Vertragshändler?

Der Spezialist genießt das Vertrauen des Kunden

Nur ein Spezialist kann sich auf ein Produkt, eine Leistung oder Problemlösung konzentrieren.

Beispiel

In den USA wurde DOMINO'S PIZZA zum landesweit führenden Anbieter von Hauslieferungen in dreißig Minuten oder schneller, weil sie sich nur auf Lieferungen frei Haus konzentrierten – und nicht auf Lieferung frei Haus plus Straßenverkauf plus Restaurant plus Hamburger plus Hot dogs plus Pommes frites etc. Auf diese Weise konnte DOMINO'S PIZZA der zunächst viel größeren Restaurantkette PIZZA HUT, die sich sowohl mit Hauslieferungen als auch mit Service im Restaurant beschäftigen, die Marktführerschaft abspenstig machen. Der Firmengründer von Domino's, TOM MONAGHAN, verdiente mit dieser Strategie ein Vermögen.

Der strategische Grundgedanke lautet:

Konzentration der Kräfte auf das Wesentliche an der entscheidenden oder wirkungsvollsten Stelle.

Einzigartige Marktposition

Wer sich auf *Marktnischen* und Lücken konzentriert und seinen Kunden einen *zwingenden Nutzen* und Mehrwert bietet, macht seine Marktposition für andere Mitbewerber unzugänglich. Die meisten Spezialisten wählen einen der folgenden Punkte als ihr Unterscheidungsmerkmal und positionieren ihr Unternehmen so, daß sie diesem auch gerecht werden können (vgl. Tomasko, 1997, S. 190 f). Sie bieten entweder:

- die niedrigsten Preise,
- den besten Service,
- die höchste Qualität,
- die breiteste Palette von Produkten und Eigenschaften oder
- einen maßgeschneiderten Service bzw. auf die Kunden abgestimmte Produkte und Leistungen.

Statt 10 Prozent des Bedarfs von 100 Kunden abzudecken, konzentrieren Sie sich besser auf 100 Prozent der Bedürfnisse, Wünsche und Probleme von 10 Kunden!

Die größere Durchschlagskraft erreicht, wer seine Kräfte spitz fokussiert und ein Alleinstellungsmerkmal (USP = *Unique Selling Proposition*) im Markt erreicht:

Der USP

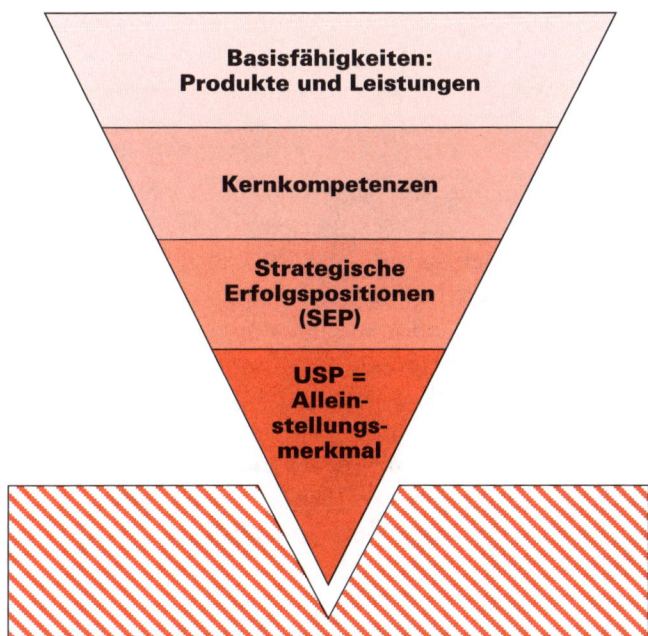

Spezialisierung durch Kräftekonzentration

Basisfähigkeiten: Produkte und Leistungen

Kernkompetenzen

Strategische Erfolgspositionen (SEP)

USP = Alleinstellungsmerkmal

Größere Durchschlagskraft

Der USP stellt heraus, was an dem Produkt, der Leistung oder dem Service einzigartig ist.

Einzigartigkeit ist jedoch nur dann sinnvoll, wenn sie auch vom Käufer *wahrgenommen* und geschätzt wird.

10.2 Kernkompetenzen

»Der globale Verdrängungswettbewerb zwingt die Unternehmen, alle Kräfte auf das zu konzentrieren, was sie besonders gut beherrschen.«

GARY HAMEL und C. K. PRAHALAD

Kombination von Fähigkeiten

Kernkompetenzen stellen eine Kombination von Fertigkeiten und Fähigkeiten dar, die es dem Unternehmen ermöglichen, die Kundenzufriedenheit zu verbessern und sich dadurch von seinen Mitbewerbern langfristig abzuheben. So hat sich beispielsweise der Elektrogeräte-Hersteller BRAUN, basierend auf dem Kundennutzen im Bereich Design und Technik, folgende Kernkompetenz auf- und ausgebaut: »Entwicklung, Herstellung und Vermarktung von Qualitätsprodukten mit innovativer Technik und funktionsorientiertem Design.«

Kernkompetenzen vs. strategische Geschäftseinheiten

Während viele Unternehmen immer noch in »strategischen Geschäftseinheiten (SGE)« denken, gewinnt die *Kernkompetenz-Perspektive* zunehmend an Bedeutung.

»Erfolgreiche Unternehmen verfügen über besondere Fähigkeiten, Fertigkeiten und Technologien, die durch langjährige Erfahrungen und kollektive Lernprozesse entstanden sind, die vom Kunden als einzigartig wahrgenommen werden, von keinem Konkurrenten imitierbar sind und auf eine Vielzahl von Märkten übertragen

werden können. Wir bezeichnen diese Fähigkeiten als Kernkompetenzen.« (Hinterhuber/Handlbauer/Matzler, 1997, S. 5)

In immer mehr Unternehmen steht nicht mehr das Produkt oder das Profit Center im Vordergrund, sondern das Denken und Handeln in *Kernkompetenzen.* Um aus der Vergleichbarkeit herauszukommen, brauchen Sie Einmaligkeit, die jedoch für den Kunden *sichtbar* sein muß. Bei der Konzentration auf Kernkompetenzen muß Ihr Unternehmen Positionen besetzen, an die sich andere nicht heranwagen und in denen es überlegene Problemlösungen, einen zwingenden Nutzen, bieten kann. Da Sie selten den gesamten Markt abdecken können, ist es wichtig, sich mit überlegenen Problemlösungen auf Nischen zu konzentrieren.

Einmaligkeit

Kernkompetenzen (Core Competences) müssen drei grundlegende Anforderungen erfüllen:

Anforderungen an Kernkompetenzen

- Einzigartigkeit in der Wahl und Kombination von Ressourcen und Leistungen,
- Verteidigungsfähigkeit im Konkurrenzkampf,
- Wahrnehmung und Wertschätzung durch den Kunden.

Die Entwicklung derartiger Kernkompetenzen und der Aufbau überlebenssichernder Erfolgspotentiale kann *Jahre dauern* und bedarf kontinuierlicher Verbesserungen. Zu den Kernkompetenzen zählen alle

Kontinuierliche Verbesserung

- materiellen oder »harten« Faktoren wie Produktionsanlagen, Datenbanken oder Lizenzen,
- immaterielle Ressourcen oder »weichen« Faktoren wie Unternehmenskultur, Image des Unternehmens, Fähigkeiten und Freundlichkeit der Mitarbeiter, Beziehungsnetzwerke und vor allem eine exzellente Kundenorientierung.

Kunden-Mehrwert

Erfolgreiche kundenorientierte Unternehmen vermögen durch ihre *Kernkompetenzen* einen Mehrwert für ihre Kunden zu schaffen und dadurch ihre Zielgruppe besser und schneller zufriedenzustellen als die besten Mitbewerber.

Bauen Sie sich dazu eine sichtbare Kompetenz auf, damit Ihre Kunden Ihre angebotenen Leistungen auch wertschätzen!

Kernkompetenzen beeinflussen die Kundenzufriedenheit, wie die folgende Ursache-Wirkungs-Kette verdeutlicht:

Kundenzufriedenheit durch Kernkompetenzen
(Quelle: Hinterhuber/Handlbauer/Matzler, 1997, S. 7)

4 Kategorien von Kernkompetenzen

Betrachtet man Kernkompetenzen vom *Kundennutzen* her, so lassen sich vier Kategorien unterscheiden (vgl. Hinterhuber/Handlbauer/Matzler, 1997, S. 41 ff).

Kernkompetenzen können sich beziehen auf:
- die funktionale bzw. ästhetische Qualität der Produkte,
- den geleisteten Service,
- die Kosten für die Herstellung,
- die Zeitvorteile gegenüber der Konkurrenz.

Der optimale Wirkungsgrad der Kernkompetenzen eines Unternehmens umfaßt (vgl. Abb.):
- Erfüllung der Basisanforderungen entsprechend dem Anspruchsniveau der Kunden,
- Sicherstellung der Wettbewerbsfähigkeit bei den Leistungseigenschaften und
- Differenzierung im Wettbewerb durch Begeisterungsmerkmale.

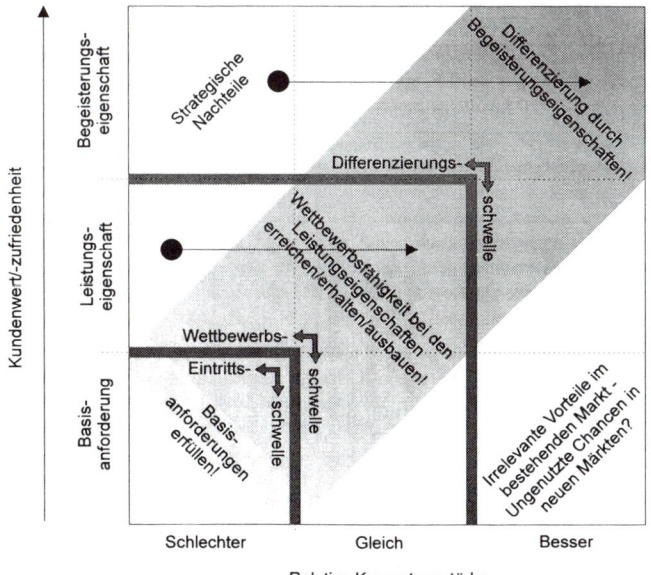

Kundenzufriedenheits- und Kernkompetenz-Matrix
(Quelle: Hinterhuber/Handlbauer/Matzler, 1997, S. 114)

127

Kernkompetenzen – Markt

Für die strategische Ausrichtung und Entwicklung von Kernkompetenzen haben HAMEL und PRAHALAD (1995, S. 341) eine *Kompetenzmatrix* entwickelt, welche die gegenwärtigen und potentiell notwendigen Kernkompetenzen des Unternehmens den bestehenden oder erst neu zu schaffenden Märkten gegenüberstellt. Als Resultat lassen sich vier Felder von Handlungsstrategien ableiten, die unterschiedliche Chancen, aber auch unterschiedliche Erfolgswahrscheinlichkeiten erwarten lassen:

	Herausragende Position	**Mega-Chancen**
neu	Welche neuen Kernkompetenzen müssen wir aufbauen, um unsere Position in unseren aktuellen Märkten zu halten?	Welche neuen Kernkompetenzen müssen wir aufbauen, um auf den attraktiven Märkten künftig erfolgreich zu sein?
bestehend	**Lücken füllen** Welche Chancen bieten unsere bestehenden Kernkompetenzen in bestehenden Geschäftsfeldern?	**Weiße Flecken** Auf welchen Märkten können wir mit unseren gegenwärtigen Kernkompetenzen Kundenzufriedenheit schaffen?
	bestehend	neu

Kernkompetenz (linke Achse) — **Markt** (untere Achse)

Festlegung der Kompetenzagenda
(Quelle: Hamel/Prahalad, 1995, S. 341)

Schlüsselziel: Kundenzufriedenheit durch Kernkompetenz

Kernkompetenzen beziehen sich ebenso auf den betrieblichen Leistungserstellungs-Prozeß wie auf die Fähigkeiten und Fertigkeiten im Zusammenhang mit Kundenorientierung. Da nur überdurchschnittlich zufriedene bzw. begeisterte Kunden den langfristigen Erfolg eines Unternehmens absichern, bleibt Kundenzufriedenheit durch Kernkompetenzen ein Schlüsselziel der Unternehmensstrategie.

10.3 Kundennutzenorientierung

»Strategische Positionen können auf Bedürfnissen von Kunden basieren, dem Zugang zu ihnen oder auf einzigartigen Produkten oder Dienstleistungen.«

MICHAEL E. PORTER
Harvard Business School, Boston

Trotz aller gegenteiligen Beteuerungen stellt *Kundenorientierung* in vielen Unternehmen noch keinen zentralen Wert ihrer Unternehmenskultur dar. Auch wenn fieberhaft immer mehr daran gearbeitet wird, besser, schneller oder billiger als die Konkurrenz zu sein, geht es letztlich doch um *Wettbewerbsorientierung* und nicht um Kundenorientierung. Es fehlt der schlagkräftige Beweis dafür, daß das gesamte Denken und Handeln aller Beteiligten auf die Bedürfnisse, Wünsche und Probleme der Kunden ausgerichtet ist. Alle Handlungen orientieren sich an der Konkurrenz und ihren Verhaltensweisen im Marktprozeß, nicht aber an dem, was der Kunde wirklich will.

Instrumentalisierung des Kunden

Eine Kunden(nutzen)orientierung stellt den Kunden und seine Bedürfnisse in den Mittelpunkt, und nicht den Markterfolg.

Ein Unternehmen ist langfristig dann erfolgreich, wenn es sich auf Problemlösungen und den Nutzen für seinen Kunden konzentriert. Die zentrale Frage einer *Kundennutzenorientierung* muß lauten: »Durch welche Produkte und Leistungen können wir unseren Kunden einen zwingenden Nutzen, einen Mehrwert, einen USP, eine Begeisterungsleistung bieten?«

Konzentration auf den Kundennutzen

Dreistufige Kundennutzen-Hierarchie

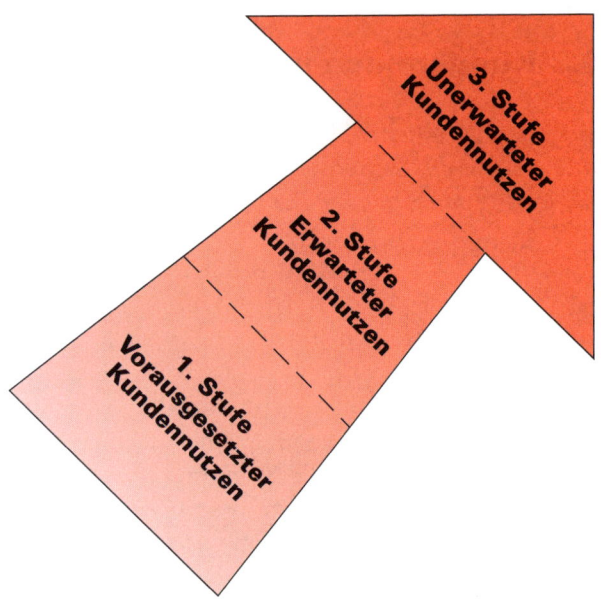

Was wollen Ihre Kunden?

Finden Sie heraus, welche Kunden Sie wirklich wollen und welche Kunden am besten zu Ihnen passen bzw. wessen Probleme Sie am besten lösen können. Finden Sie auch die hinter den Wünschen stehenden Probleme heraus und lösen Sie diese – besser als jeder andere.

Kundenorientierte Führungskräfte und Mitarbeiter konzentrieren sich darauf, für eine genau definierte Kunden- oder Zielgruppe ein Höchstmaß an Kundennutzen zu erreichen.

Kundennutzen und Qualität

Ein totales Qualitätsmanagement im Hinblick auf den Kundennutzen bedeutet eine *perfekte Qualität* bei den angebotenen Produkten und Dienstleistungen, eine exzellente *Servicequalität* über alle Phasen des

Kundenkontaktes hinweg (Pre-Sales, After-Sales) und last but not least eine erstklassige *Beziehungsqualität,* d.h. nicht nur Freundlichkeit, sondern auch Herzlichkeit der Mitarbeiter (vgl. Abb.).

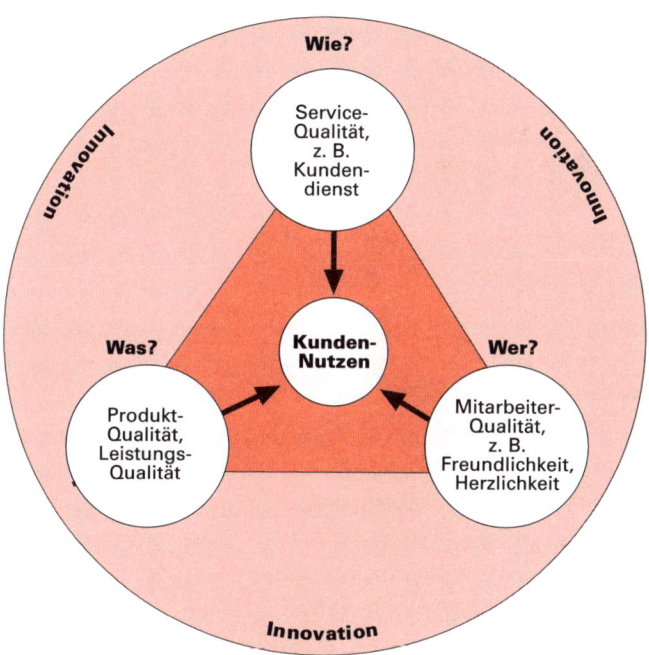

Dimensionen des Kundennutzens

Wichtig ist, daß das entscheidende Kriterium für den Nutzen die *Kundensicht* sein muß.

»Nutzen ist schlicht Qualität, wie immer der Kunde Qualität definiert.«

BRADLEY T. GALE

Qualität definiert der Kunde

Kontinuierliche Verbesserung und Innovationen

Stillstand ist Rückschritt. Alle diese Punkte müssen ständig weiterentwickelt und *Leistungsverbesserung* muß durch *Innovation* erzielt werden. Alle Führungskräfte und Mitarbeiter sollten sich im Rahmen ihrer *Jahreszielplanung* mit der Frage beschäftigen: Wie trägt meine Tätigkeit zum Kundennutzen bei? Wie könnte ich im nächsten Jahr meinen Nutzenbeitrag für die Kunden verbessern?

10.4 Konsequenter Kundenfokus

»Für jemand ganz Bestimmten etwas Besonderes sein, das ist der Kern der kundenorientierten Strategiebestimmung.«

KARL ALBRECHT,
amerikanischer Service-Papst

Reduktion auf Mitarbeiterfreundlichkeit

Das DEUTSCHE KUNDENBAROMETER 1997 macht deutlich: *»Die Trivialisierung bzw. Reduktion des Problems mangelnder Kundenorientierung auf das Verhalten der Mitarbeiter im Kundenkontakt – insbesondere auf deren Freundlichkeit – lenkt von den wirklichen Schwachstellen ab! Eine nachhaltige Verbesserung der Kundenorientierung und darauf aufbauende strategische Wettbewerbsvorteile könnten viel mehr erreicht werden durch eine alle Mitarbeiter, Abteilungen und Wertschöpfungsstufen umfassende Fokussierung auf Kundennutzen, kundenfreundlichere Abläufe und Systeme.«* (S. 18)

Wettbewerbsorientierung statt Kundenorientierung

Bei rein wettbewerbs-, aber nicht kundenorientierten Unternehmensstrategien konnte festgestellt werden, daß sich ein Großteil der Maßnahmen zur Verbesserung der *Kundenorientierung* auf Appelle an die Mitarbeiter beschränkt, im Kontakt mit den Kunden *freundlicher* zu sein. Im Extremfall wurde nur die Marketingkommunikation auf Kundenorientierung getrimmt, ohne daß die betroffenen internen Dienstleistungs- und Serviceprozesse einbezogen wurden. Immer wieder werden hervorragende Serviceversprechen oder -garantien, etwa auf Anraten von Werbeagenturen, nach außen kommuniziert, ohne daß diese den Mitarbeitern überhaupt zur Kenntnis gelangen. Man erhöht also zunächst die Erwartungshaltung der Kunden, um sie anschließend zu enttäuschen und dies im Ergebnis durch negative Mund-zu-Mund-Propaganda weiterverbreiten zu lassen.

Während die unter dem Stichwort *»Servicewüste Deutschland«* geführte Diskussion sich hauptsächlich auf das Mitarbeiterverhalten im Kundenkontakt bezieht, hat Kundenorientierung sehr viel mit der *Qualität der internen Dienst- und Serviceleistungen* zu tun. Die Autoren des Jahrbuchs der Kundenzufriedenheit 1997, MEYER und DORNACH, schließen daher eher auf Führungs- und *Strategiedefizite* denn auf unfreundlichen Kundenservice, insbesondere ein mangelndes Problembewußtsein der Führungskräfte für Kundenorientierung. Das bedeutet:

> *»Zur Sicherstellung einer hohen unternehmensweiten und dauerhaften Kundenorientierung muß heute – neben der notwendigen Fokussierung aller Unternehmensprozesse auf die Erbringung höchster Produktqualität – insbesondere die Steuerungsfähigkeit aller Unternehmensbereiche zur Erbringung von Spitzenleistungen bei Dienst- und Serviceleistungen – extern und intern – nachhaltig erhöht werden.«* (S. 40)

Strategische Positionen – so MICHAEL E. PORTER – sollten einen zeitlichen Horizont von *zehn Jahren* oder mehr aufweisen und nicht nur den einer einzigen Planungsperiode. Die Realisierung einer konsequenten Kundenorientierung muß als zielorientierter und langfristiger

Kundenorientierung als Führungsaufgabe

Langfristige Organisationsentwicklung statt Ad-hoc-Maßnahmen

Organisationsentwicklungs-Prozeß angelegt werden und kann nicht durch einzelne Ad-hoc-Projekte wie die Einführung von Beschwerdemanagement oder die Durchführung von Kundenzufriedenheitsstudien oder einmalige Schulungsmaßnahmen zur Verbesserung des kundenorientierten Verhaltens bewältigt werden.

Eine Trivialisierung der Kundenorientierung durch Ad-hoc-Maßnahmen muß durch einen strategischen Prozeß der Kundenfokussierng im gesamten Unternehmen abgelöst werden.

Vorbild Japan

In Japan ordnet sich das gesamte Unternehmen den Kundenwünschen unter: »In Japan glauben wir, daß Gewinne nur dann zu machen sind, wenn wir an den Kunden denken«. (M. Tominaga)

Beispiel

Ein Minolta-Mitarbeiter, der einem Touristen die defekte Kamera durch seine eigene Kamera mit neuem Film sofort ersetzte, die defekte Kamera mitnahm, kostenlos reparierte und zurückschickte, wurde von der Unternehmensführung für dieses Verhalten sehr gelobt.

Ein Mitarbeiter eines marktführenden deutschen Elektrokonzerns, der einer durch zahlreiche Reklamationen an ihrer Waschmaschine leidgeplagten Hausfrau ein Bügeleisen schenkte, wurde dafür fast entlassen. (Siehe auch S. 40)

Konsequenter Kundenfokus bedeutet, daß der wichtigste Maßstab für das unternehmerische Handeln die Bedürfnisse, Probleme und Wünsche der Kunden sind.

Der Kunde als persönlicher Freund

Übertreffen Sie sich immer wieder selbst, wenn es darum geht, einen *Kunden* nicht nur zufriedenzustellen, sondern zu *begeistern*. Der erfolgreiche amerikanische Autohändler CARL SEWELL schlägt als Faustregel vor, eine Dienstleistung oder einen Extra-Service, wofür man einem Freund nichts berechnen würde, auch nicht Kunden in Rechnung zu stellen, z. B. wenn man abends am Flughafen in der Klemme sitzt, weil der Autoschlüssel abgebrochen ist. CARL SEWELL bilanziert den Wert eines Kunden auf 322.000 US-Dollar, und mit dieser Einstellung wird jeder Kunde in jeder Situation in jedem Outfit behandelt.

Ein konsequenter Kundenfokus, ein *»Total Customer Care«*, erfordert eine Unternehmenskultur, in der Kundenorientierung auch gelebt wird. Dies setzt verschiedene Grundsätze voraus (vgl. Töpfer, 1996, S. 13):

Gelebte Unternehmenskultur

10 Grundsätze für »Total Customer Care«

1. Kundenorientierung wird durch das Top-Management nach innen und außen vorgelebt.
2. Kundenorientierung muß jeder im Unternehmen praktizieren, deshalb sind alle einzubeziehen.
3. Nur wenn alle Mitarbeiter motiviert, noch besser begeistert und empowert sind, also Entscheidungsspielraum haben und ausschöpfen können, werden sie sich für die Interessen der Kunden einsetzen.
4. Kundenzufriedenheit ist anhand rationaler und emotionaler Kriterien detailliert zu messen.
5. Veränderungen der Kundenanforderungen und -erwartungen sind frühzeitig zu erkennen und zu berücksichtigen.
6. Ein Feedback der gemessenen Kundenzufriedenheit ist an alle Mitarbeiter im Unternehmen zu geben, um Einstellung und Verhalten gegenüber den Kunden zu beeinflussen und zu steuern.

7. Hohe Kundenzufriedenheit erfordert Qualität und Vortrefflichkeit im Detail.
8. Benchmarking als Lernen von den Besten fordert und sichert das eigene Handlungsniveau für höhere Kundenzufriedenheit ab.
9. Aus der Erkenntnis, daß nur höchste Kundenzufriedenheit die Basis für Kundenbindung ist, leiten sich der Anspruch nach innen und die Zielsetzung nach außen ab.
10. Kundenzufriedenheit muß jeden Tag neu verdient werden.

Beispiel LANDS' END

GARY COMER, der Gründer von LANDS' END, legte 1963 die noch heute gültigen Geschäftsprinzipien fest:

»Wir glauben an den Grundsatz, daß das Beste für unsere Kunden auch das Beste für uns alle ist.« Es gibt die totale lebenslange Qualitätsgarantie *(Guaranteed Period). »Wir akzeptieren jede Rücksendung, aus jedem Grund, zu jeder Zeit. Keine Diskussion.«* Der volle Kaufpreis wird erstattet, selbst wenn der Kunde den Artikel bereits ein Jahr lang getragen hat. Dies ist eine konsequente *Kundennutzenorientierung,* die in Deutschland nicht nur auf Resonanz bei den Kunden, sondern auch bei den Wettbewerbern stößt, die glauben, LANDS' END nur auf gerichtlichem Wege Paroli bieten zu können.

10.5 Umsetzung einer kunden-nutzenorientierten Strategie

»Erfolg ist eine Frage der richtigen Strategie.«

WOLFGANG MEWES
Urheber der EKS-Strategie

Wir leben in einem Zeitalter der hochgradigen Veränderung: Differenzierter Wettbewerb, flächendeckende Produktdurchdringung, Machtverlagerung von Produktion zu Handel, zunehmendes Konsumentenbewußtsein bezüglich Preis, Qualität und Individualität, sinkende Wirksamkeit von Werbung und Verkaufsförderung, geringere Markentreue u. a. mehr führen in Unternehmen zu einer Verunsicherung über die *richtige Strategie*.

Der Markt fordert eine strategische Umorientierung

Es werden vor allem diejenigen Unternehmen überleben und bestehen, denen es am besten gelingt, sich auf die Bedürfnisse, Probleme und Wünsche ihrer Zielgruppen zu konzentrieren und die Beziehungen zu ihren Kunden optimal zu pflegen (Customer Relationship Marketing). Stammkunden werden zu Geschäftspartnern oder gar Geschäftsfreunden werden. Qualität, Kundendienst, Service, Schnelligkeit und Kundennähe im Rahmen des Beziehungsmanagement und der Kundenbindung werden wichtige Unterscheidungskriterien im Wettbewerb sein; die herkömmliche Markentreue und Produktbindung wird immer mehr an Bedeutung verlieren.

Vom Produktanbieter zum Problemlöser

Ziel einer *kundenorientierten Unternehmensstrategie* ist es, eine einzigartige Marktstellung zu erreichen, d. h. in bestimmten Marktsegmenten anders und besser als die Mitbewerber zu sein.

Einzigartige Marktstellung

Wie können Sie nun Ihren Kunden einen zwingenden Nutzen durch konkurrenzlose Spitzenleistungen bieten, der Ihre Kunden nicht nur zufriedenstellt, sondern geradezu begeistert und Sie aktiv weiterempfiehlt? Unsere sieben Schritte zu einer *kundenorientierten Unternehmensstrategie* in Kapitel 11 bauen auf der »Engpaß-Konzentrierten Strategie« (EKS) des Frankfurter Systemforschers WOLFGANG MEWES auf. Wir empfehlen daher für vertiefende Studien unbedingt den aktuellen EKS-Lehrgang von 1998*.

Zwingender Nutzen durch Spitzenleistung

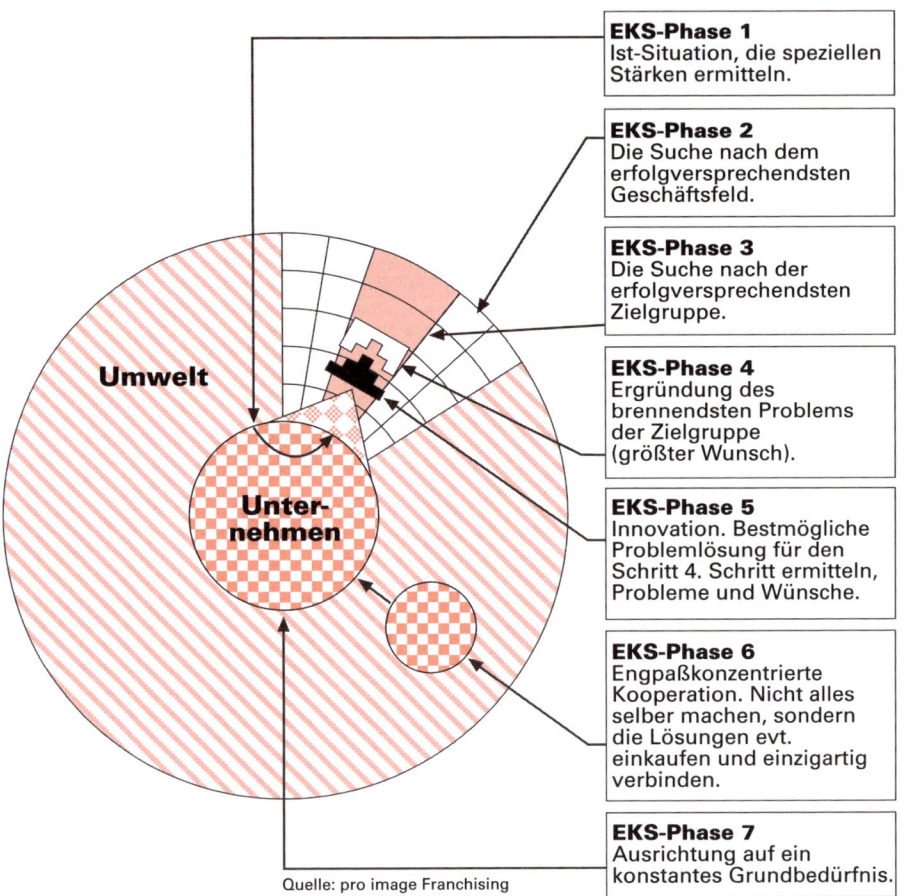

EKS-Phase 1
Ist-Situation, die speziellen
Stärken ermitteln.

EKS-Phase 2
Die Suche nach dem
erfolgversprechendsten
Geschäftsfeld.

EKS-Phase 3
Die Suche nach der
erfolgversprechendsten
Zielgruppe.

EKS-Phase 4
Ergründung des
brennendsten Problems
der Zielgruppe
(größter Wunsch).

EKS-Phase 5
Innovation. Bestmögliche
Problemlösung für den
Schritt 4. Schritt ermitteln,
Probleme und Wünsche.

EKS-Phase 6
Engpaßkonzentrierte
Kooperation. Nicht alles
selber machen, sondern
die Lösungen evt.
einkaufen und einzigartig
verbinden.

EKS-Phase 7
Ausrichtung auf ein
konstantes Grundbedürfnis.

Quelle: pro image Franchising

Die sieben Phasen der EKS-Strategie

* Eine aktuelle Informationsbroschüre über die EKS-Strategie
können Sie kostenlos anfordern bei:
SEIWERT-INSTITUT für Strategie und Time Management in
Heidelberg:
Fon: + 49 - 62 21 - 78 77-0 · Fax: + 49 - 62 21 - 78 77 22
E-mail: info@seiwert.de · Internet: www.seiwert.de

Außergewöhnliche Erfolge gehen fast immer auf die *Konzentration* der Kräfte zurück. Jedes Unternehmen hat seine speziellen Stärken und Schwächen. Nur wer seine Stärken voll und ganz einsetzt und sich auf Spitzenleistung für seine Kunden *spezialisiert,* hat Erfolg. Nicht überall mittelmäßig mitmischen, sondern im richtigen Bereich der beste Nutzenanbieter sein, der seine Zielgruppe mit seinen Produkten, seinen Leistungen und seinem Service regelrecht begeistert. Der Schlüssel zum Erfolg liegt in einer Konzentration der eigenen Stärken auf eine *Marktnische.*

Konzentration auf eigene Stärken

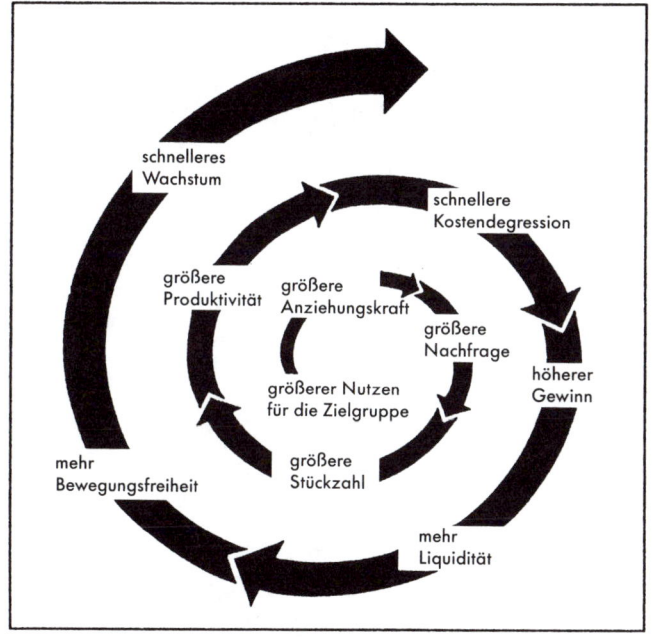

Die EKS-Erfolgsspirale

Aus Mewes Forschung entstanden ein strategischer Ansatz und ein Trainingsprogramm, an dem sich inzwischen zahlreiche europäische Unternehmen orientie-

Erfolgsgeheimnis EKS

ren. »Im Zusammenhang mit der Spezialisierung und Schwerpunktbildung konnten wir feststellen, daß die EKS-Methode erstaunlich oft eingesetzt wurde. Dies ist eines der wenigen ›Geheimnisse‹, die wir bei den ›Hidden Champions‹ aufdecken konnten.« (H. Simon, 1996, S. 188)

Konzentration auf Bedürfnisse des Marktes

Nur wer sich konsequent auf den *wirkungsvollsten Punkt* konzentriert, entwickelt Fähigkeiten, die ihn erfolgreicher machen. Echte Spitzenleistungen resultieren nicht aus vordergründigem Profitstreben. Denn wer das brennende Problem einer bestimmten Zielgruppe dauerhaft besser löst als andere, entwickelt automatisch eine besondere Anziehungskraft im Markt. Die Gewinne kommen dann von selbst. Voraussetzung: Die konsequente und kompromißlose Ausrichtung der eigenen Leistungen auf die Bedürfnisse des Marktes.

11. Schritte zu einer kundenorientierten Unternehmens- strategie

»If there was ever a time to transform your marketing, it is now!«

PHILIP KOTLER
amerikanischer Marketing-Papst

Im wesentlichen gibt es zwei Denkschulen zur *Unternehmensstrategie* (vgl. H. Simon, 1996, S. 110 ff):

- Die Lehre von der *»ressourcen-basierten«* Strategie (aktuelle Vertreter: HAMEL und PRAHALAD) stellt auf Kernkompetenzen, Fähigkeiten und Stärken als Ausgangspunkt des strategischen Managements ab; es wird ein Vorgehen *von innen nach außen* vorgeschlagen.

- Die Strategielehre von den *externen Markt- und Wettbewerbschancen* schlägt ein Vorgehen *von außen nach innen* vor, um Wettbewerbsvorteile zu schaffen und aufrechtzuerhalten. Der Hauptvertreter dieser Denkschule, der amerikanische Strategie-Papst MICHAEL PORTER, unterscheidet innerhalb der *Wettbewerbsstrategien* drei Strategietypen: Umfassende Kostenführerschaft, Differenzierung und Konzentration (Fokus) auf Schwerpunkte oder Marktnischen.

Zwei Denkschulen zur Unternehmensstrategie

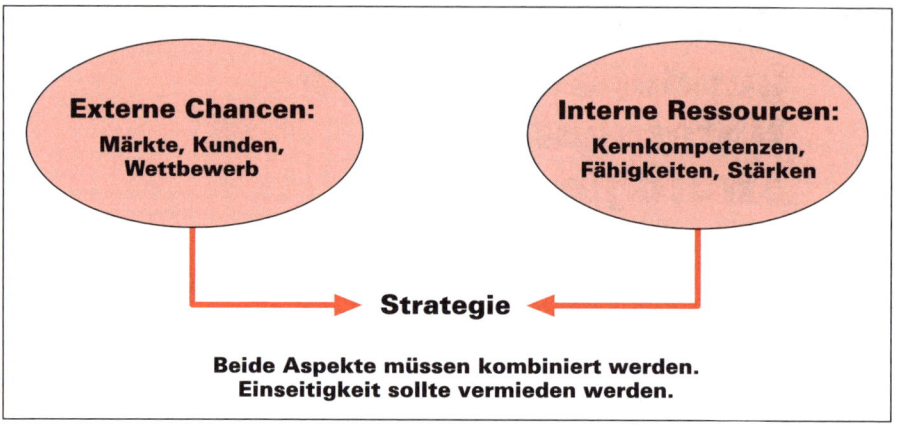

Zwei Aspekte der Strategie
(Quelle: H. Simon, Hidden Champions, 1996, S. 112)

Ein Unternehmen sollte weder einseitig auf internen Ressourcen oder Kompetenzen aufgebaut sein noch ausschließlich auf externe Marktchancen fixiert sein. Falls hervorragende Marktaussichten bestehen, jedoch keine internen Kernkompetenzen entwickelt bzw. genutzt werden können – oder umgekehrt interne Ressourcen ohne Marktbezug aufgebaut werden, wird das Unternehmen immer scheitern.

Nur wenn interne Resourcen und externe Marktchancen zueinander passen, kann ein Unternehmen alle seine strategischen Potentiale kundenorientiert nutzen.

7 Schritte zum Erfolg

Wie erreicht man nun das Ziel, der beste *Problemlöser* oder führende Nutzenanbieter für eine *bestimmte Zielgruppe* zu werden? Auch zu großen Zielen gelangt man in kleinen Schritten. Wer der beste Problemlöser für eine noch so kleine Zielgruppe ist, vergrößert seine Anziehungskraft schon fast automatisch. Die sieben

Schritte zum besten Nutzenanbieter für Ihre Zielgruppe beinhalten (vgl. Abb.):

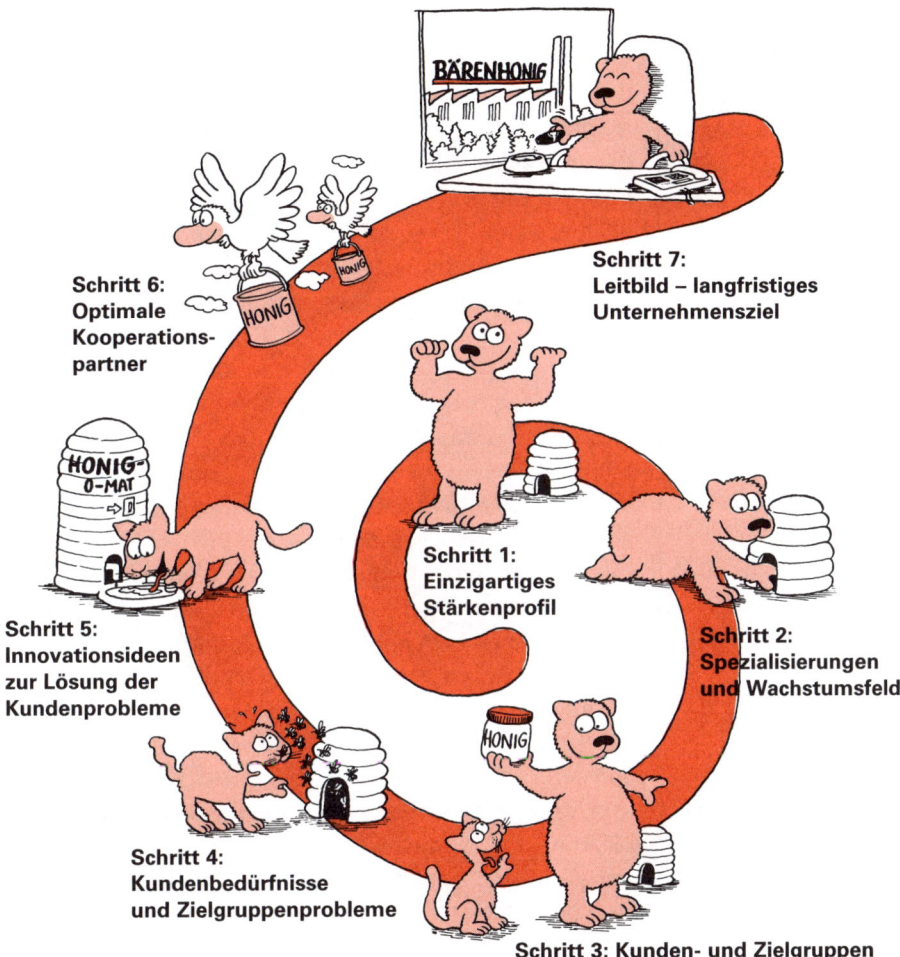

**Schritt 6:
Optimale Kooperationspartner**

**Schritt 7:
Leitbild – langfristiges Unternehmensziel**

**Schritt 5:
Innovationsideen zur Lösung der Kundenprobleme**

**Schritt 1:
Einzigartiges Stärkenprofil**

**Schritt 2:
Spezialisierungen und Wachstumsfeld**

**Schritt 4:
Kundenbedürfnisse und Zielgruppenprobleme**

Schritt 3: Kunden- und Zielgruppen

Die sieben Schritte zu einer kundenorientierten Unternehmensstrategie

Die *Status-quo-Analyse* am Anfang: Worin bestehen die *Basisfähigkeiten* und Leistungen, die ein Kunde bei Ihnen unbedingt voraussetzt? Wo liegen die *Stärken,*

Basisfähigkeiten und Spezialisierung

143

die es im Sinne erfolgreicher Spezialisierung auszubau-
en gilt? Auf welche Wachstumsfelder können wir uns
konzentrieren und wo können wir uns von unseren
Mitbewerbern abheben?

**Konzentration auf
Bedürfnisse**

Die Auseinandersetzung mit dem Markt und den
Bedürfnissen vorhandener und potentieller *Kunden:*
Langfristig ist nur erfolgreich, wer die beste Problemlösung bietet und ebenso schnell reagiert, wie sich Ent-
wicklungsstandard und Anspruchsniveau verändern.
Viele Unternehmen betrachten den Kunden als
»Störfaktor«, anstatt ihr Angebot präzise auf den Markt
abzustimmen und flexibel zu sein. Wem es hingegen
gelingt, die *richtige Zielgruppe* zu identifizieren und für
ihr *brennendstes Problem* Lösungen zu liefern, hat den
wirkungsvollsten Ansatzpunkt im Markt gefunden.
Durch die bessere Problemlösung beim Kunden steigen
die *Anziehungskraft* und die Nachfrage. Preise können
gesenkt, weitere Kunden gewonnen werden; verbunden damit sind zunehmender Bekanntheitsgrad und
Weiterempfehlungen, Image- und Kompetenzaufbau.
Das Ergebnis: Gewinne, quasi automatisch. Sie wiederum ermöglichen weitere Verbesserung und setzen die
positive Sogwirkung erneut in Gang.

**Innovation und
Kooperation**

Stillstand ist Rückschritt. Nur eine permanente Innovation und Verbesserung der eigenen Leistung im Hinblick auf die Bedürfnisse und Wünsche der Zielgruppe
gewährleisten einen *Wettbewerbsvorsprung*. Wer bestimmte Innovationen oder bessere Problemlösungen
nicht selbst realisieren kann, muß sich entsprechender
Kooperationspartner bedienen.

11.1 Basisfähigkeiten und Stärkenanalyse

»Sie müssen sich darüber klar werden, auf welchem Gebiet Sie besser sind als jeder andere, und dann Ihre Anstrengungen kompomißlos darauf konzentrieren.«

ANDREW GROVE

Generaldirektor Intel

Gegenstand dieses ersten Schrittes zu einer kunden-orientierten Unternehmensstrategie ist die Analyse der *Basisfähigkeiten* sowie der speziellen Stärken. Nur wenn man weiß, wo die *speziellen Stärken* des Unter-nehmens liegen, kann man diese zu einem unverwech-selbaren Profil herausarbeiten, das sich deutlich vom Wettbewerb abhebt und nach außen – also auch für den Kunden – kommunizierbar ist.

Einzigartiges Stärkenprofil

Dies fällt oft schwer, da man eher gewohnt ist, seine Fehler im Blick zu haben, und alles daransetzt, diese zu beheben. Somit ist es nicht verwunderlich, wenn viele Unternehmen ihre wahren *Stärken* nicht immer sofort erkennen. Doch wer nur ungefähr weiß, wo seine Fä-higkeiten und Stärken liegen, kann dies seinen Kunden auch nur ungefähr vermitteln. Gerade in dieser Phase kommt es daher darauf an, »Betriebsblindheit« abzule-gen und das Unternehmen *aus Sicht der Kunden* zu betrachten. Dazu muß man das Gespräch mit den Kun-den suchen, z. B. in einem Kundengesprächskreis oder durch Meinungskarten mit Fragen wie z. B.: »Was gefällt Ihnen an uns?« oder »Warum kommen Sie zu uns?«

Schwächen vernachlässigen

Wer sich auf seine Stärken konzentriert, kann seine Schwächen zunächst vernachlässigen.

**Schritt 1 zu einer kundenorientierten
Unternehmensstrategie: Einzigartiges Stärkenprofil**

Fallbeispiel:
Wettbewerbsvorteile durch spezielle Stärken

*Der Fall eines REWE-Nahkauf-Marktes in Laubach-
Münster zeigt, daß es nicht immer die außerge-
wöhnlichen Dinge sind, die eine Stärke ausmachen.
Zum Serviceangebot des Marktes gehört es, Geschenke
schön einzupacken. Der Leiterin des Marktes, Frau
Annemarie Köpke, bereitete diese Zusatzleistung so viel
Spaß, daß sie diese im Laufe der Jahre weiterentwickel-
te und perfektionierte. So wurde Frau Köpke zum »Ge-
heimtip« bei ihren Kunden, wenn es darum ging, ein
schönes Geschenk zu kaufen.*

Sie begann, diese Stärke strategisch auszubauen, indem sie auf einem Teil ihrer knappen Verkaufsfläche Mustergeschenke ausstellte. Damit stellte Frau Köpke ihre Leistung in den Mittelpunkt und ging gezielt auf die Kunden zu.

Der Erfolg ließ sich nicht verhindern. Heute kommen die Kunden aus einem Umkreis von bis zu 50 km in den Nahkauf-Markt, um ein attraktives Geschenk zu kaufen. Die Fläche für Geschenke hat sich in den letzten Jahre verdreifacht. Der Umsatz mit Geschenken stieg alleine in diesem Zeitraum um rund tausend Prozent.

Aber es ging noch weiter. Frau Köpke wurde gebeten, ihr Wissen und ihre Erfahrung in firmeninternen Seminaren weiterzugeben. Nach nur wenigen Monaten hatten viele Kaufleute das »Konzept Köpke« ebenfalls erfolgreich in ihren Märkten umgesetzt. Inzwischen beliefert sie aus ihrem Nahkauf-Markt zwei weitere REWE-Supermärkte mit fertig verpackten Geschenken.

Schritt 1a: Basisfähigkeiten und Ist-Situation

Basisfähigkeiten sind Fähigkeiten und Leistungen, die ein Kunde bei einem Unternehmen *unbedingt voraussetzt*. Größere Schwächen in diesen Selbstverständlichkeiten stellen den Erfolg des Unternehmens grundsätzlich in Frage oder können nur durch erheblichen Mehraufwand in anderen Bereichen ausgeglichen werden.

Fähigkeiten, die der Kunde voraussetzt

Beispiele für Basisfähigkeiten sind:

Beispiele Basisfähigkeiten

- Sortiment oder Warenangebot (kundenorientierte Auswahl an Produkten oder Dienstleistungen)

147

- Standort (Erreichbarkeit des Unternehmens, Infrastruktur)
- Service (Kundenbindungsmaßnahmen und Serviceleistungen, kundenorientierte Erreichbarkeit)
- Preis-Leistungs-Verhältnis (qualitäts- und wettbewerbsgerechte Preisgestaltung)
- Verkaufsverhalten (Hilfsbereitschaft und Freundlichkeit der Mitarbeiter, fachkundige und kundenorientierte Beratung)
- Produkt- und Lieferqualität (Schnelligkeit, Zuverlässigkeit).

Ausprägung Ihrer Basisfähigkeiten

Halten Sie in der nachfolgenden *Arbeitstabelle* kurz Art und Ausprägung Ihrer Basisfähigkeiten fest. Schätzen Sie ein, inwieweit diese Basisfähigkeiten in Ihrem Unternehmen erfüllt sind, und markieren Sie dies durch waagrechte Pfeile; dabei bedeuten:

0 = Basisfähigkeit so gut wie nicht vorhanden, schwere Mängel

50 = Basisfähigkeit durchschnittlich ausgeprägt

100 = Basisfähigkeit sehr hoch ausgeprägt, so gut wie keine Mängel.

Schritt 1 a: Basisfähigkeiten und Ist-Situation

Unternehmensdaten	Basisfähigkeiten	Bewertung: Wie weit erfüllt? 0 50 100
Umsatz:	Warenangebot	
Mitarbeiter:	Produktqualität	
Branche:	Standort	
Hauptprodukte/Leistungen:	Service	
	Preis-Leistung	
	Verkaufsverhalten	
Besonderheiten:	Lieferqualität	

Mitbewerber-Analyse		Bewertung: • im Vergleich zum eigenen Unternehmen • aus Kundensicht
Name des Mitbewerbers	Stärken	0 50 100
Name des Mitbewerbers	Schwächen	Bewertung:
Wichtigste Mitbewerber		Bewertung:

Einschätzung der Mitbewerber

Maßstab und entscheidendes Kriterium für den Erfolg im Markt sind und bleiben die *Kunden,* die uns an unseren Leistungen, unserem Service, aber auch im Vergleich zu unseren Mitbewerbern messen und bewerten. Tragen Sie daher in die untere Hälfte der Arbeitstabelle Ihre wichtigsten *Mitbewerber* ein, deren Einfluß Sie tatsächlich in Ihrer Geschäftstätigkeit spüren. Notieren Sie für jeden Mitbewerber bis zu drei Stärken und Schwächen, und schätzen Sie die Ausprägungen dieser Stärken und Schwächen ein, und zwar

- im Vergleich mit Ihrem Unternehmen
- aus Sicht der Kunden.

Markieren Sie Ihre Einschätzungen jeweils durch unterschiedlich farbige Pfeile auf den einzelnen Skalen; dabei bedeuten:

- 0 = sehr schwach ausgeprägte Stärke/Schwäche
- 50 = durchschnittlich ausgeprägte Stärke/Schwäche
- 100 = sehr stark ausgeprägte Stärke/Schwäche.

Gesamtbewertung der drei wichtigsten Mitbewerber

Wählen Sie abschließend Ihre zwei wichtigsten Mitbewerber aus, und beurteilen Sie diese im letzten Teil der *Arbeitstabelle* noch einmal zusammenfassend; dabei bedeuten:

- 0 = sehr schwacher Mitbewerber
- 50 = durchschnittlicher Mitbewerber
- 100 = sehr starker Mitbewerber.

Erst wenn Sie Ihre Basisfähigkeiten zu 100 Prozent erfüllt haben, sollten Sie sich auf empfehlenswerte Leistungen und spezielle Stärken konzentrieren.

Schritt 1b: Spezielle Stärken – Wettbewerbsvorteile

Jedes Unternehmen hat spezielle Stärken und Wettbewerbsvorteile. Das *Stärkenprofil* Ihres Unternehmens unterscheidet Sie von anderen und macht Sie einzigartig wie einen Fingerabdruck.

Die nachfolgende *Checkliste* gibt Ihnen zehn Orientierungsfragen, die Sie bei der Erarbeitung Ihrer *speziellen Stärken* konkret weiterbringen.

Zehn Orientierungsfragen

Spezielle Stärken

✔ Welche Produkte oder Leistungen bietet Ihr Unternehmen z. Zt. an?

✔ Welche zusätzlichen Leistungen oder Service könnte es anbieten?

✔ In welchen Geschäftsbereichen bzw. bei welchen Produkten oder Dienstleistungen haben Sie bereits jetzt durchschnittlichen Erfolg?

✔ Wodurch unterscheidet sich Ihr Unternehmen von Ihren Mitbewerbern?

✔ Warum kommen Ihre Kunden zu Ihnen?

✔ Was schätzen Ihre Kunden an Ihrem Unternehmen?

✔ Welche Produkte und Leistungen bieten Ihrem Kunden einen besonderen Nutzen?

✔ Welche Leistungen machen Sie bereits heute für Ihre Kunden unaustauschbar?

✔ Was tun Sie persönlich bzw. Ihre Mitarbeiter besonders gerne und erfolgreich?

✔ Zu welchen Personen, Organisationen und Institutionen, die Ihnen bei der Entwicklung Ihres Unternehmens helfen könnten, haben Sie oder Ihre Mitarbeiter eine besonders gute Beziehung?

> ✔ Welche strategischen Vorteile Ihres Unternehmens (z. B. Image, Standort, Umfeld o.ä.) könnten Sie zu Ihrem Vorteil nutzen?

Beispiele für spezielle Stärken

Beispiele für die *speziellen Stärken* eines Unternehmens können z. B. sein:

- *Persönliche Stärken*/Eigenschaften des Unternehmers (Hobbys, persönliche Stärken)
- *Stärken von Mitarbeitern* (z. B. besondere Produktkenntnisse, spezielle Vorkenntnisse, Ausbildungen etc.)
- *Produktstärken* (besonders umsatzstarke Geschäftsbereiche, Produkte oder Leistungen mit besonders hohen Umsatzanteilen, klare Vorteile gegenüber Mitbewerbern etc.)
- *Beziehungen* (gute Kontakte eventuell auch der Mitarbeiter zu speziellen Kunden oder Kundengruppen, Geschäftspartnern, Verbänden, Medien, Behörden).

Beispiele für potentielle Stärken

Suchen Sie auch nach weiteren Potentialen im Unternehmen: Was haben wir, das für uns und andere wertvoll sein kann? Beispiele:

✘ Know-how	✘ Image	✘ Kapazität
✘ Fähigkeiten	✘ Flexibilität	✘ Rechte
✘ Motivation	✘ Produkte	✘ Marktposition
✘ Beziehungen	✘ Dienstleistungen	✘ Systeme
✘ Macht	✘ Zeit	✘ Schnelligkeit
✘ Kapital	✘ Vertrauen	✘ Visionen
✘ Wissen	✘ Qualität	✘ Bekanntheit

Notieren Sie Ihre Stärken

Notieren Sie nun in der folgenden *Arbeitstabelle* die Stärken Ihres Unternehmens:

Schritt 1 b: Spezielle Stärken – Wettbewerbsvorteile

Eigenschaften, Stärken, Leistungen Ihres Unternehmens bzw. einzelner Abteilungen; besonders erfolgreiche Produkte und Leistungen; persönliche Stärken von Ihnen und Ihren Mitarbeitern; Service und Beziehungen.	Bewertung: Wo Spitze? • im Vergleich zum Mitbewerber • Bedeutung für Kunden 0 50 100

Erfolgversprechendste Stärken:

Bewerten Sie Ihre Stärken

Im nächsten Schritt bewerten Sie Ihre Stärken, d. h. Ihre Betätigungsfelder, Produkte und Leistungen, anhand zweier Fragen:

- Wie beurteilen Sie selbst Ihre Stärken im Vergleich zu Ihren *Mitbewerbern?*
- Wie wichtig sind diese Stärken für Ihre *Kunden* (Zielgruppe)?

In dem Bewertungsraster können Sie Ihre Einschätzungen auf den Skalen mit zwei unterschiedlich farbigen Pfeilen bewerten; dabei bedeuten:

0 = unterentwickelte Stärke/weniger wichtig
50 = durchschnittliche Stärke/durchschnittlich wichtig
100 = herausragende Stärke/sehr wichtig.

Die erfolgversprechendste Stärke

Wählen Sie anschließend Ihre erfolgversprechendsten Stärken aus, und tragen Sie diese in das entsprechende untere Kästchen der *Arbeitstabelle* ein.

11.2 Spezialisierungen und Wachstumsfeld

»Fühlen Sie sich für einen höheren Qualitätsstandard verantwortlich, als ihn irgend jemand von Ihnen erwartet. Lassen Sie keine Ausreden gelten.«

HENRY WARD BEECHER

Suche nach dem erfolgversprechendsten Wachstumsfeld

Ein unverwechselbares Stärken- und Leistungsprofil beschreibt den ersten Schritt zu einem erfolgreichen kundenorientierten Unternehmen. Der zweite Schritt ist die Suche nach Spezialisierungsmöglichkeiten und dem erfolgversprechendsten Wachstumsfeld, einer *Marktlücke,* in der Sie Ihre Stärken optimal zur Geltung bringen können. Meist ergibt sich dieses Wachstumsfeld direkt aus einer *Stärke,* z. B. aus einer bereits überdurchschnittlich erfolgreichen Produktgruppe oder Serviceleistung. Entscheidend ist, daß in einem solchen Wachstumsfeld tatsächlich noch Potential für ein Wachstum vorhanden ist, d. h., daß es entweder kaum Konkurrenz gibt oder man überzeugend bessere Lösungen als die Mitbewerber entwickelt.

Die Entwicklungsmöglichkeiten z. B. einer Produktgruppe beschränken sich nicht nur auf die Erweiterung des Produktangebotes. Es hat sich gezeigt, daß die größten Erfolgschancen in einer *Verbesserung des Serviceangebotes,* der Werbung, des Leistungsangebotes, der Mitarbeitermotivation oder Kooperation liegen, um deutlich attraktiver als die Konkurrenz zu werden.

Service als Chance

**Schritt 2 zu einer kundenorientierten Unternehmensstrategie:
Spezialisierungen und Wachstumsfeld**

Fallbeispiel:
Spezialisierungen und Wachstumsfeld

Wie vielfältig man ein solches Wachstumsfeld entwickeln kann, zeigt das Beispiel des REWE-Marktes im hessischen Mengerskirchen. Mit der Eröffnung des Getränkemarktes im Jahr 1993 sah REWE-Partnerin Claudia Klebach die Möglichkeit, das erfolgversprechende Wachstumsfeld »Getränke« auszubauen. Die Tatsache, daß kaum ein Mitbewerber über einen Getränkemarkt verfügte, bestärkte Claudia Klebach in der Umsetzung ihres Konzeptes.

Entscheidend war nicht, einfach nur das Sortiment zu erweitern, vielmehr hat sich das Team des REWE-Marktes Mengerskirchen die Frage gestellt: »Was wollen unsere Kunden wirklich?« Man erkannte die Wünsche und Bedürfnisse der Kunden und entwickelte entsprechende Lösungen. Auch hier ging Claudia Klebach strategisch vor. Um sich nicht zu verzetteln, konzentrierte sie sich immer nur auf eine bestimmte Teilzielgruppe und entwickelte für diese ein Servicekonzept. Erst wenn ein solches Konzept umgesetzt war und als fester Bestandteil zum Angebot des Getränkemarktes gehörte, beschäftigte sie sich mit der nächsten Kundengruppe.

So bietet der Getränkemarkt Mengerskirchen ein komplettes Konzept für alle Kunden, die zu Hause eine Feier veranstalten. Von Bänken, Tischen und Schirmen über Zapfanlagen incl. Faßbier und anderen gekühlten Getränken bis hin zur Musikanlage mit Discjockey. Zum Transport verleiht man einen Anhänger. Möglich wird dies erst durch kompetente Kooperationspartner, wie z. B. einen Zeltverleih oder eine Künstleragentur. Für Kindergeburtstage gibt es den sogenannten »Geburtstagskoffer«. Je nach Anzahl der erwarteten Kinder zahlt ein Kunde einen geringen Kostenbeitrag und erhält einen prallgefüllten Koffer, der kaum Kinderwünsche offenläßt. Viele verschiedene Spiele, Malbücher mit Stiften und andere kleine Überraschungen sind im Koffer. Der Clou ist eine Popcornmaschine mit jeder Menge Popcorn-Mais.

Eine Vielzahl weiterer Leistungen kommt hinzu, wie ein gehobenes Weinsortiment oder ein Bier-Spezialitätensortiment mit Geschenken für Bierfreunde. All dies macht den Getränkemarkt in Mengerskirchen zum kompetenten Anbieter in einem Umkreis von rund 30 km. Und permanent arbeitet das ganze Team an der Weiterentwicklung des Konzeptes und der Verbesserung der Leistungen.

Die Stärken Ihres Unternehmens sind wie ein *Schlüssel,* zu dem Sie nun das passende *Schloß* – die optimale Spezialisierung und das erfolgversprechendste Wachstumsfeld – finden müssen. Das kann unter Umständen ein völlig neues Betätigungsfeld sein. Oder aber Sie bauen ein Spezialgebiet, auf dem Sie bereits jetzt aktiv sind, weiter aus.

Das passende Wachstumsfeld für Ihre Stärken

Betrachten Sie in diesem Zusammenhang Ihre erfolgversprechendsten *Stärken:* Wo können Sie diese Stärken nutzen? Welche Leistungen lassen sich auf dieser Grundlage auf- oder ausbauen?

Unsere *Checkliste* gibt Ihnen zehn Orientierungsfragen, die Ihnen bei dem Auffinden Ihres Spezialgebietes und erfolgversprechendsten Wachstumsfeldes weiterhelfen.

Zehn Orientierungsfragen

Spezialisierungen und Wachstumsfeld

✔ Welche Spezialgebiete ergeben sich unmittelbar aus Ihren speziellen Stärken?

✔ Auf welchen Geschäftsfeldern sind Sie mit Ihrem Unternehmen bereits jetzt aktiv?

✔ Welche zusätzlichen Verwendungszwecke und Vermarktungschancen sehen Sie für die speziellen Stärken in Ihrer Branche?

✔ In welchen Bereichen können Sie Probleme Ihrer Kunden besser als andere lösen?

✔ Wo hat Ihr Unternehmen schon jetzt eine relativ starke Marktposition?

✔ Wo kann Ihr Unternehmen relativ rasch eine starke Marktstellung erlangen?

✔ Mit welchen Geschäftsbereichen und Spezialisierungen können Sie sich selbst am stärksten identifizieren?

✔ Wo besteht die größte Nachfrage nach Ihren Produkten oder Leistungen?

✔ Wo sehen Sie Chancen für Ihr Unternehmen aufgrund von Schwächen Ihrer Mitbewerber?

✔ Welche Einzelleistungen oder Stärken lassen sich zu einem neuen Nutzenangebot kombinieren?

Beispiele

Beispiele für Spezialisierungen und Wachstumsfelder können bestimmte *Servicebereiche* sein oder *Nutzenpakete* für bestimmte Zielgruppen.

Notieren Sie Wachstumsfelder

Notieren Sie in der folgenden *Arbeitstabelle* Ihre Ideen für erfolgreiche Spezialisierungen und Wachstumsfelder:

Schritt 2: Spezialisierungen und Wachstumsfeld

Auf welchen Feldern können Sie Ihre Stärken nutzen (z. B. einzelne Produktgruppen, Kundenbindungsmaßnahmen)? Wo haben Sie Chancen durch Schwächen der Mitbewerber?

Bewertung:
- Marktstellung
- persönliche Neigung

0   50   100

Erfolgversprechendstes Wachstumsfeld:

Bewerten Sie die Wachstumsfelder

Welche Spezialisierungen und Betätigungsfelder entsprechen Ihren Stärken am besten? Bewerten Sie die verschiedenen Betätigungsfelder und Leistungsmöglichkeiten anhand zweier Fragen:

- Wie groß ist die Chance, die *Marktstellung* Ihres Unternehmens in diesem Bereich auszubauen?
- Wie stark ist Ihre *persönliche Neigung* oder die »offizielle Meinung« zu dem jeweiligen Geschäftsbereich?

Orientieren Sie sich bei Ihrer Bewertung an Ihrem Stärkenprofil. Markieren Sie Ihre Einschätzungen auf den Skalen mit entsprechenden Pfeilen in zwei unterschiedlichen Farben; dabei bedeuten:

> 0 = keinerlei Identifikation mit dem Spezialisierungsgebiet
> 50 = durchschnittliche Marktchancen/mittlere Identifikation mit dem Spezialisierungsgebiet
> 100 = sehr hohe Marktchancen/sehr hohe Identifikation mit dem Spezialisierungsgebiet.

Das erfolgversprechendste Spezialgebiet

Wählen Sie anschließend Ihr erfolgversprechendstes Spezialgebiet oder Wachstumsfeld aus, und tragen Sie dieses in das entsprechende untere Kästchen der *Arbeitstabelle* ein.

11.3 Kunden- und Zielgruppen

»Konsumenten sind Statistiken. Kunden sind Menschen.«

STANLEY MARCUS

Märkte sind Menschen

Fassen wir zusammen: Sie haben in Schritt 1 Ihre erfolgversprechendsten Stärken, in Schritt 2 das diesen Stärken entsprechende Wachstumsfeld bestimmt. In

Schritt 3 geht es darum, die erfolgversprechendste Zielgruppe zu finden, die hinter Ihrem Wachstumsfeld steht. Denn Ihre Produkte oder Dienstleistungen sind nicht für abstrakte Märkte bestimmt, sondern stets für Menschen (= *Zielgruppen)* mit speziellen Bedürfnissen und Erwartungen.

Eine Ziel- oder Kundengruppe sind Menschen mit gleichen Wünschen, Bedürfnissen, Träumen oder Problemen.

Lassen Sie sich nicht verwirren: Selbstverständlich hat ein Unternehmen viele verschiedene Kunden, denen es seine Leistungen anbietet. Doch nur die Basisfähigkeiten sind für alle Kunden bestimmt. Will man *Spitzenleistungen* bieten und in einem Segment Marktführer werden, muß man sich über die Basisfähigkeiten hinaus auf bestimmte Zielgruppen konzentrieren und diesen etwas ganz Besonderes bieten.

Konzentration auf eine bestimmte Zielgruppe

Der Lösungsweg einer *kundenorientierten Strategie* liegt in der methodischen Vorgehensweise: Durch Teilung unübersichtlicher Märkte in leicht überschaubare Teilmärkte und durch systematisches Einkreisen potentieller Kunden finden Sie die Zielgruppe, die Ihre Leistung am dringendsten braucht. Der *beste Problemlöser* der Zielgruppe hat auch die größten Chancen, zum *Marktführer* zu werden. Bleiben Sie in ständigem Dialog mit Ihrer Zielgruppe (Feedback als Lernprozeß), und verbessern Sie Ihre Leistungen ständig im Hinblick auf deren Bedürfnisse.

Zielgruppen-Segmentierung

Eine genaue Kunden- und Zielgruppen-Orientierung ist der wichtigste strategische Erfolgsfaktor. Je klarer und homogener die Zielgruppe ist, desto klarer sind ihre Bedürfnisse und deren Rangfolge zu erkennen.

**Schritt 3 zu einer kundenorientierten Unternehmensstrategie:
Kunden- und Zielgruppen**

Eine *Zielgruppe* sind alle Kunden mit gleichen Problemen und Bedürfnissen. Das können demographische Gruppen sein, wie junge Familien zwischen dreißig und vierzig Jahren. Eine andere Definition einer Zielgruppe ist zum Beispiel: »Alle berufstätigen Frauen, die wenig Zeit zum Einkaufen haben und eine Familie versorgen müssen.« Aus einer solchen Definition ergeben sich bereits erste Ansatzpunkte für die Probleme der Zielgruppe. Generell gilt:

Je kleiner die Zielgruppe, desto besser und schneller wird man erfolgreich sein.

Das zeigt auch der Fall des REWE-Marktes im fränkischen Scheßlitz.

Fallbeispiel: Erfolgversprechendste Zielgruppe

Eine der erfolgversprechendsten Zielgruppen von REWE-Partner Heribert Lurz ist die Belegschaft und Unternehmensleitung eines Industriebetriebes. Bereits seit Jahren beliefert der REWE-Markt bis zu zweimal am Tag das ortsansässige Unternehmen Cebal mit rund 500 Mitarbeitern. Über das Tagesgeschäft hinaus hat sich REWE-Partner Heribert Lurz in den letzten Jahren immer mehr auf die Wünsche und Bedürfnisse dieser speziellen Zielgruppe konzentriert und eingestellt. Hieraus ist, in Zusammenarbeit mit der Geschäftsführung und dem Betriebsrat der Firma, ein fast einmaliges Servicekonzept entstanden.

Angefangen hat alles damit, daß den Arbeitern während der Pausenzeiten die Zeit fehlte, in den mehrere Kilometer entfernten REWE-Markt zu fahren, um ihr Frühstück einzukaufen. Zwar gab und gibt es eine Kantine in der Fabrik, doch deren Auswahl ist sehr bescheiden. So wurde ein Fahrdienst eingerichtet, der für alle Arbeiter das gewünschte Frühstück im REWE-Markt abholt. Im Laufe der Jahre gelang es dem Team des REWE-Marktes, die Bedürfnisse dieser Zielgruppe immer besser zu befriedigen und das Konzept permanent zu verfeinern. Heute gibt es spezielle Bestellformulare, auf welchen die Arbeiter ihr Frühstück bestellen. Zweimal täglich werden die Bestellungen zusammengestellt und vom sogenannten »Brotzeitholer« der Firma Cebal abgeholt.

Der Service umfaßt aber nicht nur das eigentliche Frühstück. Auch Zeitschriften werden geliefert und ausgefüllte Lotto-Schein abgeholt. Täglich werden zwischen 150 und 200 Pakete zusammengestellt. Bestell- und Lotto-Scheine sowie Handzettel liegen in allen Pausenräumen der Firma Cebal aus. Daß der REWE-Markt ein kompetenter Partner vor Ort ist, blieb auch der Geschäftsführung des Unternehmens nicht verborgen. Auch hier bietet der REWE-Markt einen besonderen Nutzen. Wann immer die Firma Cebal Gäste empfängt, wird die Verpflegung – bei Bedarf innerhalb von sechzig Minuten – vom REWE-Markt arrangiert und geliefert. Außerdem ist der REWE-Markt alleiniger Lieferant für Geburtstagsgeschenke und Weihnachtspräsente. Und schließlich beliefert man auch die Kantine der Firma mit verschiedenen Grundlebensmitteln.

Dieses Konzept hat natürlich auch positive Auswirkungen auf das Tagesgeschäft. Die Mitarbeiter der Firma Cebal beziehen nicht nur ihr Frühstück im REWE-Markt, sondern tätigen auch ihre sonstigen Einkäufe dort. Das Konzept zahlt sich aus. Allein an Provisionen für das überdurchschnittlich gute Geschäft mit der Lotto-Agentur kann der REWE-Markt jährlich mehr als 50.000 DM verbuchen. Dieses Beispiel zeigt, wie intensiv man an den Bedürfnissen einer einzigen kleinen Zielgruppe arbeiten und für diese zu einem fast unentbehrlichen Partner werden kann.

Durch Konzentration zur Spitzenleistung

Wenn Sie Spitzenleistungen erbringen und Ihre Kunden nicht nur zufriedenstellen, sondern auch begeistern wollen, müssen Sie sich *spezialisieren und fokusieren*. Dies bedeutet: Sie müssen sich zunächst auf eine bestimmte Zielgruppe und deren gesamte Bedürfnisstruktur ausrichten.

Finden Sie heraus, welche Kunden- und Zielgruppen Sie wirklich wollen.

Zehn Orientierungsfragen

Betrachten Sie unter diesen Gesichtspunkten Ihr erfolgversprechendstes Spezialgebiet oder Wachstumsfeld: Welche Ziel- bzw. Kundengruppen passen dazu? Welche Personen bzw. Organisationen werden von den

Produkten und Leistungen Ihres Unternehmens ange-
sprochen? Unsere *Checkliste* gibt Ihnen zehn Orientierungsfragen, die Sie bei der Findung Ihrer erfolgversprechendsten Zielgruppe konkret weiterbringen:

Kunden- und Zielgruppen

✔ Welche Kunden oder Kundengruppen hat Ihr
Unternehmen zur Zeit?

✔ Mit welchen Kunden macht Ihr Unternehmen
die größten Umsätze?

✔ Bei welchen Kunden hat Ihr Unternehmen die
beste Resonanz und das beste Image?

✔ Welche Kunden sind die bisher angenehm-
sten und lohnendsten?

✔ Für welche Kundengruppe ist Ihr Unternehmen aufgrund seiner speziellen Stärken am
besten geeignet?

✔ Welche neuen Kunden könnten Interesse an
bzw. Bedarf nach Ihren Produkten oder
Dienstleistungen haben?

✔ Bei welchen Kunden oder Kundengruppen hat
Ihr Unternehmen bisher den größten Erfolg
bzw. die größte Anziehungskraft?

✔ Wie würde Ihr idealer Kunde oder Lieblings-
kunde aussehen?

✔ Welche Kunden oder Kundengruppen passen
am besten zu Ihrem Unternehmen?

✔ Welche Kunden werden in Zukunft die größte
Bedeutung für Ihr Unternehmen haben?

Beispiele für *erfolgversprechende Zielgruppen* können
sein: Freiberufler, gesundheitsbewußte Singles, Kunden
mit wenig Zeit, Paare ohne Kinder, Vereine, Wein-
trinker.

Zielgruppen-Beispiele

Im *Tankstellen-Einzelhandel* können z. B. folgende Zielgruppen unterschieden werden: Berufsfahrer, Full-Service-Pendler, eilige Kunden, Kunden »von nebenan«, Neuwagenfahrer, Schnäppchen-Jäger, Einkäufer für den täglichen Bedarf (»One-stop-shopping«) etc.

Unterscheidungs-kriterien

Weitere Kriterien und Merkmale, wie Sie Interessen- und *Zielgruppen* unterscheiden können, sind:

✗ Geschlecht	✗ Beruf	✗ Mitgliedschaft
✗ Alter	✗ Sozialprestige	✗ Region
✗ Interessen	✗ Ziele	✗ Bildung
✗ Gewohnheiten	✗ Probleme	✗ Motivation
✗ Einkommen	✗ Wünsche	✗ Geschmack
✗ Branche	✗ Handicaps	✗ Produkte
✗ Arbeitssituation	✗ Potentiale	✗ Verhalten
✗ Familiäre Situation	✗ Zukunftsaus.	✗ Beziehungen

Notieren Sie erfolg-versprechende Kundengruppen

Notieren Sie in der folgenden *Arbeitstabelle* Ihre Überlegungen hinsichtlich erfolgversprechender Ziel- oder Kundengruppen für Ihr Unternehmen:

Schritt 3: Kunden- und Zielgruppen

Welche Kunden sprechen Sie durch Ihre Stärken oder Ihr erfolgversprechendstes Wachstumsfeld an?
Welche Kunden könnten Sie neu gewinnen?

Bewertung:
- Welche Zielgruppe bringt Ihnen den größten Erfolg?
- Zu welcher haben Sie den besten Kontakt?

0   50   100

Erfolgversprechendste Zielgruppe:

Bewerten Sie die Kundengruppen

Wählen Sie die für Ihr Unternehmen erfolgversprechendste Zielgruppe aus. Bewerten Sie die verschiedenen Zielgruppen anhand zweier Fragen:

* Welche Zielgruppe bringt uns den größten *Erfolg?*
* Welchen *Kontakt* haben wir zu der Zielgruppe?

Dabei bedeuten:

> 0 = geringer Erfolg/kein Kontakt
> 50 = durchschnittlicher Erfolg/durchschnittlicher Kontakt
> 100 = sehr großer Erfolg/sehr guter Kontakt.

Ihre erfolgversprechendste Zielgruppe

Markieren Sie Ihre Einschätzungen auf den Skalen mit zwei unterschiedlichen Farben. Wählen Sie anschließend Ihre erfolgversprechendste Zielgruppe aus, und tragen Sie diese in das entsprechende untere Kästchen der *Arbeitstabelle* ein.

11.4 Kundenbedürfnisse und Zielgruppenprobleme

»To my customer:
I may not have the answer, but I'll find it.
I may not have the time, but I'll make it.
I may not be the biggest, but I'll be the most committed
to your success.«

Amerikanische Service-Weisheit

Als bester Problemlöser profilieren

Jedes Unternehmen ist in erster Linie *Problemlöser* und erst in zweiter Linie Anbieter von Produkten oder Dienstleistungen. Je besser Sie Ihre Leistungen auf das von Ihren Kunden am brennendsten empfundene Problem ausrichten, desto größer wird die Akzeptanz und Nachfrage sein.

**Schritt 4 zu einer kundenorientierten Unternehmensstrategie:
Kundenbedürfnisse und Zielgruppenprobleme**

Viele *Kundenprobleme* liegen klar auf der Hand, andere müssen erforscht und entdeckt werden. Das größte Hindernis auf der Suche nach dem brennendsten Kundenproblem ist vielfach egozentriertes Denken und Handeln, das den eigenen Gewinn in den Vordergrund stellt.

Nutzen steigern

Denken Sie nutzen- und kundenorientiert.

Entscheidend ist also nicht, welches Problem *Sie* für wichtig halten, sondern welches Problem *von der Zielgruppe* als wichtig erachtet wird. *Wahrnehmung geht vor Wahrheit.* Es geht hier nicht um eine objektive Betrachtung, sondern um die subjektiven Wünsche und Bedürfnisse der erfolgversprechendsten Kundengruppe. Voraussetzung für die Analyse des brennendsten Problems Ihrer Kunden ist folglich der direkte und stetige Kontakt mit diesen. Andernfalls laufen Sie Gefahr, Ihre Strategie auf Mutmaßungen und Spekulationen aufzubauen oder sich wandelnde Probleme und Bedürfnisse – und damit neue Marktchancen – unberücksichtigt zu lassen.

Mit den Kunden im Dialog

Kundenforen und -gesprächskreise

Führen Sie Gespräche mit Ihrer Zielgruppe – so viel und so oft wie möglich. Organisieren Sie Kundengesprächskreise mit sieben bis zehn Personen, oder veranstalten Sie professionelle Kundenforen.

Nur der regelmäßige Dialog mit Ihrer Zielgruppe ermöglicht Ihnen, sich ständig auf die aktuellen Bedürfnisse, Probleme und Wünsche Ihrer Zielgruppe zu konzentrieren.

Persönlicher Kontakt ist nicht durch Marktforschung ersetzbar

Verlieren Sie nie die Basis und Bindung zu Ihren Kunden durch abstrakte und »anonyme« Marktforschungsstudien. Diese sollten Sie selbstverständlich zur Analyse der Rahmenbedingungen heranziehen, aber der regelmäßige, *persönliche Kontakt* zur Zielgruppe ist durch nichts zu ersetzen. Es gibt immer noch genügend Glaspaläste, deren Führungsetagen schon seit Jahren nicht mehr wissen, wie ein Kunde aussieht, geschweige denn, was er denkt, fühlt und tatsächlich wünscht.

Beschäftigen Sie sich mit den Lebenskonzepten und Interessenlagen Ihrer Zielgruppe.

Fragen Sie Ihre Kunden, wie sie die *Zukunft* sehen und was aus ihrer Sicht getan werden müßte, um sie besser zu unterstützen.

Strategische Bedürfnisse

Analysieren Sie auch die strategischen Bedürfnisse, d. h. den Bedarf hinter dem Bedarf. Je besser Sie die wahren und wirklichen Kundenbedürfnisse kennen, desto besser sind Sie in der Lage, eine Produkt- oder Servicelösung zu entwickeln, die Ihre Kunden begeistert und an Sie bindet.

Kunden erfolgreich machen

Qualität und Service sind immer wichtig, das Entscheidende jedoch ist der *Kundennutzen!* Egal ob Sie im Einzelhandel, im Bankgewerbe, im Versicherungswesen oder in der Hotelbranche sind, betrachten Sie Ihr Unternehmen als »Kundennutzen-Geschäft«. Stellen Sie sich immer wieder die Frage: »Wie können wir unseren Kunden helfen, erfolgreicher zu sein, und uns dadurch vom Wettbewerb differenzieren?« (Geffroy, Clienting, S. 17) Beschäftigen Sie sich permanent mit den Bedürfnissen, Problemen, Wünschen und Träumen Ihrer Zielgruppe, und fragen Sie sich, wo Ihre Kunden heute bzw. in Zukunft der Schuh drückt.

Jeder Kunde ist in der Regel wiederum selbst in der Rolle des Lieferanten gegenüber seinen eigenen Kunden.

Konzentrieren Sie sich auch auf die Kunden Ihrer Kunden.

Wenn Sie Ihren Kunden helfen, wiederum zum besten Problemlöser deren Kunden zu werden, verbessert das die Zusammenarbeit und Kundenbindung. Surfen Sie geistig mit Ihren Kunden in die Zukunft und betrachten Sie Ihre Kunden als Fixsterne in Ihrem eigenen virtuellen Universum.

Entscheidend für Erfolg und Mißerfolg einer Problemlösung ist, daß man tatsächlich das brennendste Problem der Kunden erkannt und gelöst hat. Wem dies gelingt, der hat nicht nur die *Akzeptanz* der Zielgruppe, sondern wird darüber hinaus von ihr sogar unterstützt. Durch immer mehr zielgruppenorientierte Lösungen bindet man seine Zielgruppe dauerhaft an das Unternehmen. So auch im Fall von Bruno Naumann und seinem Markt in Cölbe.

Dauerhafte Kundenbindung

Fallbeispiel:
Kundenbedürfnisse und Zielgruppenprobleme

Cölbe liegt nur etwa zehn Autominuten von Marburg entfernt. Viele Einwohner nutzen die besseren Einkaufsmöglichkeiten in der Universitätsstadt. Bei der Suche nach erfolgversprechenden Zielgruppen fanden Bruno Naumann und sein Team schnell heraus, daß in den vielen kleinen Orten rund um Cölbe sehr viele ältere Menschen wohnen, für die der Einkauf in der Stadt kein Erlebnis ist. Diese Kunden wünschen sich eher eine persönliche und freundliche Einkaufsatmosphäre. Sie wollen beim Einkauf Bekannte treffen, Neuigkeiten austauschen und auch Ansprechpartner im Markt finden, die ihnen bei Fragen weiterhelfen. Genau das sind die Vorzüge, die ihnen Bruno Naumann und sein Team bieten können. Dennoch war man mit den Umsätzen nicht zufrieden. Obwohl man den älteren Kunden alles bieten konnte, was diese sich wünschten, fuhren sie mit ihren Kindern zusammen zum Großeinkauf in die Stadt und deckten dort ihren Bedarf. Bruno Naumann war sicher, daß man etwas übersehen hatte. Gezielt sprach er die älteren Kunden an, um herauszufinden, warum diese in der Stadt einkauften. Er aktivierte seine Mitarbeiter, um im Bekannten- und Verwandtenkreis Informationen zu sammeln.

Die Frage klärte sich rasch. Zwar wußten die älteren Kunden um die Vorzüge, die ihnen der Markt in Cölbe bot, doch es gab ein größeres, brennenderes Problem, welches nicht gelöst war: Die Kunden hatten kein eigenes Fahrzeug, und es gab keine öffentlichen Verkehrsmittel, um in den REWE-Markt zu kommen. Sie waren förmlich gezwungen, sich beim wöchentlichen Familieneinkauf ihren Kindern anzuschließen und mit in die Stadt zu fahren.

Auf die Lösung dieses Problems mußten die Kunden nicht lange warten. Nachdem das Team von Bruno Naumann verschiedene Möglichkeiten getestet hatte, wurde in Kooperation mit einem örtlichen Busunternehmen ein wöchentlicher Busservice eingerichtet. Jeden Mittwoch fährt nun ein Bus durch zwölf Orte rund um Cölbe und holt die Kunden zum Einkauf ab – selbstverständlich kostenlos. Die Kunden haben dann eine Stunde Zeit, um in Ruhe einzukaufen, bevor der Bus die Rückfahrt antritt. Im Markt wird alles dafür getan, daß die Kunden sich in dieser Zeit wohl fühlen. Bereits beim Aussteigen sind die REWE-Mitarbeiter behilflich und empfangen die Kunden bei Regen sogar mit dem Schirm. Im Markt steht kostenloser Kaffee zur Verfügung. Und an der Kasse geht man den Kunden beim Einpacken zur Hand.

Indem Bruno Naumann nur dieses eine Problem, das Transportproblem, lösen konnte, hat er die Zielgruppe »ältere Menschen« langfristig an seinen Markt gebunden. Ohne viel eigenes Zutun sprach sich diese Serviceleistung herum. Die Fernsehsender SAT 1, RTL und der Hessische Rundfunk berichteten darüber. Und nicht nur am Mittwoch erzielt der Markt in Cölbe deutliche Umsatzzuwächse. Durch den hohen Imagegewinn entwickelt er auch Anziehungskraft auf andere Zielgruppen. So tätigt manche Familie ihren wöchentlichen Einkauf nunmehr hier und nicht mehr in Marburg.

Versetzen Sie sich einmal in die Lage Ihrer erfolgversprechendsten Kunden- oder Zielgruppe: Welche Probleme, Wünsche, Träume und Bedürfnisse hat Ihre Zielgruppe, die Sie mit Ihren Produkten und Leistungen lösen bzw. befriedigen können? Unsere *Checkliste* unterstützt Sie hierbei mit zehn Orientierungsfragen:

Zehn Orientierungsfragen

173

Kundenbedürfnisse und Zielgruppenprobleme

✔ Welche Probleme, Wünsche und Bedürfnisse Ihrer Zielgruppe sind Ihnen bereits jetzt bekannt?

✔ Welche Probleme, Wünsche und Bedürfnisse sind für Ihre Zielgruppe besonders brennend oder dringend?

✔ Was waren die häufigsten Gründe für Beschwerden oder Reklamationen Ihrer Kunden?

✔ Welche zusätzlichen Wünsche und Probleme haben Mitglieder Ihrer Zielgruppe geäußert, z. B. bei Reklamationen?

✔ Welches wäre Ihr brennendstes Problem, wenn Sie selbst zur Zielgruppe gehörten?

✔ Welche Kunden haben Sie in der Vergangenheit verloren – und warum?

✔ Welche Kunden haben Sie in der letzten Zeit dazugewonnen – und warum?

✔ Was hindert Ihre Zielgruppe daran, noch mehr Produkte oder Leistungen bei Ihnen einzukaufen?

✔ Welche Bedürfnisse und Wünsche Ihrer Zielgruppe können Sie besser erfüllen als Ihre Mitbewerber?

✔ Welche Bedürfnisse, Probleme und Wünsche wird Ihre Zielgruppe vermutlich in Zukunft verstärkt haben?

Beispiele für mögliche Probleme, Bedürfnisse und Wünsche von Zielgruppen:

- wollen gerne alles aus einer Hand
- haben wenig Zeit zum Einkaufen
- wollen nicht nur einkaufen, sondern auch kommunizieren
- wollen bequem und schnell bezahlen
- wollen Beratung
- wollen ihren eigenen Kunden etwas »Besonderes« bieten
- wollen »Neues« kennenlernen, suchen Anregungen, Ideen, Inspiration
- wollen nicht lange suchen
- wollen individuelle, spezielle Produkte.

Schreiben Sie in der folgenden *Arbeitstabelle* die brennendsten Probleme und Bedürfnisse Ihrer Zielgruppe auf.

Beispiele für Kundenbedürfnisse

Notieren Sie die brennendsten Probleme

Schritt 4: Kundenbedürfnisse und Zielgruppenprobleme

Welche Wünsche und Bedürfnisse hat Ihre erfolgversprechendste Zielgruppe? Welche Probleme (z. B. während des Einkaufs oder bei der Auswahl von Artikeln) hat sie? Was hindert Mitglieder der Zielgruppe daran, bei Ihnen einzukaufen?

Bewertung:
- Wie wichtig ist das Problem für die Zielgruppe?
- Wie gut paßt es zu den eigenen Stärken?

0   50   100

Brennendste Probleme, Wünsche, Bedürfnisse der Zielgruppe:

Bewerten Sie anschließend die verschiedenen Probleme, Bedürfnisse und Wünsche der Zielgruppe, die Sie für die brennendsten halten, anhand zweier Fragen:

Bewerten Sie die Bedürfnisse/Probleme

- Wie brennend oder *wichtig* ist das Problem für Ihre Zielgruppe?
- Wie gut paßt das Problem zu den *Stärken* Ihres Unternehmens?

Markieren Sie Ihre Einschätzungen auf den Skalen mit zwei unterschiedlichen Farben; dabei bedeuten:

0 = relativ unbedeutendes Problem/entspricht Ihrem Stärkenprofil überhaupt nicht
50 = durchschnittlich wichtiges Problem/entspricht Ihrem Stärkenprofil »mittelprächtig«
100 = äußerst wichtiges Problem/entspricht Ihrem Stärkenprofil sehr gut.

Wählen Sie anschließend die brennendsten Probleme Ihrer Zielgruppe, die zugleich am besten zu Ihrem Stärkenprofil passen, aus, und tragen Sie diese in das entsprechende untere Kästchen der *Arbeitstabelle* ein.

Wählen Sie aus

11.5 Innovationsideen zur Lösung der Kundenprobleme

»Der Preis für den Wettbewerbserfolg ist die ständige Innovation.«

MICHAEL J. KAMI
amerikanischer Unternehmensberater

Innovationen sind vor allem aus drei Gründen unabdingbar:

- *Schnellerer Wandel der Technologie.*
  Die technologischen Innovationszyklen werden immer kürzer.
- *Schnellere Marktsättigung.*
  Die allumfassende Informationsgesellschaft bringt es mit sich, daß innovative neue Produkte und Leistungen in immer kürzeren Zeiten immer mehr Menschen zugänglich werden.
- *Schnellerer Wettbewerb.*
  Der Zeitvorteil des Pioneers schrumpft; Konkurrenten und Imitatoren können immer schneller kopieren und nachziehen.

Die Einmaligkeit von Produkten oder Dienstleistungen wird immer schwieriger zu verteidigen.

Wer seinen Vorsprung als Marktführer halten will, muß immer besser werden.

Innovation als strategische Daueraufgabe

Stillstand bedeutet Rückschritt. Denn die Wünsche, Bedürfnisse und technischen Möglichkeiten ändern sich schneller als je zuvor. Wer auf dem Markt nur reagiert, statt innovativ zu *agieren,* wird bald das Nachsehen haben. Passen Sie Ihre Innovationen exakt an die Bedürfnisse und brennendsten Probleme Ihrer Kunden an.

Die permanente Leistungsverbesserung ist eine strategische Daueraufgabe: Wer aufgehört hat, besser zu werden, hat aufgehört, gut zu sein.

Schritt 5 zu einer kundenorientierten Unternehmensstrategie: Innovationsideen zur Lösung der Kundenprobleme

Diesen fünften Schritt zu einer kundenorientierten Unternehmensstrategie könnte man auch *»Problemlösungsphase«* nennen. Bei der Suche nach einer solchen Problemlösung muß man immer bedenken: Es gibt kein Problem, das nicht schon irgendwo, wenn auch vielleicht mehr schlecht als recht, gelöst wurde. Es liegt auf der Hand, daß es häufig sinnvoll ist, auf bereits vorhandenen Lösungsansätzen aufzubauen. Das kostet weniger Zeit und Energie. Jedoch ist es manchmal auch notwendig, Altes zu verwerfen und Neues zu entwickeln. Allerdings fehlen dazu häufig Kenntnisse, Möglichkeiten oder Erfahrungen. Aus diesem Grund ist diese Phase eng mit der folgenden Phase, der Suche nach einem geeigneten Kooperationspartner, verbun-

Innovation und Kooperation

179

den. Um jedoch den geeigneten Kooperationspartner finden zu können bzw. festzustellen, ob tatsächlich ein Kooperationspartner benötigt wird, muß man die Problemlösung genau definieren. Dies wiederum ist eng verbunden mit den brennenden Problemen der Zielgruppe.

Fallbeispiel: Innovationsideen

Der REWE-Markt in Homberg/Ohm unter der Leitung von Michael Fricke hat sich in den letzten Jahren immer mehr auf die Bedürfnisse der Kunden spezialisiert, die im privaten Rahmen Feste und Partys feiern wollen.

Im Zuge der Problemlösungen für diese Gruppe hat er in den letzten Jahren viele Innovationen entwickelt und Kooperationen aufgebaut. Kunden erhalten bei ihm alles, was zu einer Feier dazugehört. Gemeinsam mit dem örtlichen Floristen organisiert er z.B. den Blumenschmuck. Selbst wenn jemand seine Feier auf Video verewigen will, kann er das im REWE-Markt bestellen.

Gerade bei Familienfeiern und besonders in ländlichen Gebieten ist eines der brennenden Probleme, seinen Gästen immer etwas Besonderes bieten zu wollen. Nachdem er gemeinsam mit seinem Team viele Vorschläge gesammelt hatte, kristallisierte sich eine Idee heraus. Mit Hilfe eines PC, eines Scanners und eines Druckers wurden persönliche Etiketten für Wein- und Sektflaschen entworfen. Zum Beispiel wurde ein Hochzeitsfoto eingescannt, bearbeitet – und innerhalb weniger Minuten hatte man ein Etikett für ein »Spezialcuvee zur Silberhochzeit« mit Foto des Brautpaares.

Noch während der Testphase entwickelte sich die Nachfrage nach persönlichen Etiketten so stark, daß ein zweiter PC angeschafft werden mußte. Die »Problemlösung« wurde von der Zielgruppe spontan akzeptiert. Und es zeigte sich noch eins: Der Preis spielte keine Rolle mehr!

Am Beispiel des REWE-Marktes Homberg/Ohm erkennt man, daß eine gute Innovation auch zusätzliche Anziehungskraft bewirken kann. Außer der speziell angesprochenen Zielgruppe interessierten sich plötzlich noch ganz andere Gruppen für diese Leistung. Firmen kamen auf den REWE-Markt zu und bestellten z. B. für die Mitarbeiter als Weihnachtsgeschenk die »firmeneigene Sektflasche«. Ein Autohaus ordert regelmäßig Sekt mit der Abbildung von Neuwagen. Diesen Sekt findet der Kunde bei der Abholung seines neuen Wagens auf dem Beifahrersitz mit den besten Wünschen für eine gute Fahrt vom Autohändler und vom REWE-Markt Homberg/Ohm.

So gelang es Michael Fricke und seinem Team mit einer einzigen Innovation, seine Zielgruppe noch stärker an den Markt zu binden und darüber hinaus neue, interessante Kunden zu gewinnen.

Führen Sie sich noch einmal die wichtigsten Bedürfnisse und brennendsten Probleme Ihrer Kunden vor Augen: Wie können Sie die brennendsten Probleme Ihrer Zielgruppe lösen? Durch welche Leistungsverbesserungen können Sie zu einer Lösung dieser Probleme beitragen?

Unsere *Checkliste* gibt Ihnen zehn Orientierungsfragen, die Sie bzgl. Ihrer Innovationsideen konkret weiterbringen:

Zehn Orientierungsfragen

181

Innovationsideen

✔ Wie können Sie die Produkte und Leistungen Ihres Unternehmens grundsätzlich verbessern?

✔ Wie wurden die brennendsten Probleme Ihrer Zielgruppe bisher gelöst?

✔ Wie können Sie die brennendsten Probleme Ihrer Zielgruppe noch besser als bisher lösen?

✔ Welche verschiedenen Lösungsalternativen gibt es für die brennendsten Probleme Ihrer Zielgruppe?

✔ Wie sähen mögliche Ideallösungen für die brennendsten Probleme Ihrer Zielgruppe aus?

✔ Wie werden ähnliche Probleme bereits in anderen Branchen gelöst?

✔ Wie können Sie auch kleinere Probleme Ihrer Zielgruppe sofort lösen?

✔ Welche Leistungsverbesserungen können Sie unmittelbar realisieren?

✔ Welche zukünftigen Problemlösungen wären denkbar, die heute noch unmöglich erscheinen?

✔ Wie könnten die Probleme Ihrer Zielgruppe durch Kooperationspartner besser gelöst werden?

Beispiele

Beispiele für Innovation und Leistungsverbesserungen: Rückvergütung von Parkgebühren, Einpackservice an der Kasse, Lieferservice, Kundengesprächskreise, Kunden-Info-Club, Geschenkservice, Kommissionskauf etc.

Notieren Sie Innovationsideen

Notieren Sie in der folgenden *Arbeitstabelle* alle Ideen für erfolgreiche Innovationen und Leistungsverbesserungen im Hinblick auf die Bedürfnisse, Probleme und Wünsche Ihrer Zielgruppe:

Schritt 5: Innovationsideen zur Lösung der Kundenprobleme

Wie können Sie die brennenden Wünsche und Bedürfnisse Ihrer Zielgruppe erfüllen? Durch welche Leistungsverbesserungen können Sie deren Probleme lösen?

Bewertung:
- Wie gut löst der Innovationsschnitt das Problem der Kunden?
- Wie leicht ist er zu realisieren?

0   50   100

Erfolgversprechendste Innovationen:

Innovationen im Service

Viele Innovationen lassen sich im *Servicebereich* relativ einfach entwickeln und sofort umsetzen, indem Sie die Leistungen für Ihre Zielgruppe *schneller, einfacher* oder *besser* machen.

Entwickeln Sie eine Innovations- und Servicestrategie, die sich auf wichtige, dauerhafte Kundenbedürfnisse konzentriert, Schwachstellen der Mitbewerber ausnutzt und zu den Stärken Ihres Unternehmens paßt.

Oft können Sie allein mit einer besseren *Servicestrategie* in eine Marktlücke hineinstoßen und Nutzen bieten, den die Konkurrenz sträflich vernachlässigt.

Der Kundennutzen muß die treibende Kraft für alle Innovationen und Leistungsverbesserungen sein.

Checkliste

Nachstehend finden Sie eine Checkliste mit 33 Möglichkeiten, wie Sie Ihre Produkte und Leistungen im Hinblick auf die Bedürfnisse, Probleme und Wünsche Ihrer Zielgruppe noch weiter verbessern können:

✘ schneller	✘ unschädlicher	✘ freundlicher
✘ einfacher	✘ umweltfreundlicher	✘ universeller
✘ preiswerter	✘ angenehmer	✘ gesünder
✘ schöner	✘ persönlicher	✘ luxuriöser
✘ leichter	✘ einzigartiger	✘ übersichtlicher
✘ genauer	✘ rentabler	✘ praktischer
✘ kleiner	✘ effektiver	✘ bewußter
✘ größer	✘ effizienter	✘ interessanter
✘ sicherer	✘ zeitgemäßer	✘ wertvoller
✘ sauberer	✘ verständlicher	✘ menschlicher
✘ haltbarer	✘ mobiler	✘ deutlicher

Welche Innovationen erscheinen Ihnen für Ihre Zielgruppe am erfolgversprechendsten? Welche Leistungsverbesserungen nehmen Sie als erstes in Angriff? Entscheiden Sie sich für solche *Verbesserungen,* die Sie bei der Lösung der Probleme Ihrer Zielgruppe einerseits voranbringen, die andererseits aber auch umsetzbar und bezahlbar erscheinen. Bewerten Sie die verschiedenen Leistungsverbesserungen und Maßnahmen anhand zweier Fragen:

Einschätzung der Innovationsideen

- Inwieweit hilft Ihnen die Leistungsverbesserung bei der *Lösung* der brennendsten Probleme Ihrer Zielgruppe?
- Inwieweit ist die Leistungsverbesserung von Ihnen auch *umsetzbar?*

Markieren Sie Ihre Einschätzungen auf den Skalen mit zwei unterschiedlichen Farben; dabei bedeuten:

0 = sehr geringer Nutzen/kaum umsetzbar
50 = durchschnittlicher Nutzen/durchschnittlich gut umsetzbar
100 = hoher Nutzen/sehr gut umsetzbar.

Entscheiden Sie sich abschließend anhand der Bewertungen für die erfolgversprechendste Innovation oder Leistungsverbesserung, und tragen Sie diese in das entsprechende untere Kästchen der *Arbeitstabelle* ein.

Gesamtbewertung

11.6 Optimale Kooperationspartner

*»You have to have your heart in the business,
and the business in your heart.«*

THOMAS J. WATSON, SR.

Synergieeffekte durch Kooperation

Die Kooperation mit einem optimalen Partner bewirkt *Synergie.* Zusammen erreicht man mehr als die Summe dessen, was jeder im Alleingang schaffen würde. Voraussetzung für einen Synergieeffekt ist allerdings, daß die Partner *komplementäre,* also sich ergänzende *Fähigkeiten* besitzen. Partner mit gleichem Wissen und gleichen Fähigkeiten können keine Synergien entwickeln.

Der Spezialist muß kooperieren

Das auf Spezialisierung ausgerichtete Unternehmen ist angewiesen auf potente Partner, da es selbst nur das tut, was es besser als andere kann. Leistungen, die von dem Unternehmen selbst nicht erbracht werden können, aber entweder für eine Innovation notwendig sind oder ein Servicekonzept erweitern können, sollten an einen komplementären Partner delegiert werden.

**Schritt 6 zu einer kundenorientierten Unternehmensstrategie:
Optimale Kooperationspartner**

Entscheidend für die Wahl des optimalen Kooperationspartners ist eine *gemeinsame Zielsetzung zum Nutzen
des Kunden.* Suchen Sie sich einen Partner, der Sie bei
der Durchsetzung Ihrer Innovationsideen und Problemlösungen kompetent unterstützen kann und mit dem
Sie sich auch menschlich gut verstehen.

**Der Erfolg einer Kooperation wird von dem
Verhältnis der Synergieeffekte des realisierten
Erfolgspotentials und den inneren Reibungsver-
lusten bestimmt.**

Beispiel für eine gelungene Kooperation ist die
Zusammenarbeit zwischen einem Getränkemarkt und
einer Künstleragentur. Der Markt vermittelt der Agentur
Aufträge, und das Angebot der Agentur macht das
Servicekonzept des Marktes attraktiver. Beide ziehen
einen Nutzen aus der Zusammenarbeit. Ein anderes
Beispiel liefert der Nahkauf-Markt in Eppertshausen.

Fallbeispiel: Optimale Kooperationspartner

*Mohamed Balbaki betreibt seit 1989 den Nahkauf-
Markt in Eppertshausen zwischen Frankfurt, Offenbach
und Darmstadt. Bereits seit mehreren Jahren bringt er
seinen Kunden die Ware auch nach Hause. Dieser
Home-Service war zwar recht aufwendig, aber neben
dem normalen Tagesgeschäft gut zu bewältigen. Damit
befriedigte Mohamed Balbaki ein ständig wachsendes
Bedürfnis. Und so wurden es von Woche zu Woche
mehr Kunden, die sich ihre Waren nach Hause liefern
lassen wollten. Der zeitliche und personelle Aufwand
wurde immer größer. Mohamed Balbaki überlegte
schon, den Service einzustellen. Dann aber analysierte
er die Situation und stellte fest, daß es nur wenige Tätigkeiten und Aufgaben sind, die ihm selbst sehr schwer
fallen. Es bestand die Möglichkeit, daß andere diese*

**Gemeinsame
Zielsetzung**

Beispiel

Aufgaben vielleicht besser abwickeln könnten. Der größte Engpaß war das Ausfahren der Ware in die Haushalte. Was mußte hier ein optimaler Kooperationspartner leisten? Er mußte geeignete Transportfahrzeuge zur Verfügung stellen, pünktlich liefern, ehrlich und zuverlässig sein. Die Fahrer sollten freundlich und hilfsbereit sein – und vieles mehr.

Mohames Balbaki begann mit der Suche. Statt eine Anzeige zu schalten, suchte er die Kandidaten selbst aus, z. B. Pizza-Taxis oder Paketfirmen. Je mehr er sich mit diesem Thema beschäftigte, um so mehr Lösungsmöglichkeiten ergaben sich für ihn. Der ideale Kooperationspartner schließlich meldete sich selbst, da er durch die intensive Suche des Kaufmanns auf ihn aufmerksam geworden war. Es ist eine kleine Spedition mit Service-Center, die im ganzen Rhein-Main-Gebiet tätig ist. Man war dort von der Idee begeistert, das Angebot auch um die Hauszustellung von Lebensmitteln zu erweitern.

Aus den Fähigkeiten des Nahkauf-Marktes und der Spedition entstand ein perfektes Service-Konzept. Der Nahkauf-Markt stellte ein Sortiment von tausend Artikeln zusammen und druckte einen Bestellkatalog. Die Kunden bestellen ihre Artikel telefonisch im Service-Center der Spedition. Dort werden Lieferscheine gedruckt. Einmal täglich kommt der Fahrer der Spedition und sammelt die Ware selbst im Nahkauf-Markt zusammen. Die Spedition erhält pro Auftrag eine Provision, die aber um vieles niedriger ist als die Kosten, die dem Kaufmann entstehen würden, wenn er die Aufgaben selbst erledigen würde. Inzwischen denkt der Kaufmann sogar darüber nach, sein Einzugsgebiet zu vergrößern. Die Entwicklung in diesem Bereich ist noch nicht abgeschlossen. Permanent sind beide Kooperationspartner bemüht, die Leistung für die Kunden zu verbessern und zu optimieren.

Bei den Innovationen und möglichen Leistungsverbesserungen im Hinblick auf die Probleme, Bedürfnisse und Wünsche Ihrer Zielgruppe hatten Sie im vorangegangenen Kapitel erarbeitet, welche Sie als erste in Angriff nehmen. Wer könnte Sie dabei unterstützen?

Unsere *Checkliste* gibt Ihnen zehn Orientierungsfragen, die Sie bei der Findung Ihres optimalen Kooperationspartners konkret weiterbringen:

Zehn Orientierungsfragen

Optimaler Kooperationspartner

✔ Mit welchen Kooperationspartnern könnten Sie bei der Verbesserung Ihrer Leistung zusammenarbeiten?

✔ Wer bringt bereits Leistungen, die Sie zur Lösung der Probleme Ihrer Zielgruppe benötigen?

✔ Wer hat die gleiche Zielgruppe, ohne mit Ihnen direkt im Wettbewerb zu stehen?

✔ Welche möglichen Kooperationspartner könnten Ihnen am wirkungsvollsten helfen, um die Probleme Ihrer Zielgruppe zu lösen?

✔ Gibt es in Ihrem Umfeld potentielle Kooperationspartner, mit denen Synergieeffekte zu erzielen sind?

✔ Wer löst bereits ähnliche Probleme für andere Zielgruppen?

✔ Welche Voraussetzungen sollte ein optimaler Kooperationspartner erfüllen?

✔ Welche denkbaren Synergien und Nutzeffekte kann die Zusammenarbeit bringen?

✔ Wie läßt sich gemeinsam mit dem Kooperationspartner der Nutzen für die Zielgruppe verbessern?

✔ Wer könnte sich in Zukunft zum strategisch wichtigsten Kooperationspartner entwickeln?

Beispiele

Beispiele für mögliche Kooperationspartner: Service-firmen, Verbände, Agenturen, Dienstleister etc.

Notieren Sie mögliche Kooperationspartner

Notieren Sie in der folgenden *Arbeitstabelle* mögliche Kandidaten für erfolgreiche Kooperationspartner:

Schritt 6: Optimale Kooperationspartner

Wer kann Sie bei der Problemlösung unterstützen? Mit wem können Sie dabei zusammenarbeiten? Wer erbringt bereits Leistungen, die Ihnen noch fehlen?

Optimaler Kooperationspartner:

Wählen Sie anschließend denjenigen Kooperations- partner aus, der Sie voraussichtlich bei der Lösung der Probleme Ihrer Zielgruppe am wirkungsvollsten unter- stützen kann, und tragen Sie diesen in das entspre- chende untere Kästchen der *Arbeitstabelle* ein.

Der optimale Kooperationspartner

11.7 Leitbild – langfristiges Unternehmensziel

»Wir werden hier gute Schiffe bauen. Mit Gewinn, wenn wir können. Mit Verlust – wenn wir müssen. Aber immer gute Schiffe.«

COLLIS P. HUNTINGTON
Gründer der New Port News Ship Building and Dry Dock Company, 1896

Wenn Sie Ihre gesamte Unternehmenszielsetzung auf den Kunden ausrichten oder sogar eine *kundenorientierte Vi- sion* haben, können Sie dauerhaft Spitzenleistungen errei- chen. Gestalten Sie eine kundenorientierte Unternehmens- kultur, die den *Kunden in den Mittelpunkt* stellt. Denn wer sich dauerhaft um die wichtigsten Kundenbedürfnisse kümmert, sichert den eigenen Unternehmenserfolg.

Stellen Sie den Kunden in den Mittelpunkt

Zielgruppen-Besitz ist wichtiger als Produktions- mittel-Besitz. Den wenigsten Unternehmen gelingt es, ihre Marktführungsposition dauerhaft zu ver- teidigen.

Ihre Spitzenposition muß durch die Erfüllung konstan- ter Grundbedürfnisse gesichert werden. Meiden Sie die Risiken einer Spezialisierung, die sich auf Produkte oder Rohstoffe konzentriert, denn diese sind austausch- bare Größen, die ständig durch neue Lösungen ersetzt werden. Grundbedürfnisse dagegen, wie Ernährung, Information, Bekleidung, verändern sich nicht.

Spezialisierung auf konstante Grundbedürfnisse

Beschränkung auf wichtige Marktfunktionen

Der letzte Schritt einer kundenorientierten Unternehmensstrategie zeigt, welche Vorteile es hat, sich auf ein *konstantes Grundbedürfnis* zu konzentrieren. Darüber hinaus gibt er Aufschluß, wie man sich auf strategisch wichtige Marktfunktionen beschränkt, um entscheidende Riegelstellungen zu besetzen, wie man im Informationschaos den Überblick behält und wie man zur Sicherung der Spitzenstellung im Markt Entscheidungskompetenz gewinnt.

**Schritt 7 zu einer kundenorientierten Unternehmensstrategie:
Leitbild – langfristiges Unternehmensziel**

Beispiel Leitbilder

Beispiele für Formulierungen von Leitbildern und langfristigen Zielsetzungen:

- »Wir sind der beste Anbieter von Finanzdienstleistungen für Freiberufler im Rhein-Neckar-Kreis.«
- »Wir sind der beste Problemlöser beim Einkauf von Lebensmitteln für ältere Menschen in Buxtehude.«
- »Wir sind die herzlichste Kinderboutique im Raum Traunstein.«

- »Wir sind der beste Anbieter von Mittagsgerichten für Berufstätige im Innenstadtbereich.«

Führen Sie sich noch einmal Ihr erfolgversprechendstes Spezialgebiet oder Wachstumsfeld, Ihre erfolgversprechendste Zielgruppe und deren brennendste Probleme vor Augen:

Ihre strategischen Eckdaten

- *Worin* wollen Sie langfristig der *beste Problemlöser* sein? Konzentrieren Sie sich dabei nicht auf aktuelle oder modische Erscheinungen, sondern auf das konstante Grundbedürfnis, das hinter dem von Ihrer Zielgruppe am brennendsten empfundenen Problem steht.
- *Für wen* wollen Sie langfristig bester Problemlöser oder Anbieter sein *(Zielgruppe)?*

Formulieren Sie auf dieser Grundlage Ihr langfristiges Unternehmensziel oder Leitbild, und übertragen Sie diese Formulierung in unsere *Arbeitstabelle.* In das untere Kästchen tragen Sie bitte die Maßnahme ein, die Sie auf dem Weg dorthin am meisten weiterbringt.

Formulieren Sie Ihr Leitbild

Überlegen Sie neben Ihrer langfristigen Positionierung, was Sie für Ihre Kunden und Zielgruppen *in den nächsten fünf Jahren* erreichen wollen. Kommunizieren Sie dies mit allen Mitarbeitern, aber auch gegenüber Ihren Kunden. Formulieren Sie daraus eine *kunden- und marktorientierte Vision* – möglichst in einem Satz. Werden Sie auf diese Weise Kooperations- und Erfolgspartner für die Zukunft Ihrer Kunden und Zielgruppen. Dies wird nur dann funktionieren, wenn Ihre *Strategie* an Ihrem *Kunden* ausgerichtet ist.

Eine kundenorientierte Vision

Schritt 7: Leitbild – langfristiges Unternehmensziel

Ihr Leitbild als bester Problemlöser oder Anbieter für Ihre Zielgruppe.
Ihr langfristiges strategisches Unternehmensziel.

Erfolgversprechendste Maßnahme:

12. Umsetzung: Wege zu einer kundenorientierten Strategie

»Entweder wir finden einen Weg – oder wir schaffen einen Weg.«

HANNIBAL

Der Schlüssel und entscheidende Meilenstein für eine kundenorientierte Unternehmensstrategie liegt darin, eine *sichtbare Kompetenz* und *strategische Stärke* erworben zu haben, mit denen Sie Ihrer Kunden- bzw. Zielgruppe einen zwingenden Nutzen bieten können.

Der strategische Schlüssel: Nutzen bieten!

Dazu müssen im Hinblick auf die praktische Umsetzung im Unternehmen folgende *Voraussetzungen* erarbeitet und erfüllt sein.

Die Basisfähigkeiten sind definiert und erfüllt.
- Welches sind die Basisfähigkeiten, die in Ihrem Unternehmen definiert sind?
- Wie wird sichergestellt, daß die Basisfähigkeiten erfüllt sind und permanent überprüft werden (z. B. durch Verantwortlichkeiten, Projektchefs etc.)?

Die strategische Stärke ist als Konzept schriftlich formuliert.
- Worin liegt – klar definiert und abgrenzbar – die strategische Stärke Ihres Unternehmens?

- Welcher Nutzen wird geboten, falls ein Produkt oder eine Leistung als Stärke definiert wurde?
- Welcher Nutzen geht über die Basisleistungen und die Leistungen aller Mitbewerber hinaus?
- Wenn es sich bei der Stärke um ein Servicekonzept, d. h. eine Kombination vieler Servicemaßnahmen handelt, aus welchen Komponenten besteht es?
- Welcher klar definierten Zielgruppe bietet das Servicekonzept einen zwingenden Nutzen?
- Welches Problem der Zielgruppe (viele Menschen mit den gleichen Problemen) wird besser als bisher gelöst?
- Wo ist Ihr Unternehmen bester Problemlöser oder Marktführer?

Die strategische Stärke ist aus Sicht der Kunden klar erkennbar.

- Wann wird von Ihnen eine Kundenbefragung durchgeführt?
- In welchem Umfang und welcher Häufigkeit wird diese durchgeführt?
- Welche Möglichkeiten gibt es noch, um die Erkennbarkeit Ihrer strategischen Stärke zu messen?

Die Aktivitäten Ihres Unternehmens sind auf Ihre strategische Stärke und Ihre Zielgruppe ausgerichtet.

- Welche Maßnahmen und Aktivitäten, bezogen auf die strategischen Stärken, gibt es in diesem Jahr?
- Welche Aktionen sind als nächstes geplant, und wer kann Sie dabei unterstützen?

Die strategische Stärke ist personifiziert.

- Wie werden die Stärken über die Mitarbeiter ständig kommuniziert?
- Wer sind die verantwortlichen Mitarbeiter?
- Welche Qualifikationen und Personalentwicklungs-Maßnahmen müssen erfolgen?

Die strategische Stärke wird permanent gegenüber Kunden und Mitarbeitern kommuniziert.

- Wie wird mit den Kunden über die Stärke kommuniziert? Gibt es einen Kundenbeirat, Gesprächskreis o. ä.?
- Wie oft werden Mitarbeiter-Besprechungen dazu durchgeführt?
- Wie wird die Stärke allgemein kommuniziert (Anzeigen, Mailings, Newsletter, Internet etc.)?

Ein geeigneter Kooperationspartner ist gefunden.

- Wer ist der richtige bzw. ideale Kooperationspartner?
- Welche Leistung erbringt der Kooperationspartner?
- Welche Kriterien muß der Kooperationspartner erfüllen?
- Wo und wie sind diese festgelegt?

Die strategische Stärke wird weiter ausgebaut und entwickelt.

- Wie wird an der Weiterentwicklung der Stärke gearbeitet?
- Wie werden die Mitarbeiter und die Kunden eingebunden?
- Gibt es z. B. eine Projektgruppe oder ein Strategen-Team?

In der Praxis und bei Begleitung von Umsetzungsprozessen hat sich der folgende *zehnstufige Weg* zur Entwicklung einer strategischen Stärke und Wettbewerbsposition erfolgreich bewährt:

Ihr Weg zu strategischer Stärke und Wettbewerbsvorteilen

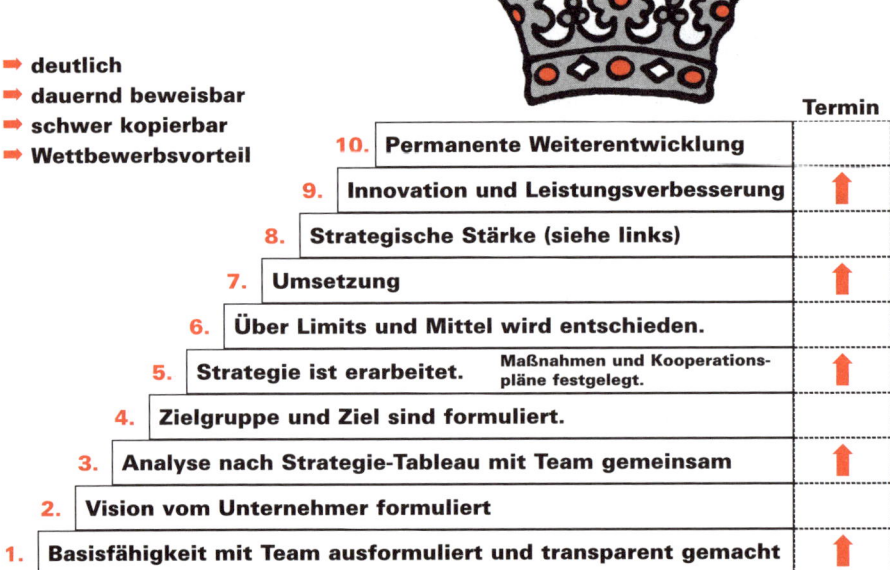

→ deutlich
→ dauernd beweisbar
→ schwer kopierbar
→ Wettbewerbsvorteil

Termin

10. Permanente Weiterentwicklung

9. Innovation und Leistungsverbesserung

8. Strategische Stärke (siehe links)

7. Umsetzung

6. Über Limits und Mittel wird entschieden.

5. Strategie ist erarbeitet. Maßnahmen und Kooperationspläne festgelegt.

4. Zielgruppe und Ziel sind formuliert.

3. Analyse nach Strategie-Tableau mit Team gemeinsam

2. Vision vom Unternehmer formuliert

1. Basisfähigkeit mit Team ausformuliert und transparent gemacht

Aktionsprogramm – Maßnahmenplan

»Wissen und nicht danach handeln heißt: noch nicht wissen.«

Buddhistische Weisheit

Halten Sie nun abschließend fest, was Sie aus dem *»Märchen vom König Kunde«* und *»1x1 der Kundenorientierung«* konkret umsetzen wollen.

Aktionsprogramm (To Do's)						
Priorität A | B | C	Was			Wer	Wann	OK

Erster kleiner Schritt:

Teil 3

Praxisfälle erfolgreicher kundenorientierter Unternehmen

zusammengestellt und bearbeitet von Lothar J. Seiwert

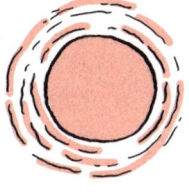

Was ist ein Kunde?

*»Ein Kunde ist die jeweils wichtigste Person im
Unternehmen:
Ein Kunde ist nicht von uns abhängig, sondern wir
von ihm.
Ein Kunde bedeutet keine Unterbrechung in unserer
Arbeit, sondern sie ist ihr Inhalt.
Ein Kunde ist kein Außenseiter unseres Geschäftes, er
ist ein Teil von ihm.
Ein Kunde ist niemand, mit dem man sich streitet.
Denn niemand wird jemals einen Streit mit einem
Kunden gewinnen.
Ein Kunde ist ein Person, die uns ihre Wünsche
mitteilt. Unsere Aufgabe ist es, diese zu seiner und
unserer Zufriedenheit zu erfüllen.«*

Aus einer klösterlichen Handschrift

»Es gibt nichts Gutes, außer man tut es.«

ERICH KÄSTNER

An verschiedenen Stellen des Buches haben wir immer wieder praktische Fälle und Beispiele erfolgreicher Kundenorientierung aus der Wirtschaft erwähnt. *Benchmarking* bedeutet, sich mit den Besten zu vergleichen und von ihnen zu lernen. In diesem dritten und letzten Teil des Buches stellen wir einige Fallstudien besonders erfolgreicher und innovativer Firmen unterschiedlicher Größen und Branchen vor, die mit ihren führenden Konzepten zur *Kundenorientierung* schon verschiedentlich mit Preisen ausgezeichnet wurden und daher als Benchmarking-Modelle besonders geeignet sind:

Die *REWE-Supermärkte* wurden laut Befragung des DEUTSCHEN KUNDENBAROMETERS 1997 als »beste Supermärkte« Deutschlands bewertet (Gesamtnote 2,34) und erreichten in der Gesamtwertung des Lebensmitteleinzelhandels den dritten Platz. Spitzenreiter und erster unter den großflächigen SB-Warenhäusern ist *Globus* (Gesamtnote 2,10); Platz zwei und nach wie vor die Nummer eins in der Kategorie »Discounter« ist *Aldi* (Gesamtnote 2,24). Als eindrucksvolles Beispiel für innovative Serviceleistungen und Maßnahmen zur Kundenorientierung wird ein REWE-Markt aus Altenstadt vorgestellt, der 1995 zum »SUPERMARKT DES JAHRES« gekürt wurde.

Die *Sparda-Banken* sind seit Jahren die Banken in Deutschland mit den zufriedensten Kunden, obwohl sie keine spektakuläre Werbung betreiben. Im DEUTSCHEN KUNDENBAROMETER wurden sie viermal in Folge als »Vorbild in puncto Kundenorientierung« zum Spitzenreiter der Globalzufriedenheit gekürt. Die Organisation der Sparda-Banken besteht aus siebzehn dezentral arbeitenden Regionalbanken, die völlig eigenverantwortlich und selbständig ohne eine übergeordnete Zentrale arbeiten. Insofern existieren eine übergeordnete Marketingpolitik oder Servicestrategie nicht. Unter diesen siebzehn regionalen Sparda-Banken ist wiederum die Sparda-Bank Saarbrücken besonders innovativ und erfolgreich. ILMAR SCHICHTEL, seit 1988 Vorstandsvorsitzender der *Sparda-Bank Saarbrücken eG,* berichtet.

OBI ist die Nummer eins in der Bau- und Heimwerkermarkt-Branche in Deutschland und stellt wie kaum ein anderes Unternehmen seine Marketingaktivitäten in den »Dienst am Kunden«. So lud OBI z. B. seine Kunden zu Kreativ-Workshops ein, um Marketingstrategien von Kunden für Kunden entwerfen zu lassen. OBI gewann 1995 den DEUTSCHEN MARKETINGPREIS als höchste Auszeichnung für Kundenorientierung. OBI-Vorstand Dr. habil. UTHO C. CREUSEN berichtet über verschiedene Ansatzpunkte und anschauliche Beispiele konsequenter Kundenorientierung am Point-of-Sale.

The Ritz-Carlton Hotel Company, Atlanta/Georgia, war 1992 als erste und einzige Hotelgruppe Preisträger der höchsten amerikanischen Qualitätsauszeichnung, des MALCOLM BALDRIGE NATIONAL QUALITY AWARD; dazu gab es weitere nationale Qualitätspreise in anderen Ländern. Schon legendär ist das Credo im Umgang mit Gästen: »We Are Ladies and Gentlemen Serving Ladies and Gentlemen.« NIGEL P. BECKETT, Regional Director of Sales für die deutschsprachigen Länder in Frankfurt stellt die Grundlagen und Hintergründe für Qualitätsbewußtsein und *Kundenorientierung* der Mitarbeiter als Schlüssel zum grandiosen Erfolg vor. So wurde Ritz-Carlton u. a. von Reiseprofis des Burda-Reisemagazins HOLIDAY als *beste Hotelkette* prämiert.

tempus. ist ein führender Zeitplanbuch-Hersteller mit ca. 130.000 Anwendern. Im Dezember 1997 wurde tempus als bestes Kleinunternehmen im größten Benchmarking-Wettbewerb Deutschlands mit dem BEST FACTORY AWARD durch das Wirtschaftsmagazin IMPULSE und den Bundeswirtschaftsminister ausgezeichnet. Das Erfolgsgeheimnis, so die Jury, liegt in der Innovationskraft, der Mitarbeiterführung und *Kundenorientierung* sowie einem konsequent betriebenen Outsourcing. Firmengründer und Geschäftsführer Dr. JÖRG KNOBLAUCH beschreibt seine Philosophie über Kundenbindung und Motivation seiner internen Kunden, der Mitarbeiter.

Neuland Kommunikationssysteme ist die Nummer eins unter den Seminarausstattern und allen Weiterbildnern, Trainern und Tagungshoteliers ein Begriff. Die Firmengruppe stellt Produkte für lebendiges Lernen her. Das Institut Neuland – Centrum für Neues Lernen erhielt 1997 den DEUTSCHEN TRAININGS-PREIS in Silber für die Neuland-Moderation; besonders bewertet wurden das ganzheitliche Seminardesign, die optimale Lernatmosphäre und die Betreuung der Seminarkunden. Firmengründer und Visionär RUDI NEULAND, der sich 1998 nach dreißig Jahren Erfahrung und mit dem Wissen, ein Unternehmen mit Beharrlichkeit und Kreativität zum Marktführer gemacht zu haben, nun als Berater und Gestalter einer neuen beruflichen Herausforderung stellt, empfindet sich selbst als »Service-Fanatiker«. Kundenorientierung und Service sind für ihn Schlüsselaufgabe und Erfolgsgarant zugleich, »weil es in unserem Land (noch) so leicht ist, besser zu sein«.

REWE

13. REWE – Der Supermarkt: Erfolg durch Servicestrategie

13.1 Auch ohne Sonderangebote zum »Supermarkt des Jahres«

Einem Supermarkt, in dem das Wort Sonderangebot ein Fremdwort ist, der weitab der Ballungszentren liegt und der mit vier etablierten Wettbewerbern konkurrieren muß, räumt man allgemein keine guten Chancen ein. Alfred Stoll hat mit seinem REWE-Markt in Altenstadt-Oberau die ungeschriebenen Gesetze seiner Branche auf den Kopf gestellt: Er ist nicht nur mit weitem Abstand *Marktführer,* sondern er ist – gemessen an den wichtigsten Kennzahlen – bundesweit einer der Erfolgreichsten in seinem Metier. Stolls Erfolgsrezept: Statt nur darüber nachzudenken, mit welchen Aktionen man dem Kunden die letzte Mark aus der Tasche ziehen kann, um den Umsatz zu steigern, versetzen er und seine Mitarbeiter sich einfach in die Lage ihrer *Zielgruppe* und fragten sich, wie aus deren Sicht das *perfekte Einkaufserlebnis* aussehen könnte. Und so sieht das in der Praxis aus:

Die Zeitschrift LEBENSMITTEL-PRAXIS vergibt alljährlich in Zusammenarbeit mit dem Bundesverband des deutschen Lebensmitteleinzelhandels und dem Markenverband die Auszeichnung Supermarkt des Jahres. Im Jahre 1995 ging der Preis an den REWE-Markt in Altenstadt-Oberau. Dort haben Alfred Stoll und seine Ehefrau Doris etwas scheinbar Widersprüchliches mit großem Erfolg in die Tat umgesetzt: Sie haben ihren Kunden zu einem *einmaligen Einkaufserlebnis* verholfen! Der Umsatz stieg in drei Jahren um sechzig Prozent, und der Gewinn verdreifachte sich – und das, obwohl das Wort Sonderangebot im REWE-Markt fast ein Fremdwort ist.

Diese wundersame Entwicklung wurde im Jahre 1993 durch ein *EKS-Strategie-Seminar* ausgelöst, zu dem das Ehepaar Stoll als Franchisepartner der REWE Hungen eingeladen worden war. »Diese Tage stellten alles auf den Kopf«, erinnert sich Stoll. »Zwar wurde uns bestätigt, auf dem richtigen Wege zu sein, doch wurde uns auch klar, was für große Möglichkeiten sich auftun, wenn wir den Nutzen für unsere Kunden konsequent nach den EKS-Prinzipien steigern würden.«

Beide, Alfred Stoll und seine Frau, waren auch zuvor niemals untätig gewesen. Sie hatten immer schon versucht, sich von den etablierten Wettbewerbern durch besondere Aktivitäten abzuheben, beispielsweise durch Grillfeste, Altennachmittage, Gewinnspiele und Nikolausbesuche. Dahinter stand jedoch immer die Überlegung, mit welcher Aktion, Sensation oder Sonderverkaufsaktion noch mehr Umsatz erzielt werden könnte.

Das sollte nun nach dem EKS-Seminar anders werden: Konzentration auf den *Nutzen für den Kunden* und nicht auf den eigenen Gewinn stand im Vordergrund. Doch wo sollte man ansetzen, wußte man doch nun, daß die EKS eine Spezialisierung auf bestimmte Zielgruppen fordert. Auf welche *Zielgruppe* sollte man sich konzentrieren in einem Ort mit rund 1.700 Einwohnern und 1.570 qm Verkaufsfläche? Sollten es die Berufstätigen sein, komfortsuchende Senioren, gestreßte Mütter oder ökologisch Interessierte? Alfred Stoll konzentrierte sich aufgrund seiner Standortfaktoren auf das Naheliegendste:

Er stellte den Kunden als Mensch in den Mittelpunkt und konzentrierte sich auf dessen Wünsche, Bedürfnisse und Probleme beim Lebensmitteleinkauf.

13.2 Brennendstes Problem: Streßfreier Einkauf

Die Stolls ermittelten als spezielle *Stärke* gegenüber ihren Mitbewerbern unter anderem die monatlichen Feste. Das waren die Momente, in denen sich die Zielgruppe ernst genommen fühlte und in denen sie etwas erleben konnte. Wenn es gelingen würde, den Kunden täglich dieses Gefühl zu vermitteln und ihnen dabei noch den Einkaufsstreß zu nehmen, würde sich eine echte Profilierungschance ergeben. Denn neben dem Bedürfnis nach Unterhaltung hatte Stoll Streß als brennendstes Problem seiner Kunden ermittelt. Streß empfindet man beim Einkauf besonders dann, wenn man einer Situation ausgesetzt wird, die man nicht ändern kann – beispielsweise die langen Warteschlangen an den Theken und Kassen oder die Launen des Verkaufspersonals.

Alfred Stoll und seine Mitarbeiter wählten einen völlig neuen Ansatz: Anstatt darüber nachzudenken, mit welchen Aktionen man dem Kunden die letzte Mark aus der Tasche ziehen konnte, um den Umsatz zu steigern, versetzten sie sich selbst in die Lage ihrer Kunden und fragten sich, wie aus deren Sicht das optimale Einkaufserlebnis aussehen könnte. Unglaubliche Kreativität wurde frei, sie entfachten ein wahres Feuerwerk an Ideen. »Wir sind o.k. – Du bist o.k.«: Das wurde zum neuen Leitmotiv des neuen REWE-Marktes. Hier soll der Kunde stressfrei einkaufen und sich von Anfang bis Ende des Einkaufs wohl fühlen.

13.3 Innovation: der perfekte Supermarkt

Innerhalb kurzer Zeit wurden viele Ideen in die Tat umgesetzt. Hier eine kleine Auswahl:

- Der Kunde entscheidet selbst an den *Kassen,* wann die nächste Kasse besetzt werden soll. Erscheint ihm die Schlange zu lang – selbst wenn sie nur aus zwei Personen besteht – kann er ein Signal betätigen. Sofort eilt ein Mitarbeiter herbei, um die nächste Kasse zu öffnen. Der Kunde kann bequem und bargeldlos mit EC-Karte bezahlen.
- In einem neu geschaffenen *»Kommunikationszentrum«* kann sich der Kunde während des Einkaufes ausruhen. Dort kann er die Tageszeitung lesen, eine Tasse Kaffee, Tee oder Schokolade trinken (natürlich kostenlos) – oder einfach nur verschnaufen.
- Alle *frischen Waren,* wie Obst und Gemüse, Fleisch, Wurst, Käse, Fisch und Backwaren, kann der Kunde wahlweise entweder ohne Wartezeit per *Selbstbedienung* bekommen, oder er kann sich an den Theken bedienen lassen. Wenn die Schlangen an den Theken zu lang sind, kann er die Wartezeit anderweitig verbringen, beispielsweise kann er sich kostenlos die Schuhe putzen lassen.
- In einer neu geschaffenen *Kinderecke* amüsieren sich die kleinsten Kunden, während die Eltern einkaufen, oder sie machen ihren eigenen Einkauf mit speziellen Kinder-Einkaufswagen. Die sogenannte »Quengelware«, also Süßigkeiten, die absichtlich in Augenhöhe und Reichweite der Kinder plaziert werden, gibt es bei REWE in Altenstadt nicht.
- An keiner Kasse werden *Süßwaren* angeboten.

- Pfiffige *Sonderaktionen* machen den Supermarkt für die ganze Familie interessant: Beispielsweise werden Eintrittskarten zu Bundesligaspielen verlost oder Weinproben veranstaltet.
- Auch an die vierbeinigen Freunde hat man gedacht: Es gibt einen überdachten *»Hundeparkplatz«*.

Gemäß dem Leitmotiv, dem Kunden nur das Beste zu bieten, wurde der Supermarkt einer *Reorganisation* unterzogen. Die Getränke wurden in den Getränkemarkt und die Haushaltswaren in den 300 qm großen Schnäppchenmarkt ausquartiert. Dort gibt es die wöchentlich wechselnden Sonderangebote.

Ein besonderer Clou: Der Kunde kann täglich aus über 1.000 fertig verpackten *Geschenken* wählen. Die neu gewonnene Raumkapazität wurde dazu genutzt, das Frischwarensortiment zugunsten der Zielgruppe »Berufstätige« auszubauen.

Alle Abteilungen bieten sogenannte *Convenience-Produkte* per Selbstbedienung. Nachstehend einige Beispiele:
- In der *Obstabteilung* kann man mit Beeren, Trauben und Kiwis gefüllte Melonen erhalten, aber auch geputztes Gemüse und Salate.
- Gemische Salate inklusive Dressing erhält man zum fertig verpackten Käse.
- An der *Fleischtheke* erhält man rund 150 vorbereitete Artikel wie Braten, Spieße, Grillteller oder Gyros. Außerdem gibt es täglich zwei heiße Mittagsmenüs.

Aber damit noch nicht genug: Eine Vielzahl kleiner, pfiffiger Ideen gibt den Kunden das Gefühl, mit ihren Wünschen ernst genommen zu werden: Bei Regen kann man sich einen Schirm ausleihen, nachmittags werden den Damen die Getränkekästen zum Auto getragen, Vereinsfeste sowie private und geschäftliche Feiern werden mit kalten Buffets versorgt. Auf Wunsch wird die Party komplett mit Zelt, Tischen und Bänken ausgestattet. Man geht sogar noch einen Schritt weiter: Musiker, Clowns oder Zauberer können vermittelt werden.

Dies alles mag nach heilloser Verzettelung aussehen, ist aber nichts anderes als die *konsequente Konzentration auf die konstanten Grundbedürfnisse der Zielgruppe.*

13.4 Die Strategie ist nur so gut wie die Mitarbeiter

Eine Strategie, die auf soviel Liebe zum Detail und zum Kunden beruht, kann nicht ohne ein überdurchschnittliches Engagement der Mitarbeiter und Angestellten umgesetzt werden. Diese *Zielgruppe »Mitarbeiter«* umwirbt Stoll mit dem gleichen Engagement wie seine Kunden. Hier ein Auszug aus den *Führungsgrundsätzen:*

- *»Wir haben die besten Mitarbeiter.«* Alfred Stoll ist zutiefst davon überzeugt, daß Vertrauen in alle Mitarbeiter die Grundlage für Freude, Spaß und Harmonie ist. Die Mitarbeiter danken es ihm durch Engagement, Motivation und Loyalität. Alfred Stoll erläutert: »Im Laufe der Zeit hat schon eine Veränderung stattgefunden. Diejenigen, die den neuen Kurs nicht mitfahren wollten oder konnten, sind von allein gegangen. Dafür sind andere nachgekommen, die sich hundertprozentig mit unserer Firmenphilosophie identifizieren. Natürlich entscheiden letztendlich die jeweiligen Teams, wer eingestellt wird.«

- *Die materielle Seite »stimmt«.* Die Bezahlung ist übertariflich. Das Recht, sich auf Seminaren fortzubilden, ist im Arbeitsvertrag verankert. Die Führungskräfte fahren einen Firmenwagen. Hilfsarbeiten werden delegiert. Für die ungeliebten Aufgaben im Supermarkt – die Inventur und das Auspacken der Ware – leistet sich Alfred Stoll externe Dienstleister.

- *Information ist oberstes Gebot.* Jeder Mitarbeiter besitzt ein »Grundrecht« auf Information. Jeder hat einen eigenen Postkorb, aus dem er alles Wissenswerte erfährt: neue Aktionen, Besprechungsprotokolle, Eindrücke von gemeinsamen Ausflügen, Umsatzzahlen und Gewinne. Selbstredend machen die jeweiligen Abteilungsteams ihre Planungen gemeinsam, und zwar von den Kosten bis zum Gewinn.

13.5 Der Erfolg in Zahlen

Und die Erfolge? Kann man in einer Branche mit generell sinkenden Umsatzrenditen überhaupt überleben, wenn man stets das Interesse der Kunden und Mitarbeiter in den Vordergrund stellt, statt die Kosten und Preise? Man kann! Und zwar besser als mit den traditionellen Sparstrategien. Hier die *Zahlen:*

Von 1992 bis 1995 ist der Umsatz von 10,9 auf 17,5 Millionen DM angestiegen, das ergibt eine Steigerung um 60,37 Prozent. Im gleichen Zeitraum stieg der Gewinn um sage und schreibe 148,3 Prozent.

Damit hat sich wieder einmal erwiesen, daß *Nutzenmaximierung nicht im Widerspruch zur Gewinnsteigerung* steht, sondern daß sie die unabdingbare Voraussetzung dafür ist. Der Kunde ist durchaus bereit, einen besseren Service durch höhere Umsätze und eine geringere Preisempfindlichkeit zu honorieren. Mit einem Marktanteil von mehr als 53 Prozent ist der REWE-Markt mittlerweile die unangefochtene *Nummer eins* in Altenstadt, obwohl sich die Wettbewerber, ein Discounter und zwei Supermärkte, einen harten Preiswettbewerb liefern. Dabei ist zu beachten, daß Oberau der kleinste Ortsteil von Altenstadt ist und mit 1.863 Einwohnern nur 14,2 Prozent der Gesamtbevölkerung von Altenstadt dort beheimatet sind. Einige Kennzahlen machen die Ausnahmestellung von Stolls Geschäftskonzept deutlich:

- Der durchschnittliche Umsatz bundesdeutscher Supermärkte liegt bei 266.000 DM pro Mitarbeiter – bei REWE in Altenstadt sind es mit 567.000 DM mehr als doppelt soviel.
- Werden pro Quadratmeter Verkaufsfläche normalerweise 9.460 DM umgesetzt, sind es im Supermarkt von Herrn Stoll rund 15.000 DM.
- Hat ein deutscher Durchschnittskunde am Ende seines Einkaufs 17,90 DM auf dem Kassenbon, sind es bei Stoll 39 DM.

13.6 Wie man Stammkunden gewinnt

Wie erklärt sich Alfred Stoll die verblüffende Tatsache, daß der Gewinn um so stärker steigt, je mehr man an den Kundennutzen denkt? Ganz einfach: Weil im Lebensmitteleinzelhandel der Preiskrieg extrem teuer ist und von den Kunden in der Regel nicht honoriert wird.

»Bei uns gibt es grundsätzlich keine Sonderpreisaktionen. Da muß man zuerst Geld für Anzeigen ausgeben und dann noch ein paar tausend Mark drauflegen, weil man die Sonderangebote subventionieren muß. Und Stammkunden kann man mit solchen Aktionen ohnehin nicht gewinnen.

Unsere Rechnung sieht ganz anders aus: Pro Monat schenken wir in unserem Kommunikationszentrum 15.000 Portionen Kaffee aus, die uns 3.000 DM kosten. Damit erreichen wir mehr Kundenbindung als mit jeder Werbeaktion. Unsere Mitbewerber halten uns für verrückt, weil wir in ihren Augen mit unserem Kommunikationszentrum Platz und Geld verschwenden. Doch der Zuspruch unserer Kunden zeigt, daß wir auf dem richtigen Weg sind. Als wir vor einiger Zeit unsere Hundebar eröffneten, hat das ganze Dorf darüber geredet. Das kann man mit konventionellen Methoden gar nicht erreichen.«

Redigierte und aktualisierte Fassung »Der Supermarkt des Jahres« von Dr. Kerstin Friedrich aus dem Strategie-Brief Nr. 10/95 mit freundlicher Genehmigung.

14. Sparda-Bank: Kundenzufriedenheit und Ertrag gehen Hand in Hand

von ILMAR SCHICHTEL
Vorstandsvorsitzender Sparda-Bank Saarbrücken eG

14.1 Ausgangslage für Kundenzufriedenheit

In der Vergangenheit konnten wir unser Betriebsergebnis über die Zinsspanne steuern. Heute werden uns die Zinsen größtenteils vom Markt diktiert. Neue Marktteilnehmer, z.B. die Direktbanken, aber *auch besser informierte, sensiblere Kunden* erhöhen den Wettbewerbsdruck. Unsere Zinsspanne schmilzt kontinuierlich. Folglich wird unsere Existenz mehr denn je von unserer *Produktivität* abhängen.

Erklärtes Ziel der Sparda-Bank Saarbrücken eG ist es, bis zur Jahrtausendwende unsere Produktivität so zu erhöhen, daß wir zu den fünf ersten Sparda-Banken gehören. Ein wichtiger Schlüssel zur Produktivitätssteigerung ist eine *höhere Kundenzufriedenheit,* denn nur zufriedende Kunden sind bereit, noch weitere Geschäfte mit uns abzuschließen.

Die *Kundenzufriedenheit* bei der Sparda-Bank Saarbrücken wurde mittels einer Befragung im Rahmen des DEUTSCHEN KUNDENBAROMETERS ermittelt. Die folgende Abbildung zeigt einige ausgewählte Daten:

215

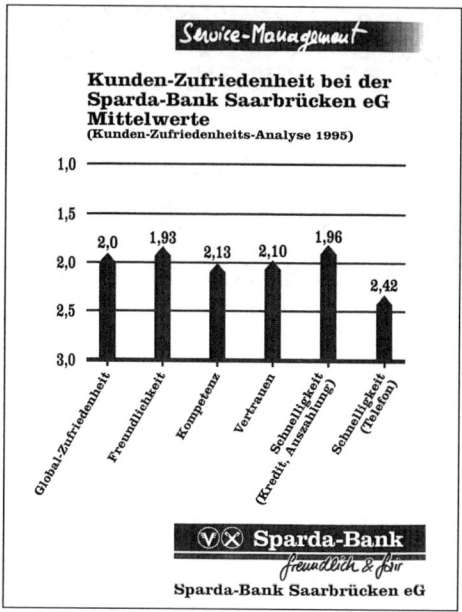

Kundenzufriedenheit bei der Sparda-Bank Saarbrücken eG

Die Kundenzufriedenheitsanalyse zeigt, daß bei der *Freundlichkeit* im Kundenkontakt und bei der *Schnelligkeit* in der Bearbeitung und Auszahlung von Kreditanträgen besondere Spitzenwerte erzielt werden konnten. Im Umgang mit Kunden zählen sowohl »weiche« Faktoren, wie Freundlichkeit und Vertrauen, als auch »harte« Faktoren im Leistungsbereich, wie z. B. Schnelligkeit und Effizienz am Telefon.

Im Anbieterranking innerhalb der gesamten Branche konnte nachgewiesen werden, daß die Sparda-Banken die Banken mit den *zufriedensten Kunden* sind (vgl. Abb. Anbieterranking):

Je weniger die Qualität der reinen Bankleistung oder einzelner Bankprodukte für den Kunden vergleichbar ist, um so mehr wird der Kunde sein Qualitätsurteil an Eigenschaften festmachen, die er vordergründig erkennen kann. Der Kunde beurteilt beispielsweise bei der Kontoeröffnung zuerst die Art und Weise, wie er vom Berater emp-

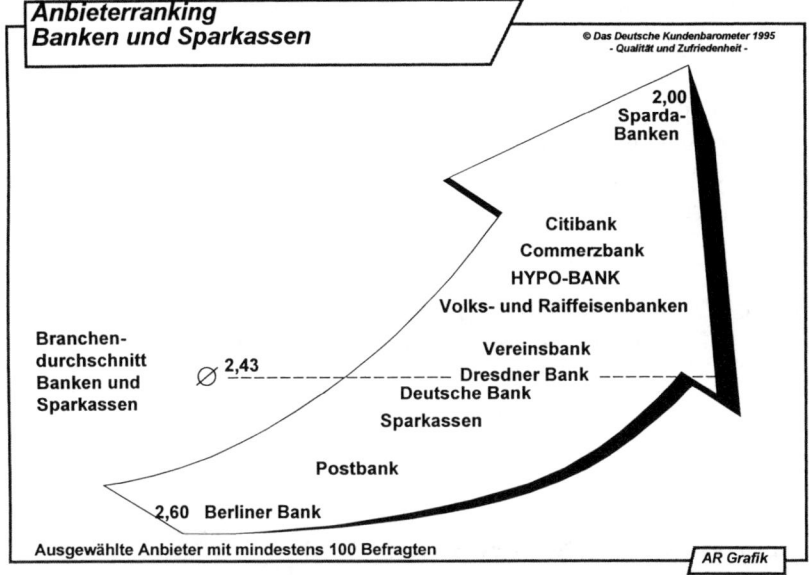

Anbieterranking Banken und Sparkassen

fangen und beraten wird, und entscheidet sich aufgrund dieses Eindrucks für oder gegen sein beabsichtigtes Bankgeschäft. Denn die tatsächliche Qualität der Bankleistung insgesamt kann er erst im Zeitablauf beurteilen. Aus diesem Grund ist insbesondere die Kunden- und Serviceorientierung, die der *einzelne Mitarbeiter* bietet, ein wichtiges Qualitäts- und Entscheidungsmerkmal für den Kunden.

Gewisse Eigenschaften der Leistungen von Banken werden jedoch vom Kunden als »*Normalzustand*« vorausgesetzt. Beispielsweise werden kurze Bearbeitungs- und Transaktionszeiten und fehlerfreie Buchungen vom Kunden als Selbstverständlichkeit angesehen. Um eine langfristige Differenzierung und Abhebung von anderen Banken zu erreichen, muß neben der Kernleistung durch die Erbringung von *Serviceleistungen* ein Qualitätsniveau erreicht werden, das die Kundenbedürfnisse in ganz besonderem Maße erfüllt. Das bedeutet speziell für die Sparda-Banken, daß die *gebührenfreie Kontoführung* bei der Entscheidung für die Sparda-Bank zwar einen Wettbewerbsvorteil

217

zu anderen Banken darstellt, jedoch der Kunde trotzdem keine schlechtere Qualität in den Kernleistungen und im Service akzeptiert.

Es ist also die gemeinsame Aufgabe aller Mitarbeiter unserer Bank, die hohe Zufriedenheit unserer Kunden langfristig zu erhalten, indem wir ein gleichbleibend hohes Qualitätsniveau der Kernleistungen *und* der Serviceleistungen sichern.

14.2 Zusammenhänge zwischen Kundenzufriedenheit und Ertrag

Da unsere Kunden ihre Erfahrungen aktiv weitererzählen und immer wieder darüber kommunizieren, gipfelt der Stellenwert der Kundenzufriedenheit für unser Unternehmen in der These:

Mit unzufriedenen Kunden ist kein Geld zu verdienen!

Kundenzufriedenheit ist *eine* der Grundvoraussetzungen für einen gesicherten, eventuell sogar für mehr Ertrag. Beides sind Elemente eines Beziehungsgeflechtes zwischen Preis (plus Produkteigenschaft bei Nichtbanken), Produktivität, Kundenzufriedenheit (Servicequalität) und Ertrag.

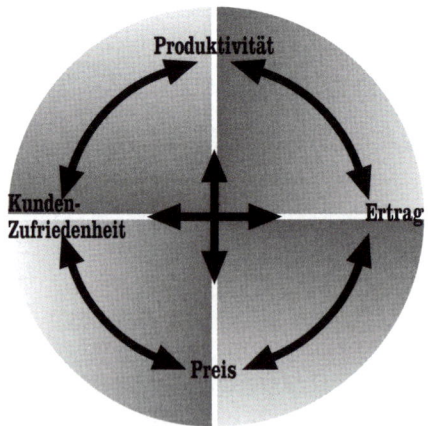

Magischer Kreis

Es handelt sich um einen *magischen Kreis*. Alle Größen stehen in gegenseitigen Wechselbeziehungen zueinander. Der Preis beeinflußt nicht nur die Kundenzufriedenheit, sondern auch die Produktivität. Die Produktivität zeigt Wirkung auf den Ertrag, dieser hat Wirkung auf den Preis, dieser wiederum auf die Kundenzufriedenheit – das Rad beginnt sich zu drehen. Hinterher fragt man sich vergeblich: Was war Ursache, und was war Wirkung?

Für uns stellt sich die Frage, wo wir in diesem Beziehungsgeflecht ansetzen und das Rad in die von uns gewünschte Richtung steuern können.

- Unsere Einflußmöglichkeit auf den *Preis* ist relativ gering, da uns der Markt oftmals den Preis vorgibt.
- Die *Kundenzufriedenheit* isoliert zu steigern hat keine direkte positive Wirkung auf den Ertrag, wie ein extremes Beispiel deutlich macht. Früher sagten wir bei der Sparda-Bank Saarbrücken: »Wenn es den Kunden gut geht (hohe Guthabenzinsen, niedrige Kreditzinsen), geht es auch uns gut.« Wenn es den Kunden allerdings so gut geht, daß wir dichtmachen müssen, hat der Kunde auch keinen Nutzen mehr.
- Als einzige Steuerungsgröße und Ansatzpunkt bleibt noch die *Produktivität*. Sie ist die einzig wichtige Stellschraube in der strategischen und operativen Unternehmenssteuerung und die Grundlage für jedes Handeln in Richtung Kundenzufriedenheit. Produktivität und Ertrag gehen Hand in Hand.

Nur ein produktiv arbeitendes Unternehmen ist überhaupt in der Lage, Wege zur Steigerung der Kundenzufriedenheit zu beschreiten. Denn nur durch eine Produktivitätssteigerung kann ein höherer Ertrag erzielt werden, der auch Maßnahmen zur Steigerung der Kundenzufriedenheit ermöglicht. Erhöhte Kundenzufriedenheit wiederum führt zu mehr Umsatz, zu mehr Produktivität, zu mehr Ertrag – das Rad dreht sich immer weiter.

14.3 Strategien zur Erhaltung und Erhöhung der Kundenzufriedenheit bei der Sparda-Bank Saarbrücken – Entwicklung eines Unternehmensleitbildes

Im Herbst 1991 hat der Vorstand der Sparda-Bank Saarbrücken eG in einem zweitägigen Workshop die Beschäftigung mit der *Kundenzufriedenheit zu einem Unternehmensziel* erklärt und dabei den Slogan *»freundlich & fair«* aus der Taufe gehoben, den heute die gesamte Gruppe der Sparda-Banken bundesweit in ihrer Werbung einsetzt.

Innerhalb des Unternehmens wurde in den nächsten zwei Jahren ein neues *Unternehmensleitbild* entwickelt, um die Unternehmensphilosophie »freundlich & fair« unternehmensintern und nach außen im Markt umzusetzen. Dieser Unternehmensleitgedanke dient als strategischer und operativer Ansatz für mehr Kundenzufriedenheit.

Leitbild der Sparda-Bank Saarbrücken eG

»Freundliches und faires« Verhalten aller Mitarbeiterinnen und Mitarbeiter der Sparda-Bank Saarbrücken eG gegenüber Kundinnen und Kunden gewährleistet einen erfolgreichen Verkauf.
Deshalb sichern alle durch ihr Verhalten den Erfolg sowie die Existenz unseres Unternehmens.
Die persönliche Zuständigkeit endet nicht an der Abteilungsgrenze.

Unsere *Wertmaßstäbe* orientieren sich an der Zufriedenheit unserer Kunden, denn sie sind die Basis unseres Geschäftserfolges. Wir stellen uns die Frage, wie sich der Kunde bei uns wohl fühlt, und betonen die Wichtigkeit von Faktoren wie »Zeit haben« und »sich richtig kümmern«. Wir wollen niemanden »von oben herab behandeln« und unsere Kompetenz nicht mit Macht verwechseln.

»Freundlich und fair« heißt natürliche *Offenheit* für Belange des Kunden und *eine positive Einstellung* zum Menschen. Solange wir im Kunden den Menschen sehen, trifft der Kunde mit uns die richtige Wahl. Im *Kundenkontakt* entscheiden wir alle und damit jeder einzelne täglich über Erfolg oder Mißerfolg der Sparda-Bank. Wir wissen, daß Kundenkontakt nicht nur in der Schalterhalle, sondern in allen Bereichen stattfindet: am Telefon, bei Buchungen, im Schriftverkehr, bei öffentlichen Anlässen und bei Verhandlungen mit Geschäftspartnern.

Wir sind flexibel und können auch mal mit Konventionen brechen. Wir schaffen *individuelle Lösungen,* jeder Kunde ist ein Einzelfall. Wir reduzieren die bürokratischen Hürden, damit der Kunde sich gut aufgehoben fühlt. Unser Ziel ist die ständige Erreichbarkeit für den Kunden und die sachkundige Betreuung, die keine Bereichsgrenzen kennt.

Flexibel, individuell und unbürokratisch im Sinne des Kunden – das ist für uns »freundlich und fair«.

14.4 Leitgedanken und Standards für den Kundenkontakt

Die weiteren *Unternehmensleitgedanken* wurden von einer Gruppe erarbeitet, die quer durch alle Hierarchien und Arbeitsbereiche ging. So wurden für den täglichen Umgang mit Kunden verschiedene Leitgedanken und Standards erarbeitet und definiert:

Besucher
Der *Kunde* kommt zu uns. Wir wollen ihn freundlich und fair empfangen, deshalb:
- Suchen wir sofort Blickkontakt und sprechen ihn direkt an.
- Räumen wir dem Kunden immer Vorrang gegenüber internen Arbeiten, Vorfällen und Gesprächen ein.

- Schenken wir ihm ein freundliches Lächeln und achten bei uns selbst auf ein gepflegtes Äußeres.
- Ersparen wir dem Kunden und Besucher vermeidbare Wartezeiten.
- Fühlen wir uns nicht nur in der Bank, sondern auch im Selbstbedienungsbereich und auf den Parkplätzen für Hilfesuchende verantwortlich.
- Bieten wir Schwangeren, Älteren und Behinderten unsere besondere Hilfe an.
- Achten wir bei Kundengesprächen auf Diskretion.
- Geben wir nach dem Kundengespräch Vertragsdurchschriften und Verkaufshilfen mit nach Hause.

Wir kennen unseren Kunden, und der Kunde soll uns kennen, deshalb:
- Sprechen wir den Kunden mit Namen an.
- Geben wir dem Kunden nach dem Gespräch unsere Visitenkarte mit.

Unsere Kunden sollen sich im Selbstbedienungsbereich gut bedient fühlen, deshalb:
- Muß die Funktion der SB-Geräte ständig gewährleistet sein.
- Gestalten wir Bankräume und SB-Geräte ansprechend und bedienerfreundlich.

Telefon

Der Telefonkontakt zwischen unserem Kunden und uns gewinnt immer mehr an Bedeutung. Jeder Anruf ist eine Chance zu einem Geschäftsabschluß, deshalb:
- Bedienen wir immer während der dienstlichen Anwesenheit das Telefon.
- Lassen wir das Telefon nicht mehr als dreimal klingeln.
- Nutzen wir unsere technischen Möglichkeiten, z. B. zur Rufweiterleitung.
- Leiten wir kompetent weiter, wenn wir nicht selbst weiterhelfen können.
- Informieren wir beim Weiterleiten den Kunden über den Namen des Kollegen und teilen dem Kollegen Name und Anliegen des Kunden mit.

Ein positiver Telefonkontakt beginnt mit einer sympathischen Begrüßung, deshalb:
* Begrüßen wir unsere Kunden mit einem freundlichen »Guten Tag, Sparda-Bank« und nennen unseren Namen.
* Sprechen wir den Kunden mit Namen an.
* Sprechen wir klar und deutlich.

Schriftverkehr
Unser Schriftverkehr ist ein freundlicher Dialog mit dem Kunden, deshalb:
* Formulieren wir verständlich.
* Legen wir die Schriftstücke übersichtlich und gut lesbar an.
* Achten wir auf korrekte Form in unseren Briefen (Anrede, Adresse, Bezugzeile, Betreffzeile, Verabschiedung).
* Überprüfen wir Form, Richtigkeit und Höflichkeit in allen ausgehenden Schriftstücken.
* Sind auch unsere Mahnungen höflich.
* Gestalten wir unsere Formulare und Urkunden übersichtlich und ansprechend.
* Stimmen wir Mailings mit den betreffenden Stellen ab.
* Folgen wir in allen Schriftstücken, Formularen und Plakaten der einheitlichen Kommunikationslinie der Sparda-Bank.
* Entscheiden wir im Schriftverkehr mit Stellenbewerbern zeitnah und begründen Absagen fair.

Information
Gut informierte Kunden sind zufriedene Kunden, deshalb:
* Informieren wir schnell und klar über Konditionen, Produkte, Serviceangebote und auch Beeinträchtigungen im Service.
* Machen wir den Kunden gegenüber gleichlautende Aussagen.

Information fördert die Zusammenarbeit, deshalb:
* Sind wir in der Pflicht, andere zu informieren (Bringschuld) und uns bei anderen zu informieren (Holschuld).
* Schreiben wir unsere internen Mitteilungen klar, verständlich und leserlich.
* Fragen wir bei Unklarheiten nach.

- Stimmen wir uns bei Bedarf mit Kollegen ab.
- Teilen wir Verbesserungen anderen Abteilungen mit.

Reklamationen

Wir bemühen uns um Rückmeldungen von unseren Kunden, weil wir hier Anregungen zur Verbesserung finden. Deshalb nehmen wir Kundenbeschwerden unvoreingenommen auf und setzen uns mit Verbesserungsvorschlägen ernsthaft auseinander.

Kundenreklamationen sind Herausforderungen. Der Kunde bietet uns damit die Chance, ihm unsere Leistungsfähigkeit unter Beweis zu stellen. Aus Sicht des Kunden ist *jede Reklamation berechtigt.* Eine zufriedenstellende Reklamationsbearbeitung bindet den Kunden dauerhaft an unser Haus.

Der Kunde wendet sich persönlich mit einer Reklamation an uns. Jeder ist Ansprechpartner und verantwortlich dafür, daß der Kunde unser Haus zufrieden verläßt, deshalb:

- Lassen wir unseren Kunden nicht allein, sondern helfen ihm, den kompetenten Ansprechpartner für seine Reklamation zu finden.
- Haben wir Zeit, hören genau zu und lassen den Kunden ausreden.
- Nehmen wir das Anliegen des Kunden ernst.
- Versetzen wir uns in die Lage des Kunden und bringen unser Verständnis zum Ausdruck (»In Ihrer Situation würde ich mich auch ärgern.«).
- Bleiben wir realistisch bei Zusagen und greifen nicht zu Notlügen.
- Suchen wir die Ursache zunächst bei uns.
- Erklären wir dem Kunden, daß alle Geschäftsvorfälle in unserem Haus nachvollziehbar sind und wir für unsere Fehler eintreten.
- Informieren wir den Kunden sofort über die Bearbeitungsdauer.
- Schalten wir in schwierigen Fällen Vorgesetzte ein.
- Dokumentieren wir die Reklamation und geben dem Kunden eine Kopie mit.

Der Kunde ist aufgebracht. Wir wollen eine freundliche Atmosphäre schaffen, deshalb:

- Bewahren wir die Ruhe.

- Bieten wir in stark emotionalen Situationen zunächst einen Platz an und bearbeiten Beschwerden diskret.

Jeder Kunde verdient eine zügige und kompetente Bearbeitung seiner Reklamation. Für seine Unannehmlichkeiten entschädigen wir ihn gerne, deshalb:

- Feilschen wir nicht um Kleinigkeiten und verhalten uns kulant.
- Sind wir bereit, auch mal ungewöhnliche Wege zu gehen.

Öffentlichkeitsarbeit
Unser Erscheinen in der Öffentlichkeit prägt das Image unseres Unternehmens. Deshalb stellen wir im sozialen und kulturellen Bereich Gelder zur Förderung bereit. Auch jeder einzelne Mitarbeiter betreibt Öffentlichkeitsarbeit, deshalb endet »freundliches und faires« Verhalten nicht mit Verlassen der Bank. Wir verstärken durch unser Verhalten im privaten Umfeld das positive Image unserer Bank.

14.5 Operative Maßnahmen zur Erhaltung und Erhöhung der Kundenzufriedenheit

Zielvorgaben und Zielvereinbarungen
Was haben Zielvorgaben und Zielvereinbarungen mit Kundenzufriedenheit zu tun? Zielerfüllung garantiert den betriebswirtschaftlichen Erfolg eines Unternehmens. Dieser wiederum ist Voraussetzung für marktgerechte Preisgestaltung und so weiter (vgl. Abb. Magischer Kreis).

Bezahlung sehen wir in diesem Zusammenhang als besonderes Instrument für zufriedene Mitarbeiter. Nicht mit der Gießkanne, sondern als Belohnung für Zielerreichung und -übererfüllung. Dieses Jahr werden wir zum ersten Mal Dinge wie Qualität im Kreditgeschäft miteinbeziehen. Ziel ist es auch, andere Qualitätskriterien, wie die Erreichung und Einhaltung von Qualitätsstandards, in die Bezahlung einfließen zu lassen.

Kundendienst

Eine weitere Maßnahme war die Einrichtung einer Abteilung für *Beschwerdemanagement*. Wir nennen das in unserem Hause einfach *Kundendienst*. Dieser Bereich besteht zur Zeit aus einer Gruppe von fünf Mitarbeiterinnen mit einer Gruppenleiterin, die dem Vertriebsleiter unserer Bank direkt untergeordnet sind. Man beschäftigt sich dort in erster Linie mit Kundenreklamationen, die unmittelbar bearbeitet und anschließend nach Problembereichen analysiert werden.

Qualitätsmanagement

Das Eisberg-Bild verdeutlich das Controllingdefizit bei der Kundenzufriedenheit. Wer es mit Kundenzufriedenheit ernst meint, muß an der Qualitätssteuerung und -kontrolle arbeiten. Wir fangen gerade damit an:

Der Eisberg-Effekt des Controlling
(Quelle: Armin Töpfer, TU Dresden)

Zufriedene Kunden erreichen wir aber nur, wenn wir bei der Erbringung von Dienstleistungen *Qualität* erzeugen. Für jeden von uns bedeutet dies, daß er an seinem Arbeitsplatz Qualität liefert. Ob wirklich permanent Qualität geliefert wird, muß ständig überprüft werden. Es werden *Standards* festgelegt, deren Einhaltung gemessen wird.

Mehr Qualität führt zu höherer Kundenzufriedenheit und Kostenreduzierung, da die Behebung von Qualitätsmängeln in der Regel mit erheblichen Personal- und Sachkosten verbunden ist. Kostenreduzierung ihrerseits erhöht wiederum die Produktivität.

Die Aufgaben des *Qualitätsmanagement-Teams* umfassen:

- Kundenwünsche sammeln. Dies erfolgt zur Zeit durch die beim Kundendienst eingehenden Reklamationen. Alle Mitarbeiter sind aufgefordert, Anregungen und Verbesserungswünsche der Kunden an den Kundendienst weiterzuleiten.
- Analyse der eingehenden Reklamationen. Welches sind unsere größten Probleme? Welche Probleme können einfach beseitigt werden?
- Qualitätszirkel ins Leben rufen und begleiten.
- Standards vorgeben, messen und Einhaltung überwachen.
- Ständige Informationsweitergabe über den Stand der Qualitätszirkel.
- Entwicklung eines Anreizsystems.

In diesem Zusammenhang ergibt sich folgender Qualitäts-Kreislauf:

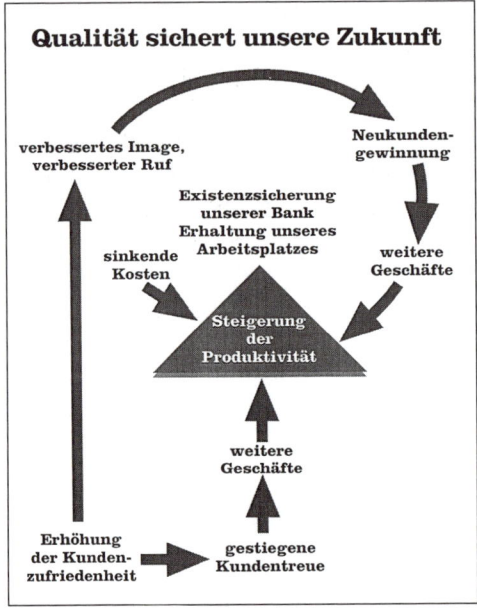

Qualitäts-Kreislauf

Wir bei der Sparda-Bank Saarbrücken eG sind erst am Beginn einer operativen Umsetzung zur Erreichung von mehr Kundenzufriedenheit. Ertrag und Kundenzufriedenheit hängen eng miteinander zusammen:

1. Wir sorgen uns um eine hohe Produktivität.
2. Wir motivieren unsere Mitarbeiter.
3. Wir kümmern uns um unsere Kunden.
4. Zufriedene Kunden bringen uns den gewünschten Ertrag.

15. »Alles in OBI«: Konsequente Kundenorientierung am Point-of-Sale

von Dr. rer. pol. Dr. habil. UTHO CREUSEN
Vorstand OBI AG und Geschäfsführer OBI-Systemzentrale,
Wermelskirchen

OBI ist die Nummer eins in der Bau- und Heimwerkermarktbranche in Deutschland. Mit derzeit 320 OBI-Märkten in Deutschland und über 60 OBI-Märkten im europäischen Ausland, mehr als 220 integrierten und freistehenden Gartenparadiesen, einem Umsatzvolumen von 5,5 Milliarden DM (1997), über 16.000 Mitarbeiterinnen und Mitarbeitern und einer Gesamtverkaufsfläche von über 1,5 Mio. Quadratmeter hat sich OBI innerhalb der letzten Jahre zum Branchenführer entwickelt. Als ein Unternehmen, das *Kundenorientierung* auf seine Fahnen geschrieben hat, pflegt OBI die Beziehung zu den Konsumenten in besonderem Maße.

OBI erhielt verschiedene Auszeichnungen, so u. a.:

- 1995 Gewinn des DEUTSCHEN MARKETING-PREISES
- 1995 DEUTSCHER FRANCHISE-EHRENPREIS des Wirtschaftsmagazins IMPULSE
- 1996 Initiativpreis für Aus- und Weiterbildung des DEUTSCHEN INDUSTRIE- UND HANDELSTAGES (DIHT) für das Weiterbildungsprogramm »OBI Master-Verkäufer«
- 1997 Sales-Cup in Silber als Verkaufsförderungspreis der Lebensmittel-Zeitung.

15.1. Kundenorientierung und Kundenbindung – der neue Maßstab im Wettbewerb

Die Zeiten, in denen »nur« die Produktivität über die Wettbewerbsfähigkeit von Unternehmen entschieden hat, sind vorbei. Immer wichtiger wird in Zukunft die Fähigkeit, mit *neuen Produkten und Serviceleistungen* Märkte und Marktnischen zu besetzen, bevor es die Wettbewerber tun. Immer mehr Unternehmen bieten immer austauschbarere Waren und Dienstleistungen an, und der Wohlstand läßt kaum noch Bedürfnisse offen. In diesen Märkten überzeugt nur das Neue, das, was aus der Menge hervorsticht.

Vor 20 Jahren wollten die Kunden in erster Linie gute Produkte zu möglichst niedrigen Preisen. Da legten die Menschen selbst Hand an. Wer ist heute der »typische Heimwerker«? Der biedere Familienvater im Blaumann, der werkelt, um zu sparen? Oder der Hobbybastler, der eine kreative Freizeitbeschäftigung sucht? Das Basteln am Feierabend hat sich in der Hitliste der Hobbies geradezu zum Volkssport Nummer eins entwickelt, der mittlerweile in allen Bevölkerungsschichten gleichermaßen beliebt ist.

Jeder dritte Bundesbürger, so haben Fachleute herausgefunden, werkelt regelmäßig in den eigenen vier Wänden. So wie bei allen menschlichen Vorlieben wandeln sich auch die Wünsche von Bastlern im Laufe der Zeit. Für OBI ist es eine ständige Herausforderung, flexibel auf die *veränderten Ansprüche der Kunden* zu reagieren.

Die *Kunden* sind *anspruchsvoller* geworden und kaufen nicht nur die Produkte pur, sondern sie fordern immer mehr den *Service* und *emotionale Reize* rund um das Produkt. Die Bau- und Heimwerkermarktbranche muß immer mehr Angebote für die persönliche Selbstentfaltung der Kunden bieten, um den Kunden bei der Verwirklichung ihrer Träume vom exklusiven Lebensstil entgegenzukommen. »Den« Kunden gibt es 1998 nicht mehr. Mittlerweile haben wir es mit einer *Vielzahl von Kundengruppen* zu tun, deren Bedürfnisse weit auseinander liegen.

Lag der Warenschwerpunkt früher auf den Bereichen des »Hard-do-it-yourself«, so geht der Trend heute in die Richtung des *»Soft-do-it-yourself«,* des schöneren Wohnens. Dieser Wandel hat auch Einfluß auf das Baumarkt-Klientel. Als OBI dann als erstes Unternehmen der Branche die Pflanze als Dekorationselement ins Sortiment aufnahm, war der Durchbruch geschafft. Von nun an gelang es, *Frauen als »neue« Zielgruppe* in die Märkte zu holen. Das Ergebnis: Heute sind rund ein Drittel aller aktiven und über fünfzig Prozent aller gelegentlichen Heimwerker Frauen. Entsprechend verändert präsentieren sich die Sortimente der OBI Märkte.

OBI setzt seit einigen Jahren kompromißlos auf *Kundenorientierung und Kundenbindung,* noch bevor der Servicegedanke in Deutschland zum Zauberwort der Wirtschaft avancierte. Der Aufbau einer langfristigen Bindung eines Kunden an OBI ist nur durch die *Verbesserung der Servicekomponente* zu erreichen. Kundenbindung kann zwar kein Produkt ersetzen, jedoch kann sie im Zuge der Austauschbarkeit von Kernleistungen zwischen Wettbewerbern als für die Kaufentscheidung ausschlaggebender und emotionaler Zusatznutzen für den Kunden interpretiert werden.

»Bei OBI bekommen Sie nicht nur alles zu kaufen, sondern auch alles erklärt ...« Mit diesem Slogan taten die OBI Bau- und Heimwerkermärkte in den Jahren 1994 bis 1997 ihren Anspruch der *gelebten Kundenorientierung* in der Öffentlichkeit kund. Mittlerweile hat sich OBIs Image als Do-it-yourself-Markt inklusive kompetenter Fachberatung und umfangreicher Serviceleistungen durchgesetzt. Das Fundament einer *konsequenten Kundenorientierung* wurde gelegt, bevor das Schlagwort im Handel allgegenwärtig wurde. Mit ihm will sich OBI von den Wettbewerbern unterscheiden. Schließlich ist das Sortiment austauschbar. Das Profil, der Service, kurz: die Qualität zeichnet ein Unternehmen aus. *Qualität* im Handel muß etwas anderes bedeuten als Produktqualität physischer Produkte.

Dienstleistungsqualität ändert sich täglich, sie kann nicht vorproduziert werden, sondern muß jeden Tag neu erarbeitet werden.

Man muß die Marktentwicklung aus der *Perspektive des Kunden* betrachten. Das ist schwer, weil man als Insider in gewisser Weise betriebsblind wird, die unbefangene Sicht eines Kunden immer mehr verliert. Man muß aber trotzdem versuchen, sich ein Stück weit diese Naivität und Unbefangenheit zu erhalten, mit der ein normaler Mensch seinen Einkauf tätigt. Da kann es oft sehr hilfreich sein, neben dem Studium von Marktforschungsergebnissen *mit den Kunden direkt in Kontakt* zu treten und sie zu fragen, wie das Sortiment oder der Service von ihnen empfunden wird. So hat man immer ein offenes Ohr dafür, was die Kunden an Neuem wünschen. Diese Entwicklung gilt es voranzutreiben.

15.2 Messen führt zu Veränderung

Den Anspruch, jeden Tag besser zu werden, kann OBI – wie alle anderen kundenorientierten Unternehmen – nur erfüllen, wenn die Stellung im Markt bekannt ist und die Wünsche der Kunden bekannt sind. Werden die Anstrengungen von den Kunden auch wahrgenommen? Wie werden die Dienstleistungen bewertet?

Hohe Kundenorientierung basiert auf der detaillierten Kenntnis der Erwartungen der Kunden.

Das Deutsche Kundenbarometer
Seit 1993 beteiligt sich OBI am DEUTSCHEN KUNDENBAROMETER und liegt derzeit im Mittelfeld aller Dienstleister und an neunter Stelle der Do-it-yourself-Branche.

Als die ersten Auswertungen 1994 vorlagen, mußte festgestellt werden, daß für die Baumärkte bei circa 5.000 Befragten eine Globalzufriedenheit von 2,44 als Durchschnitt vorlag. Von den 5.000 Befragten äußerten sich 1.800 Personen zu OBI. Da OBI zuvor von einer überdurchschnittlichen Kundenzufriedenheit ausgegangen war, war das nur durchschnittliche Ergebnis mit einen Wert von ebenfalls 2,44 bezüglich der Globalzufriedenheit unbefriedigend.

Systematische Workshops und Diskussionen dienten dazu, dieses Ab schneiden zu erklären. Dabei traten zwei wesentliche Aspekte hervor:

Zum einen wurde untersucht, warum der Discounter ALDI so weit vorn in der Bewertung lag. Der Kunde erwartet bei ALDI eine gute Qualität zu einem günstigen Preis, aber keine Servicequalität. Seine Erwartungen werden erfüllt, und damit wird ALDI entsprechend positiv bewertet. Die relativ schlechtere Bewertung von OBI wirft nun also die Frage nach den *Erwartungen* der Kunden gegenüber dem Branchenprimus des Do-it-yourself-Sektors auf.

Ein zweiter Aspekt, der in der Diskussion zum Vorschein kam, war, daß die Ergebnisse nicht auf die einzelnen OBI-Märkte heruntergebrochen werden konnten. Die Marktleiter wiesen die Verantwortung für das schlechte Abschneiden von sich, indem sie die Ursachen an anderen Standorten suchten.

Das »OBI-Barometer«

Um Werte zu erhalten, die die Zufriedenheit der Kunden mit den OBI-Märkten konkret widerspiegeln, wurde nach dem Prinzip des DEUTSCHEN KUNDENBAROMETERS das unternehmensinterne OBI-BAROMETER entwickelt. Die Teilnahme der einzelnen Märkte ist – auch aufgrund des Franchise-Systems – freiwillig. Letztlich haben aber 304 von 318 Märkten im letzten Jahr teilgenommen. Insgesamt wurden über 60.000 Kunden pro Jahr befragt, wobei bei jedem Markt mindestens 200 Personen in der Analyse enthalten sein mußten, um eine ausreichende Repräsentativität zu gewährleisten. Die Kunden beantworteten Fragen zu Themen wie Globalzufriedenheit, Auffinden eines Ansprechpartners, Produktauswahl und -angebot, Freundlichkeit des Personals, Fachberatung, Serviceleistungen usw., mit der Ausrichtung, ein intensives Bild davon zu erhalten, wie *Kundenorientierung* bei OBI von den Kunden eingeschätzt wird. Ziel ist es, die herausragende Marktstellung OBIs mit bestem Service zu behaupten. Das Befragungskonzept wird ständig weiterentwickelt, um die Verläßlichkeit der ermittelten Daten zu steigern.

Während das DEUTSCHE KUNDENBAROMETER die Wettbewerber in die Untersuchung miteinbezieht, stellt das OBI-BAROMETER eine Art *internes Benchmarking* dar, aus dem sich eine Spannweite der Globalzufriedenheiten mit den OBI Märkten von 1,39 als bestem und 2,8 als schlechtestem Wert ergab. Das Meßinstrument wird regelmäßig eingesetzt und bietet so neben einem Standortvergleich auch die Übersicht über Entwicklungen. Aus den Ergebnissen der Befragung entwickelte OBI eine *Handlungsrelevanz-Matrix*. Diese ist ähnlich wie die des DEUTSCHEN KUNDENBAROMETERS aufgebaut, allerdings gefüllt mit den entsprechenden Daten des OBI-BAROMETERS (vgl. Abb.).

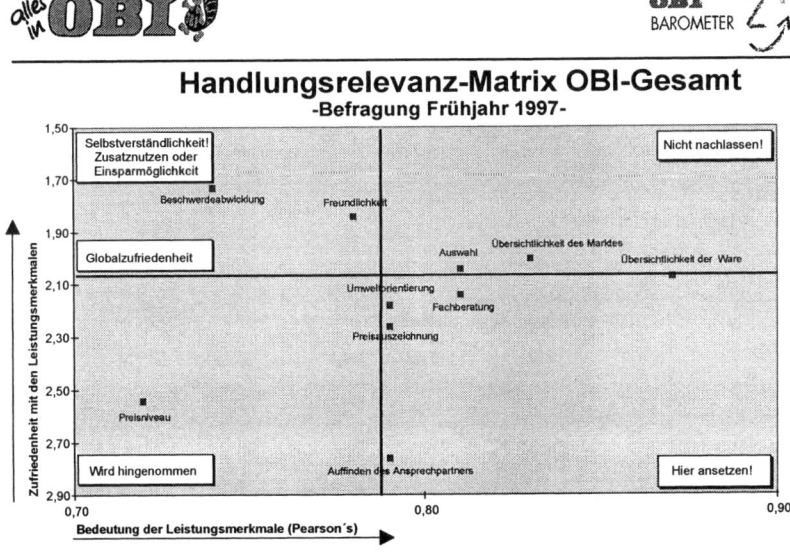

OBI-Barometer

Das OBI-BAROMETER liefert jedem OBI-Markt *individuelle Daten*. Die Marktleiter und ihre Teams sind auf diese Weise ständig gefordert, aus der Kritik, den Wünschen und Anregungen der Kunden konkrete Maßnahmen gemeinsam zu erarbeiten und umzusetzen. Die Mitarbeiter werden maßgeblich an dem Prozeß zur Steigerung der Kundenorientierung beteiligt. Jeder Markt kann auf diese Weise seine Schwachstellen verbessern und somit seine Kunden zufriedenstellen. Das Gesamtergebnis des OBI-BAROMETERS und des DEUTSCHEN KUNDENBAROMETERS fließen wiederum in einen *Gesamtverbesserungsprozeß* bei OBI ein.

15.3 Maßnahmen zur Kundenbindung

Standards

Parallel dazu wurden weitere Maßnahmen zur Kundenbindung durchgeführt. Im Zuge der *Zertifizierung der OBI-Märkte* nach DIN ISO durch die DEKRA wurden u. a. Qualitätsstandards fixiert: Jeder OBI-Markt paßt fünfzehn Standards seinen individuellen Möglichkeiten an und gewährleistet damit einen festen Katalog an verpflichtenden Service- und Freundlichkeitsmaßnahmen*), wie beispielsweise die Regel, daß immer dann eine neue Kasse aufgemacht wird, wenn mehrere Kunden an einer Kasse warten. War die Kundschaft mit der Freundlichkeit der Mitarbeiter nicht zufrieden, kann der Mißstand über Gespräche, Schulungen und Standards behoben werden. Die OBI Systemzentrale gibt Anregungen und Hilfestellung bei solchen schnell abzuschaltenden Mängeln. Ist ein Problem komplexer und auf andere Märkte übertragbar, entwickelt der Franchisegeber Strategien. Beispielsweise ist die Einführung von *Servicegarantien* in Planung. Es darf dabei nicht übersehen werden, daß man durch eine solche Maßnahme die Erwartungen der Kunden entsprechend erhöht und sich die Erfüllung dieser hohen Erwartungen wieder auf die Kundenzufriedenheit auswirkt.

Zufriedenheit mit der Systemzentrale

Auch die OBI Systemzentrale hat sich Prinzipien auferlegt, mittels derer den OBI-Märkten ein *optimales, kundenorientiertes Handeln* ermöglicht werden soll. Eine Zufriedenheitsumfrage (»Wie zufrieden

---

*) Diese Standards bilden einen Baustein in einem komplexen Qualitätsmanagementsystem. Qualitätssicherung, »schlanke« Abläufe, Kostensenkung – dies alles dient letztlich einer gesteigerten Kundenorientierung. Auch hier gilt der Grundsatz: Messen führt zu Veränderung, zur Verbesserung. Das OBI-Qualitätsmanagement und die Zertifizierung nach DIN ISO 9001 sollen jedoch nicht Gegenstand dieser Ausführungen sein.

sind unsere Marktleiter mit der Systemzentrale?«) führt zu abteilungs-spezifischen Meßergebnissen, die wiederum konkrete Maßnahmen einleiten. Beispielsweise stellt eine Abteilung eine bessere Erreich-barkeit sicher, ein anderer Bereich verbessert seine Kommunikations-instrumente etc.

Zufriedenheit der Mitarbeiter

OBI fühlt sich nicht nur seinen Kunden gegenüber zur Kunden-orientierung verpflichtet. Die OBI-Mitarbeiter sind ebenfalls Bestand-teil dieser Bemühungen. In diesem Zusammenhang lautet die wichtig-ste Maxime:

Nur zufriedene Mitarbeiter produzieren zufriedene Kunden.

In einer alle zwei Jahre stattfindenden Umfrage werden die Mitarbeiter zu ihrer Meinung über den Arbeitsplatz befragt. Das Leitthema in die-ser Erhebung lautet – neben der Frage nach der Zufriedenheit mit dem Arbeitgeber –: *»Habe ich alles, um kundenorientiert arbeiten zu kön-nen?«* Die Befragung deckt gleich zwei wichtige Bereiche zur Leistungssteigerung des Unternehmens ab: Zum einen werden *»Betroffene zu Beteiligten«* gemacht, ein Grundsatz, der in der OBI-Philosophie begründet liegt. Die Firma macht sich die Ideen und das Know-how des Mitarbeiters zunutze, gleichzeitig fühlt sich der Mitarbeiter einbezogen in die Prozesse und Entscheidungen in seinem Arbeitsumfeld. Zum anderen kann abteilungsspezifisch diskutiert wer-den, wo Handlungsbedarf besteht, um schneller, effizienter, qualitativ höherwertig, alles in allem *kundenorientierter* agieren zu können.

15.4 Umsetzen führt zu Ergebnissen

Ergebnis der Bemühungen im Unternehmen OBI ist eine *stetig wach-sende Globalzufriedenheit* der Kunden, die von 2,31 im Jahre 1995 über einen Wert von 2,13 für 1996 auf 2,06 im Jahre 1997 gestiegen ist. Ziel für 1998 ist dementsprechend eine eins vor dem Komma.

»Do the unexpected!«

Wir haben die Erfahrung gemacht, daß die *Übererfüllung* der Erwartungen Kunden begeistert. Die Leistungen werden weitererzählt und sind somit effizientestes Werbemittel.

So schrieb ein Kunde an die Geschäftsführung, daß ihm nach dem Bezahlen eine Dose Farbe hingefallen und ausgelaufen war. Nicht nur, daß der Marktleiter ihm beim Aufwischen behilflich war, sondern er schenkte ihm auch noch eine neue Dose. Mitarbeiter eines anderen OBI-Marktes wurden gar am Wochenende aktiv und bauten aus eigenem Antrieb einem Kunden den neuen Swimmingpool im Garten auf. In solchen Fällen zeigt sich, daß die Umsetzung des Mottos »Do the unexpected« Kunden zu *begeisterten Kunden* machen kann.

Kundenbetreuung im Markt

Aus den Befragungen kristallisierten sich besondere Schwerpunktthemen heraus. Das Auffinden eines Ansprechpartners im Markt beispielsweise scheint für die Kunden ein Problem zu sein. In diesem speziellen Punkt zeigte das OBI-BAROMETER einen stark verschlechterten Wert an. Eine Ursache dafür war die Änderung des Ladenschlußgesetzes, die die Besetzung mit Personal zum Problem werden ließ. Ein weiteres Ergebnis war, daß 32 Prozent der Kunden nicht alle Produkte, die sie im Markt suchten, auch tatsächlich gefunden hatten.

Ein Marktleiter wollte für sich den Sachverhalt endgültig klären und stellte sich an einem Samstagvormittag vor die Kasse. Er fragte jeden Kunden, ob er alle Produkte, die er gesucht habe, auch gefunden habe. War dies nicht der Fall, so besorgte er das Produkt oder bestellte es. Der erzielte Mehrumsatz war beachtlich.

Preisstrategie

Eine weitere Zufriedenheitsdimension betrifft das Preis-Leistungs-Verhältnis, bei dem OBI relativ schlecht beurteilt wird. Dabei handelt es sich vor allem um ein Imageproblem, da das Preisniveau gar nicht so hoch ist, wie es eingeschätzt wird. Um diese Preiswahrnehmung zu korrigieren, wurde erstmals Produktwerbung eingesetzt, in deren Rahmen Exklusivprodukte von KÄRCHER bei guter Qualität zu einem günstigen Preis angeboten wurden. Dies hatte zur Folge, daß die ganze Jahresproduktion von KÄRCHER in kurzer Zeit ausverkauft war.

15.5 Kundenorientierung und Kundenbindung bei OBI anhand von Praxisbeispielen

Neben der angebotenen Produktqualität und der fachlichen Beratung sind es vor allem die umfangreichen Serviceleistungen, die einen Besuch bei OBI für die Kunden lohnend machen:

Umfangreiche Serviceleistungen bei OBI

- Komplette Fachberatung in jeder Abteilung und auch themenübergreifend

- Holz-, Arbeits- und Bilderrahmen-Zuschnitte, auf den Millimeter genau nach Kundenwunsch

- Geld-zurück-Garantie ohne Wenn und Aber

- Sperrige Waren bringt der Lieferservice bis vor die Haustür

- Das OBI Magazin und die »Gewußt-wie-Hefte« zum Nachlesen von Heimwerker-Tips

- Der OBI Ratgeber mit der Darstellung einiger Highlights aus dem gesamten OBI Sortiment

- Vorführungen und kostenlose Kundenschulungen zeigen den professionellen Umgang mit Werkstoffen und Garantien

OBI Ratgeber

OBI bot und bietet *»Produkte über den Produkten«* – eine Vielzahl von Ideen und Know-how rund um die kreative Freizeitgestaltung. Das reicht von Ideen und Anregungen zum Do-it-yourself über eine animierende Warenpräsentation bis hin zu Heimwerkerkursen und Schulungen.

Weiteren Kundenwünschen folgend, wurde 1990 zum ersten Mal der »OBI Ratgeber« in einer Auflage von ca. 2,5 Mio. Exemplaren herausgebracht, eine Art Katalog, der die ganze Vielfalt des OBI Sortiments mit Produktbeschreibungen, Preisangaben und Verarbeitungshinweisen übersichtlich zusammenstellt. Seit Mai 1997 ist der »OBI Ratgeber« online unter www.obi.de im Internet aufrufbar. Alle Produkte aus dem Ratgeber können über das Internet im OBI-Markt bestellt werden.

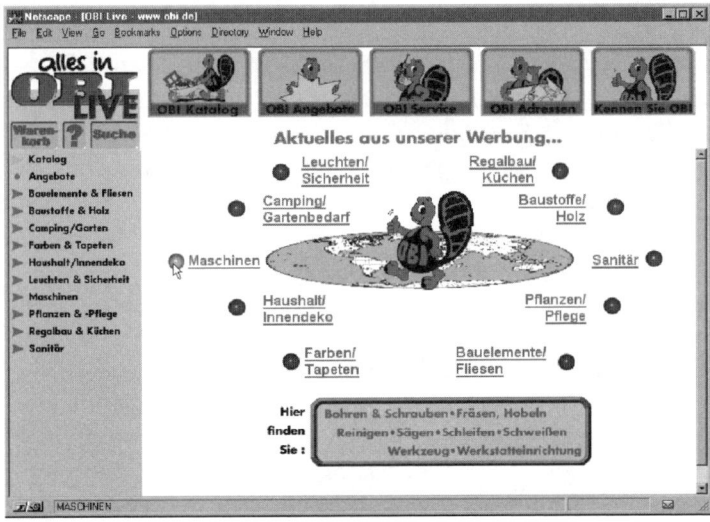

OBI-Homepage im Internet

So wächst OBI immer mehr in die Rolle eines Partners, der »Lebenshilfe« im Sinne eines konkreten Engagements für mehr Aktivität und Eigeninitiative in der Freizeit anbietet. Einen Höhepunkt in puncto Lebenshilfe erlebten die Kunden anläßlich des 25. Geburtstag von

OBI: In allen OBI-Märkten in Deutschland wurden rund 5.000 *Heimwerkerkurse* zum Selbstkostenpreis angeboten. OBI trainierte seine Kunden in den »OBI Olympics«.

In den letzten Jahren etablierte OBI weitere Service-Ideen, die in die Richtung *»Lebenshilfe rund um das ökologische Bauen und Sanieren«* gehen: In fast jedem OBI-Markt ist ein Umweltberater tätig, und den Kunden wird die Möglichkeit geboten, den Service des »Umweltmobils« in Anspruch zu nehmen, das Umweltgifte aufspürt.

OBI Kundentelefon

Anfang Februar 1990 wurde das Kundentelefon für den Raum Düsseldorf und Niederrhein (unter Einbindung der lokalen OBI-Märkte) gestartet. Ab Juli 1990 erfolgte dann die bundesweite Schaltung und Bekanntmachung dieses für die Kunden gebührenfreien OBI-Services.

Unter 0130-7654 stehen kompetente Berater, die über exzellente Kenntnisse der Sortimente und deren Anwendung verfügen, dem in Not geratenen Heimwerker mit Rat und Tat vor allem nach Ladenschluß, an den Wochenenden und Feiertagen zur Seite. Über *10.000 Anrufer* nutzten dieses Angebot 1996, Tendenz steigend. Durch den Dialog am Kundentelefon ist direktes Feedback möglich. Wiederholt auftretende Mängel oder Fehler im Sortiment werden den entsprechenden Abteilungen zurückgespielt.

Ziel des Kundentelefons ist es, den Kunden eine zusätzliche Kommunikationsmöglichkeit mit OBI zu bieten und durch diesen Service eine langfristige Kundenbindung zu erreichen.

In zahlreichen Beilagenwerbungen, dem OBI Ratgeber und dem OBI Magazin wird das Kundentelefon beworben. Seit 1995 ist die 0130-Servicenummer beispielsweise auf den Classic-Lacken, eine OBI Eigenmarke im Farbenbereich, abgedruckt.

OBI Kundenforen

In den 80er Jahren wagte OBI ein Experiment, das alle bisher bewährten Marketing-Strategien in den Schatten stellte. Zum ersten Mal waren es die Kunden selbst, die im Rahmen eines »Rollentauschs im Marketing« ihren »Freizeitmarkt der Zukunft« entwerfen sollten. An zwei

Samstagen schlüpften die Kunden in sogenannten Kundenforen in die Position des Architekten, des Personalchefs oder des Marketingchefs, mit dem Ziel, Überlegungen anzustellen, wie die neuen Sortimente, die neue Verkaufsberatung, der neue Service, die neue Kommunikationsstrategie für die OBI-Märkte der Zukunft aussehen könnten. Die Kunden wünschten sich den OBI-Markt als Lern-Shop, als Ideen-Börse und als Animationsgeschäft.

Die Ratschläge der Kunden, die alle darauf hinausliefen: »Verkauft das Hobby, dann verkauft sich die Ware von selbst«, wurden in der Folgezeit kontinuierlich umgesetzt. Das begann bei der Dreiteilung der Warenpräsentation in »Ausbauen«, »Erfolgreich Heimwerken« und »Schöner Wohnen« und setzte sich in der konsequenten Bündelung der Sortimente entsprechend den Bedürfnissen der Kunden fort.

Auch heute noch führen die Märkte in regelmäßigen Abständen Gesprächsrunden durch, in denen die Kunden in den Dialog mit Marktleitern und Marktmitarbeitern treten – gemäß der OBI-typischen Führungsphilosophie »Betroffene zu Beteiligten machen«.

Die Ideen, die OBI aus diesem Feedback erhält, werden geprüft und in Marketingstrategien umgesetzt. Die Teilnehmer der Kundenforen wissen, daß OBI ihre Anregungen und Verbesserungsvorschläge ernst nimmt. Ihre Bindung an den OBI-Markt ist im nachhinein um ein Mehrfaches höher. Vielfach setzt sich der Dialog aus den Kundenforen auch abseits des offiziellen Rollentauschs fort. Das Feedback der Kunden ist für die Marktleitung ein wichtiger Indikator im Hinblick auf die Verbesserung des Dienstleistungsangebotes.

Libero im Kassenbereich

Ein Ergebnis des OBI-Barometers war u. a., daß die Kunden Schwierigkeiten beim Auffinden eines Ansprechpartners im OBI-Markt bemängeln. Die Lösung dieses Problems ist ein Beispiel dafür, wie im Dialog mit Mitarbeitern Ideen zur Verbesserung der Kundenorientierung entstehen (s. a. Seite 236).

Der »Libero«, ein speziell geschulter Mitarbeiter, nimmt in der Nähe der Kassenzone direkt Kontakt zum Kunden auf und vermittelt ihn auf Wunsch an den entsprechenden Fachverkäufer weiter. Auf diese Weise konnte nicht nur das Potential an zufriedenen bzw. begeisterten Kunden gesteigert, sondern auch zusätzlicher Umsatz realisiert werden. Mittlerweile wurde der »Libero im Kassenbereich« zu einer allgemeinen Serviceleistung ausgebaut.

Handwerker-Service
Der OBI Markt in Augsburg verfügt als erster Bau- und Heimwerkermarkt über ein innovatives Dienstleistungsunternehmen, das unter dem Namen *»Handwerker-Service (HWS)«* eigenständig arbeitet. Meisterbetriebe aus allen Gewerken organisieren sich unter dem Dach des *»HWS«*. Für einen Kunden, der beispielsweise einen Umbau mit Beteiligung der verschiedensten Handwerker plant, ist der *»Handwerker-Service«* in Zukunft einziger Ansprechpartner. Alle erforderlichen Handwerkerdienstleistungen sowie das optimale Timing beim Einsatz des Baumaterials, das zuvor im OBI-Markt ausgesucht und gekauft wurde, werden koordiniert. Der Kunde erhält ein professionelles Dienstleistungspaket aus einer Hand: Erstens die optimal aufeinander abgestimmten handwerklichen Dienstleistungen zu marktgerechten Preisen und die Übernahme der Gewährleistungen durch den *»Handwerker-Service«* und zweitens das benötigte Material aus dem OBI Markt. Mit dem *»Handwerker-Service«* ist es zum ersten Mal gelungen, eine partnerschaftliche Zusammenarbeit zwischen den regionalen Handwerksbetrieben und OBI zu realisieren, die bisher in Konkurrenz zueinander standen. Der *»Handwerker-Service«* und OBI schließen damit eine Marktlücke.

15.6 Ideen haben Zukunft

Der Handel muß sich vermehrt seinem »Arbeitgeber« widmen – dem Kunden. Der »neue Kunde« verlangt, von den Verkäufern individuell beraten zu werden. Die Ergebnisse des DEUTSCHEN KUNDENBAROMETERS zeigen deutlich: Gefragt ist ein *partnerschaftliches, ehrliches Verhältnis* des Handels zum Kunden, eine freundliche und kompetente Beratung. Das Vorhandensein beziehungsweise das Nichtvorhandensein dieser »weichen« Faktoren entscheidet darüber, ob ein bestimmtes Produkt gekauft wird oder nicht und ob ein Kunde wiederkommt. Wer in einer

Dienstleistungsgesellschaft dem Kunden nicht dienen kann, hat zukünftig keine Überlebenschance. Die OBI Serviceleistungen werden auch in Zukunft weiterentwickelt, z. B. durch das Angebot von Heimwerker-Trainingskursen, Lieferservice bis vor die Haustür usw.

Allen in den vorangegangenen Kapiteln beschriebenen OBI Marketingansätzen liegt die *wichtigste Voraussetzung* eines erfolgreichen Unternehmens zugrunde: eingefahrene Wege zu verlassen, Wandel zu akzeptieren und kontinuierliche Verbesserung zu forcieren und zu initiieren.

Kundenorientierung ist kein Schlagwort, sondern ein komplexes System, das alle Bereiche eines Unternehmens umfaßt.

Eine Verbesserung ist möglich, sofern ehrgeizige *Ziele* verfolgt werden. Um Veränderungen in der Organisation zu erreichen, müssen die Auswirkungen gemessen werden. Ohne *Messen* sind die Veränderungen nicht durchzusetzen. Weiterhin gewinnt man zufriedene Kunden nur durch *zufriedene Mitarbeiter*. Die Mitarbeiter müssen mit ihren Ideen einbezogen werden, beispielsweise durch ein betriebliches Vorschlagswesen. Damit erhält man enorme Chancen, die Leistungen des Unternehmens – und damit letztendlich auch die Umsätze – zu steigern.

THE RITZ-CARLTON

16. Kundenorientierung durch Qualitätsmanagement und kompromißlosen Service bei der Ritz-Carlton Hotel Company

von NIGEL P. BECKETT
Regional Director of Sales, The Ritz Carlton Hotel Company, Frankfurt

16.1 Qualitätsbewußtsein in der Ritz-Carlton Hotelgruppe

Ritz-Carlton (RC) ist ein 1983 gegründetes amerikanisches Hotelunternehmen bzw. eine Hotelbetriebsgesellschaft mit Firmensitz in Atlanta/ Georgia. Ritz-Carlton betreibt 33 Luxushotels, davon 22 in den USA, sieben in Asien, zwei in Australien, je ein Haus in Mexiko sowie in Barcelona (Hotel des Jahres 1997) als bisher einzigem Haus in Europa. Insgesamt bieten wir in unseren Hotels über 10.000 hochklassige Zimmer an und beschäftigen weltweit etwa 15.000 Mitarbeiter.

Zielgruppe sind die *Top vier bis fünf Prozent der Globalreisenden.* 1997 wurden allerbeste Erträge erwirtschaftet und eine hervorragende Auslastung in Höhe von ca. 80 Prozent erzielt, oftmals auch darüber; die durchschnittliche Auslastung der Hotelbranche in Deutschland liegt z. B. bei 36,4 Prozent.

244

Ritz-Carlton hat zahlreiche nationale Auszeichnungen und begehrte Qualitätspreise für Kundenzufriedenheit erhalten. Allein innerhalb eines Jahres haben wir 121 (!) solcher Preise hauptsächlich von der Tourismusbranche erhalten. Obwohl 1992 der Gewinn des höchsten Qualitätspreises in den USA, des MALCOLM BALDRIGE NATIONAL QUALITY AWARD, ohne Zweifel einer der wichtigsten Erfolge in der Unternehmensgeschichte war, sind wir auf alle Auszeichnungen stolz, die unser Bestreben nach *Spitzenleistungen* in der Hotelbranche honorieren.

Alle diese Auszeichnungen sind eine hervorragende Bestätigung für unser Bemühen, jeweils höchste Standards, bezogen auf Kundenorientierung und Kundenzufriedenheit, zu erreichen, und wirken sehr motivierend auf alle Mitarbeiter. Allerdings bieten sie keine Gelegenheit zum Ausruhen, denn sämtliche Erfolge sind nur Etappensiege auf diesem »Rennen ohne Zieleinlauf«.

Gerade im Dienstleistungsbereich zählt nicht der einmalige Erfolg, sondern nur das *dauerhafte Bemühen* um Spitzenleistung und ständige Verbesserungen. Die Leistungen, die ein Gast während seines Aufenthaltes in einem Hotel erhält, werden von ihm als Momentaufnahmen registriert. Eine Leistung muß daher sofort zur Zufriedenheit des Gastes erbracht werden, ein Lagern oder Konservieren von Qualität ist im Dienstleistungsbereich nicht möglich.

Es bestehen kaum Möglichkeiten, schlechten Service und Fehlleistungen wiedergutzumachen. Die Art und Weise, wie unsere *Mitarbeiter* zu ihrer Arbeit eingestellt sind und mit welchem Engagement sie ihrer Sache nachgehen, wird daher zu einem überaus wichtigen *Erfolgsfaktor,* wenn wir die Zufriedenheit unserer Gäste erhalten und steigern möchten.

Auf dem Weg zu einem *Weltklasseunternehmen in Sachen Kundenzufriedenheit* und Kundenbindung gab es für uns mehrere Leitlinien, die eng mit unserer Firmenkultur verknüpft sind.

16.2 Die Qualitäts- und Serviceziele von Ritz-Carlton

Das Ziel aller Qualitätsbemühungen bei Ritz-Carlton kann in einem Leitsatz zusammengefaßt werden:

Verliere niemals einen einzigen Kunden!

Langfristig orientiert sich Ritz-Carlton an folgenden drei wesentlichen *Qualitätszielen:*

Ziel 1: 100% Kundenbindung
Jeder, der einmal unser Gast war, soll so zufriedengestellt werden, daß er immer gern wiederkommt. Darüber hinaus möchten wir erreichen, daß unsere Gäste unser Unternehmen uneingeschränkt weiterempfehlen können und so unser Kundenstamm stetig wächst.

Ziel 2: 50% Senkung der Durchlaufzeiten
Alle Prozesse sind mit Blick auf Kundenorientierung sowie Zeit- und Kostenersparnis zu optimieren.

Ziel 3: Fehlerfreiheit
Hier orientieren wir uns am *Sechs-Sigma-Konzept:* Auf eine Million Transaktionen wollen wir maximal 3,4 Fehler tolerieren.

Diese großen Herausforderungen wollen wir mit den folgenden Initiativen meistern, die wir zu einem *Kundenzufriedenheitssystem* zusammengefaßt haben.

1. Ermitteln der Kundenbedürfnisse:
Durch Befragungen und Analysen registrieren wir Wünsche und Erwartungen, die unsere Hotelgäste, bezogen auf ihren Hotelbesuch, artikulieren.

2. Vermeiden von Fehlern:
Grundsätzlich ist es das Ziel jedes Mitarbeiters, alle Tätigkeiten gleich beim ersten Mal korrekt auszuführen, damit Korrekturen vermieden werden.

3. Senken der Durchlaufzeiten:

Alle wertschöpfenden Prozesse wollen wir dahingehend optimieren, daß wir unseren Gästen eine qualitativ mindestens gleichwertige Leistung in einer kürzeren Zeit anbieten können.

4. Empowern der Mitarbeiter:

Eigenverantwortlich handelnde und mit weitreichenden Kompetenzen ausgestattete Mitarbeiter sind in unserem Geschäft eine wichtige Grundlage, um unsere Kunden mit qualitativ hochwertigen Leistungen zufriedenzustellen.

5. Einbinden der Mitarbeiter:

Nur wenn sämtliche Mitarbeiter über alle wesentlichen Entscheidungen gut informiert sind und ihr Wissen und ihre Erfahrungen bei vielen Gelegenheiten einbringen können, wird der Grundstein für eine ständige Leistungsverbesserung gelegt.

6. Meßinstrumente und Meßverfahren:

Praktikable Instrumente und gut strukturierte Verfahren liefern uns wichtige Informationen über den derzeitigen Leistungsstand in vielen Bereichen und geben darüber hinaus Anhaltspunkte für Verbesserungsmöglichkeiten.

16.3 Die Firmen- und Servicephilosophie von Ritz-Carlton

Die Ritz-Carlton-Unternehmenskultur ist geprägt von einer Servicephilosophie – unseren *Goldenen Standards* –, die von der Unternehmensspitze konsequent vorgelebt und im täglichen Umgang mit unseren Gästen kompromißlos verlangt wird. Der aus Deutschland stammende Firmenpräsident HORST H. SCHULZE ist besessen von Qualität und Service. Bei jeder Neueröffnung bzw. Übernahme vermittelt er diese Prinzipien persönlich innerhalb eines »Seven Day Countdowns«, eines Qualitätssicherungsprozesses in der Voreröffnungsphase, an dem alle Führungskräfte und Mitarbeiter des neuen Hotels teilnehmen.

Die *Goldenen Standards* stellen eine leicht verständliche Definition von Dienstleistungsqualität dar und werden auf allen Ebenen unseres Unternehmens aktiv übermittelt und verinnerlicht. Als Folge davon verfügen unsere Mitarbeiter über ein außergewöhnliches Verständnis und die entsprechende Hingabe für die Visionen, Werte, Qualitätsziele und Methoden unseres Unternehmens.

Die Goldenen Standards umfassen das »Credo« oder Leitbild des Unternehmens Ritz-Carlton, die »Drei Stufen der Dienstleistung«, das Unternehmensmotto sowie die zwanzig Grundsätze oder »Ritz-Carlton Basics«. Dies alles ist auf einer kreditkartengroßen Memocard abgebildet, die jeder Mitarbeiter ständig mit sich führt.

THREE STEPS OF SERVICE	*"We Are Ladies and Gentlemen Serving Ladies and Gentlemen"*	 THE RITZ-CARLTON® **CREDO**
1 A warm and sincere greeting. Use the guest name, if and when possible.		The Ritz-Carlton Hotel is a place where the genuine care and comfort of our guests is our highest mission.
2 Anticipation and compliance with guest needs.		We pledge to provide the finest personal service and facilities for our guests who will always enjoy a warm, relaxed yet refined ambience.
3 Fond farewell. Give them a warm good-bye and use their names, if and when possible.		The Ritz-Carlton experience enlivens the senses, instills well-being, and fulfills even the unexpressed wishes and needs of our guests.

Vorderseite der Ritz-Carlton-»Credo-Karte«

Das »*Credo*« stellt die Grundlage für die Tätigkeit sämtlicher RC-Mitarbeiter dar. Es ist ein Leitfaden für unsere Mitarbeiter, das betont, daß ein Höchstmaß an individueller Kundenzufriedenheit unser oberstes Ziel ist, das jeden Mitarbeiter angeht.

THE RITZ-CARLTON

Credo

In einem RITZ-CARLTON Hotel ist das aufrichtige Bemühen um das Wohlergehen unserer Gäste unser oberstes Gebot.

Wir sichern unseren Gästen ein Höchstmaß an persönlichem Service und Annehmlichkeiten zu. Stets genießen unsere Gäste ein herzliches, entspanntes und dennoch gepflegtes Ambiente.

Das Erlebnis RITZ-CARLTON belebt die Sinne, vermittelt Wohlbehagen und erfüllt selbst die unausgesprochenen Wünsche und Bedürfnisse unserer Gäste.

Die *»Drei Stufen der Dienstleistung«* sind ein Leitfaden für den Kundenkontakt:

Die drei Stufen der Dienstleistung

1. Eine herzliche und aufrichtige Begrüßung. Sprechen Sie den Kunden, wenn angebracht und möglich, mit seinem Namen an.

2. Vorwegnahme und Erfüllung der Gästewünsche.

3. Ein liebenswürdiger Abschied. Verabschieden Sie sich mit einem herzlichen »Auf Wiedersehen!« und sprechen Sie den Gast, wenn angebracht und möglich, mit seinem Namen an.

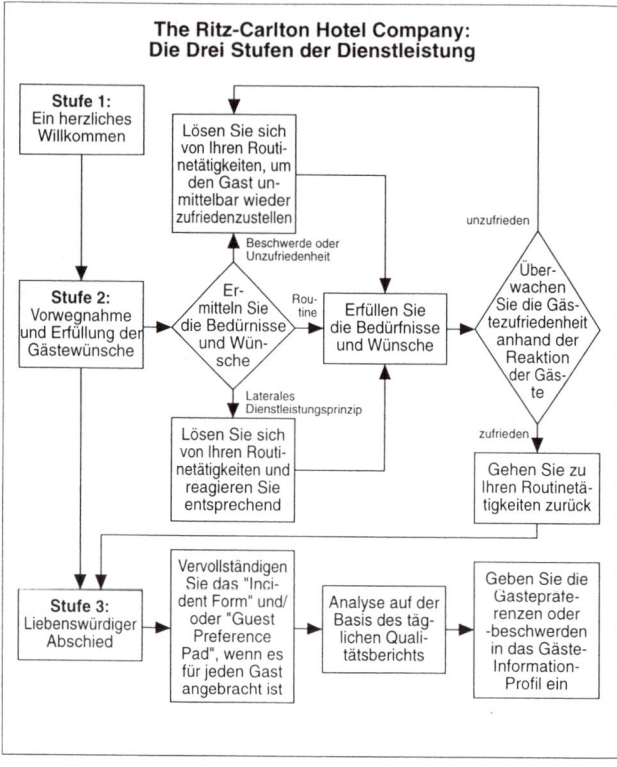

Die Drei Stufen der Dienstleistung

Das »*Motto*« von Ritz-Carlton für den Umgang mit Gästen ist schon fast legendär:

Motto

**»Wir sind Damen und Herren
im Dienste für Damen und Herren«**

Dennoch verbirgt sich dahinter mehr als nur eine Floskel. Es ist Ausdruck einer Kultur, die in unseren Hotels ge- und erlebt wird. Wir wollen auf eine herzliche und authentische Art und Weise für unsere

Kunden dasein. Firmenpräsident HORST H. SCHULZE setzt bei unserer Dienstleistung ganz klar auf die Herzlichkeit der Mitarbeiter:

»**Eleganz ohne Wärme ist Arroganz.**«

Die Ritz-Carlton-Standards umfassen schließlich *zwanzig Grundsätze* (»Basics«), die konkrete Handlungsmaximen für jeden Mitarbeiter beschreiben. Dadurch werden der erweiterte Entscheidungsspielraum und die erweiterte Verantwortung der Mitarbeiter an jederzeit umsetzbare Leitlinien gekoppelt. Die Grundsätze sind somit ein fester Bestandteil des Beschäftigungsverhältnisses zwischen Hotel und Mitarbeiter. Da durch tägliche Qualitätsbesprechungen die Basics kontinuierlich bei jedem Mitarbeiter aktiviert werden, wird im gesamten Unternehmen weltweit ein hohes Qualitätsverständnis und -niveau realisiert, auch wenn die Unterschiede, bezogen auf Servicestandards und kulturelle Faktoren, z. B. in den USA, in Korea oder in Spanien recht hoch sind.

Was wir gelernt haben: Wenn die Geschäftsleitung persönlich ihren Mitarbeitern eine lebendige Vision und die entsprechenden Prinzipien vermittelt und ihnen das Vertrauen, die Freiheit und die Autorität gibt zu handeln, übernehmen die Mitarbeiter für ihre Arbeit Verantwortung und tun alles, was notwendig ist, um die Kunden zufriedenzustellen.

16.4 Kundenzufriedenheit durch Mitarbeiter-Empowerment

Um unseren hohen Qualitätsanspruch an die Wünsche, Bedürfnisse und Zufriedenheit unserer Gäste sicherzustellen und zu halten, müssen die Mitarbeiter, die direkt mit dem Gast im Kontakt stehen und daher auf sein Zufriedenheitsurteil einen hohen Einfluß haben, im Zentrum der Organisation stehen. Daraus ergibt sich, daß das *Kundenkontaktpersonal* mit weitreichenden Kompetenzen und einem hohen Entscheidungsspielraum ausgestattet werden muß, um die Zufriedenheit eines Gastes wirklich sicherzustellen.

Grundsätzlich ist Kundenzufriedenheit zu erzielen, indem mögliche Gründe für Unzufriedenheit gleich im Vorfeld eliminiert werden. Diese *Philosophie der Fehlervermeidung* ist Teil der Ritz-Carlton Basics: »Es ist die Aufgabe jedes Mitarbeiters, kontinuierlich Fehler (Mr. BIV) im gesamten Hotel aufzudecken.« Hinter dem durch Mr. BIV personifizierten Fehlerbegriff verbergen sich die fünf wesentlichen Gründe für Qualitätsmängel:

1. **M**istakes (Fehler)
2. **R**ework (Nacharbeit)
3. **B**reakdowns (Pannen, Betriebsstörungen)
4. **I**nefficiencies (mangelnde Effizienz)
5. **V**ariation (Abweichungen, Leistungsschwankungen).

Trifft ein Mitarbeiter bei seiner Tätigkeit auf Mr. BIV, ist genau geregelt, wie der Fehler beseitigt wird. Als Erfolgsmaßstab für alle Aktivitäten in diesem Zusammenhang steht allein das Urteil des *Kunden*. Erst wenn dieser mit dem Ergebnis vollständig zufrieden ist, haben wir unser Ziel erreicht.

Durch diese und andere Methoden werden die Mitarbeiter in mehr als hundert Stunden zum Thema Qualität geschult, um auf dieser Basis den Gedanken der Dienstleistungsverpflichtung zu erfassen, Probleme lösen zu können, strategische Qualitätspläne aufzustellen sowie neue Ideen zu entwickeln.

Die effektive Beteiligung und ein entsprechendes *Empowerment* sind unmittelbare Ergebnisse nachhaltiger Qualitätsschulungen. Jeder einzelne Mitarbeiter darf:

- »Himmel und Hölle« in Bewegung setzen, um einen Kunden zufriedenzustellen,
- entsprechende Mitarbeiter ansprechen, um ein Problem schnell lösen zu können (laterales Dienstleistungskonzept),
- ohne in vorherige Rücksprache mit Vorgesetzten treten zu müssen, über einen angemessenen Geldbetrag verfügen, um einen Gast schnell zufriedenzustellen,

- über die Eignung von Produkten und Dienstleistungen entscheiden,
- bei Abschlüssen über die Geschäftsbedingungen entscheiden (Vertrieb und Marketing),
- mit jedem wegen eines Problems sprechen.

16.5 Kundenzufriedenheit durch Prozeßmanagement

Jede Dienstleistung (Prozeß) in unseren Hotels nimmt in der Vorbereitung und in der Ausführung eine gewisse Zeit in Anspruch (Durchlaufzeit). Um dem Gast eine exzellente Leistung bieten zu können, muß sichergestellt werden, daß die Gestaltung sämtlicher Prozesse auf die Zufriedenheit unserer Gäste ausgerichtet ist. Ein Prozeßmanagement, bei dem die gesamte Prozeßkette in Teilschritte zerlegt und analysiert wird, ermöglicht es, gezielt *Verbesserungsmöglichkeiten* aufzudecken. Am Beispiel des Prozesses »Zimmer vorbereiten« kann dies verdeutlicht werden.

Üblicherweise wird ein Hotelzimmer nach Abreise des Gastes von einem Zimmermädchen gereinigt und für die nächste Übernachtung vorbereitet. Dieser Prozeß dauerte etwa dreißig Minuten. Da es immer wieder vorkommt, daß sich die Abreise eines Gastes verzögert, kann es dadurch zu Unannehmlichkeiten für den folgenden Gast kommen, weil sein Zimmer noch nicht bezugsfertig ist. Eine Wartezeit von dreißig Minuten ist dem Gast dabei nicht zuzumuten.

Nach einer detaillierten Überprüfung wurde der Prozeß »Zimmerreinigung« stark verkürzt. Heute werden alle Zimmer statt von einer Person durch ein Team von drei Mitarbeitern gereinigt. Dabei ist in Ablaufplänen genau festgelegt, wie welche Handgriffe und Tätigkeiten ablaufen müssen, damit das Zimmer in möglichst kurzer Zeit für den neuen Gast vorbereitet werden kann. Durch diese Prozeßverbesserung kann ein Zimmer heute in nur acht Minuten für den nächsten Hotelgast vorbereitet werden. Sollte es also einmal zu Verzögerungen kommen, können wir diese kurze Zeit überbrücken, indem wir den Gast beispielsweise mit einer Erfrischung an der Hotelbar empfangen und seine Koffer in dieser Zeit bereits auf das Zimmer bringen lassen. Die Vorteile dieses sowohl zeitlich optimierten als auch im Ergebnis verbesserten Prozesses kommen somit direkt unseren Gästen zugute. Darüber hinaus konnte auch die Mitarbeiterzufriedenheit erheblich gesteigert werden.

16.6 Kundenzufriedenheit als Managementaufgabe

Es gibt fünf wesentliche Ansatzpunkte, wie wir Kundenzufriedenheitsdaten und andere qualitätsbezogene Daten in unser Managementsystem integrieren. Dies sind:

1. Die Führung mit Hilfe der *Goldenen Standards*.

2. Eine bereichsübergreifende Gruppe der obersten Geschäftsleitung, die zugleich als oberstes Qualitätskomitee fungiert. Diese Gruppe befaßt sich auch mit dem Beziehungsmanagement und der Vereinfachung von Prozessen, um es einem Kunden zu erleichtern, seine Geschäfte mit Ritz-Carlton abzuwickeln.

3. Qualitätsmanager am Firmensitz und in den Hotels werten täglich die verschiedenen Datenquellen (Kundenzufriedenheitsquote, Beschwerdequote, Fehlerkostenanalyse etc.) aus, um verläßliche und umfassende Qualitätsdaten für die Führungsgruppe zu aggregieren und zu analysieren (Management by Fact).

4. Vollständiges Ausnutzen des Potentials und des Fachwissens des gesamten Personals durch unterschiedliche Arten der Beteiligung und des Empowerments.

5. Kundenorientiertes Marketing und kundenorientierte Verkaufsbemühungen, die die Bedürfnisse verschiedener Marktsegmente erfassen und den Kunden unsere Angebote übermitteln.

Das Qualitätssystem von Ritz-Carlton wird permanent weiterentwickelt. Das Empowerment der Mitarbeiter muß konsequent weitergeführt werden, damit alle Mitarbeiter erfahren, daß es sich lohnt, Verantwortung zu übernehmen und unternehmerisch zu handeln. Die Motivation und Leistungsbereitschaft der Mitarbeiter führt dann auch dazu, daß wir eine höhere Qualität unserer Leistungen erreichen, gleichzeitig aber Kosten sparen, weil Probleme und Ursachen für Mehraufwendungen frühzeitig vermieden werden. In Zukunft werden wir daher verstärkt auf den Einsatz von *selbststeuernden Teams* und Arbeitsgruppen setzen, um so Aufwendungen für umfangreiche Kontrollen einzusparen und mehr Verantwortung in die Arbeitsgruppen zu geben.

THE RITZ-CARLTON® BASICS

1 The Credo will be known, owned and energized by all employees.

2 Our motto is: "We are Ladies and Gentlemen serving Ladies and Gentlemen". Practice teamwork and "lateral service" to create a positive work environment.

3 The three steps of service shall be practiced by all employees.

4 All employees will successfully complete Training Certification to ensure they understand how to perform to The Ritz-Carlton standards in their position.

5 Each employee will understand their work area and Hotel goals as established in each strategic plan.

6 All employees will know the needs of their internal and external customers (guests and employees) so that we may deliver the products and services they expect. Use guest preference pads to record specific needs.

7 Each employee will continuously identify defects (Mr. BIV) throughout the Hotel.

8 Any employee who receives a customer complaint "owns" the complaint.

9 Instant guest pacification will be ensured by all. React quickly to correct the problem immediately. Follow-up with a telephone call within twenty minutes to verify the problem has been resolved to the customer's satisfaction. Do everything you possibly can to never lose a guest.

10 Guest incident action forms are used to record and communicate every incident of guest dissatisfaction. Every employee is empowered to resolve the problem and to prevent a repeat occurrence.

11 Uncompromising levels of cleanliness are the responsibility of every employee.

12 "Smile – We are on stage." Always maintain positive eye contact. Use the proper vocabulary with our guests. (Use words like – "Good Morning," "Certainly," "I'll be happy to" and "My pleasure").

13 Be an ambassador of your Hotel in and outside of the work place. Always talk positively. No negative comments.

14 Escort guests rather than pointing out directions to another area of the Hotel.

15 Be knowledgeable of Hotel information (hours of operation, etc.) to answer guest inquiries. Always recommend the Hotel's retail and food and beverage outlets prior to outside facilities.

16 Use proper telephone etiquette. Answer within three rings and with a "smile." When necessary, ask the caller, "May I place you on hold." Do not screen calls. Eliminate call transfers when possible.

17 Uniforms are to be immaculate; Wear proper and safe footwear (clean and polished), and your correct name tag. Take pride and care in your personal appearance (adhering to all grooming standards).

18 Ensure all employees know their roles during emergency situations and are aware of fire and life safety response processes.

19 Notify your supervisor immediately of hazards, injuries, equipment or assistance that you need. Practice energy conservation and proper maintenance and repair of Hotel property and equipment.

20 Protecting the assets of a Ritz-Carlton Hotel is the responsibility of every employee.

Rückseite der Ritz-Carlton-»Credo-Karte«

Vgl. auch die ausführlichen Beiträge über Ritz-Carlton:
- Nigel P. Beckett: Qualitätsbewußtsein und Kundenorientierung der Mitarbeiter als Schlüssel zum Erfolg: Qualitätsmanagement bei der Ritz-Carlton Hotel Company. In: A. Töpfer (Hrsg.), Kundenzufriedenheit messen und steigern. Neuwied: Luchterhand, 1996, S. 175-192
- o. V.: Ritz-Carlton Hotel Company – Preisträger 1992 der höchsten amerikanischen Qualitätsauszeichnung, des Malcolm Baldrige National Quality Awards: Zusammenfassung der Bewerbungsunterlagen. In: B. Stauss (Hrsg.), Qualitätsmanagement und Zertifizierung. Wiesbaden: Gabler 1994. S. 365-395

tempus.®

17. Kundenbindung bei tempus: Zufriedene Kunden werden zu »Fans«

von Dr. Jörg Knoblauch
Geschäftsführender Gesellschafter tempus-Zeitplansysteme und drilbox
GmbH (Werkzeugverpackungen), Giengen

17.1 Ziel: Kundenbindung nach innen und außen

Hinter tempus verbirgt sich ein *Zeitplansystem,* das bisher ca. 130.000 Anwender gefunden hat. Die Firma ist zehn Jahre alt und gehört zu den Top-3-Anbietern. tempus hat 1997 den begehrten Best Factory Award für das bestgeführte kleine Unternehmen gewonnen. Hier handelt es sich um einen Benchmarking-Wettbewerb, der von der Zeitschrift Impulse in Zusammenhang mit der Deutschen Bank und namhaften Unternehmensberatungsfirmen durchgeführt wird. Bundeswirtschaftsminister Dr. Günter Rexrodt hat den begehrten Preis überreicht. Weiter gewinnt tempus seit 1995 jährlich einen World Calendar Award, die Trophäe des weltweiten Zeitplanbuchtests.

Grundlage unseres Erfolgs sind unsere Kunden, die uns Aufträge geben, und unsere internen Kunden, die Mitarbeiter. Wir bei tempus leben *Kundenorientierung* nach außen *und* nach innen.

Das beste Vorbild und Benchmarking-Beispiel für Kundenorientierung ist für uns die *USA,* weil die Amerikaner nicht nur Serviceprofis, sondern geradezu *servicebesessen* sind. Wir besuchen regelmäßig die Vereinigten Staaten, weil wir in Michigan eine Niederlassung unserer Schwesterfirma drilbox haben. Bei einem Flug mit AMERICAN AIRLINES wunderte ich mich über eine Begebenheit, die in Deutschland undenkbar gewesen wäre:

Der Pilot des Flugzeuges bedankte sich aufrichtig dafür, daß wir mit ihm geflogen seien. Er sagte, daß er das Gehalt, das er am Ende des Monats bekomme, uns – seinen verehrten Fluggästen – verdanke. Er sagte auch, daß ihm klar sei, daß die Strecke auch von anderen Airlines beflogen werde. Deswegen sei er ganz besonders dankbar, daß wir mit ihm geflogen seien. – Ich muß gestehen, während der Captain so redete, fühlte ich mich ausgesprochen gut. Für ihn war etwas selbstverständlich, was wir sonst nur aus dem Lehrbuch kennen: *»Behandle deinen Kunden als deinen Arbeitgeber.«*

Dann lehne ich mich zurück, schlage die Zeitung auf und lese von einem Reklamationsfall des Automobilherstellers CHRYSLER. Ein Kunde hatte ein Fahrzeug mit einem defekten Bremssystem bekommen, darauf beschwerte er sich bei seiner zuständigen Niederlassung. Am nächsten Tag erhielt er einen Anruf von einem Montagearbeiter des Automobilwerks in Flint/Michigan. Der Mitarbeiter sagte, daß er schon 160.000 dieser Bremssysteme montiert hat, bisher ohne Beanstandung, und daß ihm dieser Fehler aufrichtig leid tue. Er entschuldigte sich in seinem Namen und im Namen der Firma. Selbstverständlich werde die Außendienststelle sich um die sofortige Behebung des Schadens kümmern.

Auf dieser Reise in die USA habe ich wieder einmal erfahren, was *Höflichkeit, Zuhören* und *Wahrnehmung* beim Kundenbesuch heißt. Dies sind Vokabeln, die man in Managementbüchern nur selten findet. Auch das Wort *Kunde* habe ich wieder neu gelernt. Dranbleiben am Kunden, und zwar tatsächlich am Kunden, sollte die Devise lauten. Nicht an den Märkten, nicht am Marketing, nicht an strategischen Positionierungen, sondern nur und ausschließlich am Kunden.

Ein »Markt« hat schließlich noch nie eine Rechnung bezahlt, *Kunden* jedoch tun es. Im Prinzip ist alles so einfach:

Kunde verloren – alles verloren.
Kunde gewonnen – alles gewonnen.

17.2 Corporate Fitness bei tempus.

Wenn es um die *Kundenbindung* geht, dann gibt es nach unserem Verständnis drei Zonen der »Corporate Fitness«.

Keine Frage, alles um uns wird immer schneller und immer komplexer. Das Sterben von vielen kleineren, behäbig arbeitenden Betrieben beweist, wie schwierig es ist, mit dieser Entwicklung Schritt zu halten. Besonders Kirchen und Kommunen tun sich damit ausgesprochen schwer. Wir nennen diese niedere Fitness die *Fitness-Zone I.*

Auf der anderen Seite gibt es Firmen, die Tempo und Komplexität geradezu lieben. Sie sind von den anderen Betrieben Lichtjahre entfernt. TOM PETERS sagte an dieser Stelle, daß es geradezu unfair ist, mit solch einer Firma konkurrieren zu müssen. Diese herausragende Leistung ist nur in der *Fitness-Zone III* zu finden.

Die drei Bereiche der Corporate Fitness bei tempus umfassen:

- Zone I: geringe Corporate Fitness
- Zone II: mittlere Corporate Fitness
- Zone III: hohe Corporate Fitness.

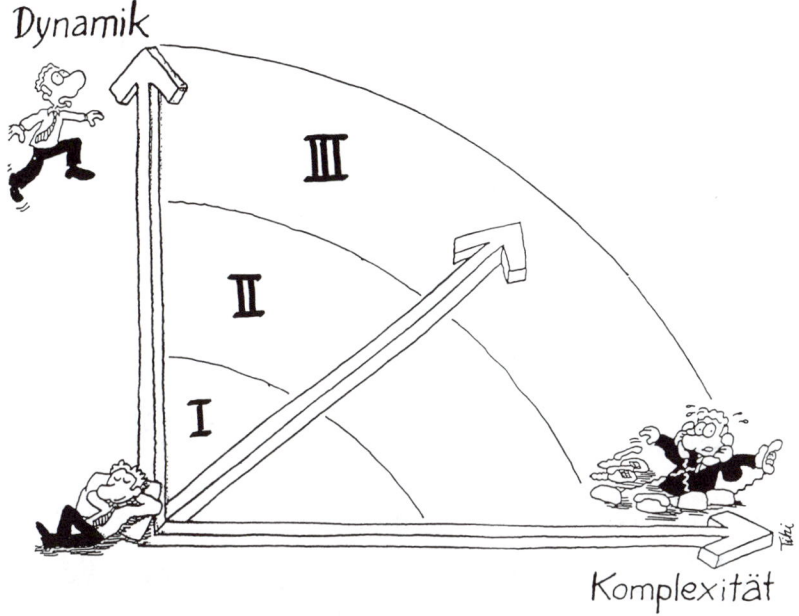

17.3 Corporate Fitness: Zone I

Als wir bei tempus vor zehn Jahren angefangen haben, Zeitplansysteme zu produzieren, hatten wir ein *exzellentes Produkt*. Dies war ein Bereich, den wir beherrschten. Exzellente Produktqualität ist jedoch für immer mehr Kunden zur Selbstverständlichkeit geworden. Sie ist kaum noch ein Wettbewerbskriterium.

**Wir hatten uns an unser Produkt gebunden,
jedoch nicht an unsere Kunden.**

Mühsam lernten wir unsere Lektion:

- 60 Prozent der privaten Kunden verzichten auf eine Beschwerde und wandern zur Konkurrenz ab.
- 40 Prozent der gewerblichen Abnehmer geben uns als Lieferanten keine zweite Chance. Sie wechseln ganz einfach zur Konkurrenz.

Uns wurde klar: In wenigen Jahren gibt es nur noch zwei Sorten von Firmen: die mit einer erstklassigen Kundenbindung – und die, die pleite sind.

17.4 Corporate Fitness: Zone II

Wir müssen in den Gehirnwindungen des Kunden spazieren gehen. Nur so entwickeln wir immer speziellere und passendere Lösungen. Nur so *binden* wir uns nicht an ein Produkt, sondern *an den Kunden.*

Die täglichen Fragen zur *Verbesserung unserer Kundenbindung* waren:

- Wie lösen wir heute das brennendste Problem unserer Zielgruppe?
- Wie können wir Reklamationen so großzügig bearbeiten, daß daraus Kundenbindung entsteht?
- Wie finden wir die richtigen Servicemitarbeiter?
- Wie schaffen wir es, Erstkäufer zu Stammkunden zu machen?
- Was können wir tun, um mit schwierigen Kunden besonders gute Geschäfte zu machen?
- Wie können wir mit zusätzlichen Serviceleistungen gutes Geld verdienen?
- Welche unserer Lieferanten sind bereit, diesen Weg mitzugehen, und von welchen müssen wir uns trennen?

Ergebnis: Wir alle waren stolz, denn wir hatten uns so verändert, daß wir *zufriedene Kunden* hatten.

17.5 Corporate Fitness: Zone III

Indem wir weitergingen, entdeckten wir plötzlich: Ein zufriedener Kunde ist eben ein zufriedener Kunde – aber auch nicht mehr. Zufriedene Kunden klagen nicht. Trotzdem holen sie Angebote unserer Wettbewerber ein, um zu sehen, ob diese nicht besser, schneller oder preiswerter sind. Also schlußfolgerten wir:

Zufriedene Kunden reichen nicht. Wir brauchen »Fans«.

Was wir brauchen, sind Partner, mehr noch: Kunden, die bedingungslos loyal sind. Kunden, die *begeistert* sind, daß sie bei uns kaufen dürfen.

Ein *professionelles Kundenbindungs-Management* mußte her, um uns zu helfen, das Unternehmen kundenorientiert zu führen:

- Ein tempus-*Kundenclub* mit verbilligten Einkaufsmöglichkeiten.
- Ein jährlicher *Kunden-Partnertag* mit Seminaren usw.
- *Regelmäßiger Informationsaustausch mit Kunden,* um schnell und kostengünstig Wünsche, Kritik und Vorschläge zu erfahren.
- Wir versuchen, *optimale Leistungen* zu erbringen: »1 plus«. Dieses »1 plus« ist Anlaß für die »Aaahhs« und »Ooohhs«, die dem Kunden unbewußt entweichen.
- Kunden werden durch *Wettbewerbe* bei tempus zur Einsendung von Verbesserungsvorschlägen motiviert. Dadurch ergibt sich eine außerordentlich hohe Innovationskraft.
- *Motivierte Mitarbeiter,* die ihre Arbeitszeiten und auch ihr Gehalt weitestgehend selbst festlegen, begeistern und überzeugen Kunden. Insgesamt gibt es 33 verschiedene Maßnahmen, um den Mitarbeiter in den Mittelpunkt zu stellen. Wir nennen diese die 33 Rosen.
- Wir liefern *»Losgröße 1«.* Dies soll heißen, daß wir dem Kunden ein Produkt ganz nach seinen individuellen Bedürfnissen anbieten.

In Folge erreichten uns Kundenbriefe wie dieser: *»Lassen Sie doch Ihren wahnsinnig netten Damen einmal eine Belohnung zukommen. Ich bin aufrichtig begeistert über die ungewöhnliche, zuvorkommende, geduldige und sehr flexible Art, wie ich von Ihren Mitarbeitern am Telefon bedient werde. DANKE!!«*

Ein anderer Kunde: »*Nochmals herzlichen Dank für die gute Zusammenarbeit mit Ihnen. Ein Anruf genügt, und meine ›Wünsche‹ werden superschnell erledigt. So einen Service kann ich mir bei anderen Lieferanten nur wünschen. Sie sind spitze!*«

Ein weiteres Ergebnis: Wir haben vor einiger Zeit 6.000 Kunden mit einem vierseitigen Fragebogen angeschrieben, um ihre Wünsche abzufragen. Fünfzig Prozent haben geantwortet. Spätestens da wußten wir, daß wir auf dem Weg zur Fitness-Zone III sind.

17.6 Motivierte Mitarbeiter – begeisterte Kunden

Ohne motivierte Mitarbeiter gibt es keine begeisterten Kunden. Bei tempus und unserer Schwesterfirma drilbox gibt es das siebenstufige *Mitarbeiter-Motivationskonzept der 33 Rosen*. Es ist Ausdruck unserer Unternehmenskultur und beschreibt, was wir im einzelnen unternehmen, um jeder Mitarbeiterin und jedem Mitarbeiter die Chance zu geben, eine verantwortungsvolle Aufgabe zu übernehmen. Sie sollen eine Arbeit ausfüllen, die ihnen Sinn bietet. Die einzelnen Stufen dorthin lassen sich am besten durch eine *Treppe* beschreiben:

Das Mitarbeiter-Motivationskonzept bei tempus

Wir haben festgestellt, daß Mitarbeiter Verantwortung übernehmen wollen. Damit sie das tun können, müssen sie über betriebliche Dinge Bescheid wissen, d. h. sie müssen *mitwissen* und *mitdenken*. So können sie *mitverantworten* und *mitlernen*. Und letztlich sollen derart in das Unternehmensgeschehen einbezogene Mitarbeiter auch *mitgenießen* und *mitbesitzen*.

Mitarbeiter werden so zu Mitunternehmern – bis hin zur Auszahlung von Gewinnanteilen. Diese Ergebnisse können wir nur gemeinsam mit unseren Mitarbeitern *und* unseren Kunden erreichen.

Der Kunde von heute ist verwöhnt.
Er erwartet alles und entschuldigt nichts.
Wer sich darauf nicht einläßt, hat zu wenig geboten.

18. Spitzenservice und Dienstleistungs-Denken bei Neuland – »Weil es so leicht ist, besser zu sein«

von RUDI NEULAND
bis 1997 geschäftsführender Gesellschafter der Neuland GmbH Kommunikationssysteme in Eichenzell, seit 1998 Neuland & Partners – Unternehmensberatung, Künzell

18.1 Serviceerwartungen und -erfahrungen

Als wir vor Jahren für unser Gästehaus auf MALLORCA einen Telefonanschluß beantragten, war uns klar, das bedeutet unendliches Warten, ohne auch nur im geringsten daran etwas ändern zu können. Als wir nach Monaten endlich das lang ersehnte Telefon hatten, erfreuten wir uns an diesem Zustand etwa drei Monate, dann war die Leitung plötzlich tot. Wir riefen die Telefongesellschaft an, und man gab uns die Auskunft, die letzte Telefonrechnung sei nicht bezahlt worden. Merkwürdig, wir hatten bei der Bank eine Einzugsermächtigung erteilt, zudem war auf dem Konto ausreichend Geld verfügbar. Wir protestierten bei der Bank – leider ergebnislos, denn die Telefongesellschaft hatte sich nicht um den Abbuchungsauftrag gekümmert. Wir reklamierten erneut bei der Telefongesellschaft, ebenfalls ergebnislos, denn sie hatten inzwischen unsere Telefonnummer geändert, und die Bank konnte daher mit dieser neuen Telefonnummer nichts anfangen. Diesen Ärger krönte die Telefongesellschaft damit, daß sie uns nahelegte, einen neuen Antrag zu stellen und die Antragsgebühren erneut zu bezahlen.

Aus der »Service-Wüste« Deutschland kommend, glaubt man, in anderen Ländern könne alles nur besser sein. Doch angesichts anderweitiger Erfahrungen, wie in obigem Beispiel geschildert, überdenkt man die Service-Situation im eigenen Land gerne noch einmal. Natürlich erlebt man unglaubliche Situationen, egal ob man ein Paar Schuhe kauft und wieder umtauschen will, an einer BAB-Raststätte für nur 50 DM tanken will oder einen Bauantrag stellt und monatelang auf Bearbeitung und Erledigung warten muß.

Unsere Serviceerwartungen sind gestiegen.

Die devote Haltung gegenüber Amtspersonen hat sich seit einigen Jahren zu einer selbstbewußten verändert. Maßlos übertriebene Werbung verspricht uns allerorten höchste Qualität und einen nicht mehr zu übertreffenden Service. Das steigert die *Erwartungshaltung*. Auch Reisen, z. B. nach Großbritannien oder in die USA, schärfen den Blick für Leistungen besonderer Art.

18.2 Interkultureller Servicevergleich

Eines vorweg: Service und Dienstleistung sind zwei grundverschiedene Begriffe, die gerne verwechselt werden:

Dienstleistungen **sind Leistungen, die vom Kunden bezahlt werden.**
Service **ist die Garnierung der Dienstleistung, und die erhält man gratis.**

Beispiel: Der Verkauf des Reisetickets ist die Dienstleistung, aber die freundliche Beratung, die guten Tips sind der Service.

Für meine Beobachtungen ist *Service* eine Art Lebenskultur, eine grundsätzliche Einstellung zum Mitmenschen. Ich gehe soweit und behaupte, daß Erziehung, Familienkultur und die Anleitung zur Sozialkompetenz das Fundament für Freundlichkeit, Hilfsbereitschaft, Lebensart und, wenn Sie so wollen, für Servicekultur sind. Diese

Eigenschaften (Tugenden) prägen Menschen nachhaltig und sind eine gute Voraussetzung, sich in die Bedürfnisse und Wünsche anderer zu versetzen.

Bei näheren Betrachtungen über die Servicekultur in anderen Ländern fällt auf, daß die angelsächsischen Länder mit einer langjährigen Demokratie, ebenso z. B. Holland und Schweden, die Opinionleader für hervorragenden Service sind. Länder mit einer relativ jungen Demokratie (z. B. Deutschland) hinken deutlich hinterher (siehe auch mein eingangs geschildertes Erlebnis in Spanien). Obrigkeitsdenken ist keine gute Voraussetzung für Service. In Diktaturen ist Service ein Fremdwort – das jüngste und augenfällige Beispiel dafür sind bei uns die »Neuen Länder«. Vor Wochen sprach ich mit einem guten Freund, der zur Zeit ein großes Hotel in Potsdam leitet. Er berichtete sehr eindringlich und anschaulich, wie schwer es ist, mit DDR-geprägten älteren Mitarbeitern eine Servicekultur aufzubauen.

18.3 Unternehmenskultur ist die Voraussetzung für guten Service

Als ich vor vielen Jahren als geschäftsführender Gesellschafter, auch verantwortlich für Marketing und Vertrieb, das Unternehmen Neuland aufbaute, dachte ich natürlich darüber nach, wie meine Mitarbeiter *Kundenbeziehung und Kundenbindung* verinnerlichen und nachhaltig praktizieren könnten. Uns wurde gemeinsam klar, daß Freundlichkeit, Einfühlsamkeit und eine positive Kundenbeziehung nicht per »ordre de Mufti« erreicht werden können. Der gute Geist im Unternehmen ist eine Grundvoraussetzung für die Beziehung nach außen.

Eine gute Unternehmenskultur bildet die unverzichtbare Voraussetzung für eine gute Servicekultur.

Eine Unternehmenskultur, wie vom Haus Neuland Tag für Tag vorgelebt und weiterentwickelt (vgl. Kasten), macht exzellenten Service auch in Ausnahmesituationen erst möglich. Eine *Servicekultur* ist keine Schönwetterlandschaft, sondern eine Herausforderung für jeden einzelnen Mitarbeiter an jeder Stelle des Unternehmens. *Den Kunden mögen*, Fehler immer nach innen reflektieren und niemals einen Kunden aufgeben – dies sind die Eckpfeiler einer innovativen Servicestrategie.

Grundsätze der Neuland-Unternehmenskultur

- Erhaltung und Festigung der ökonomischen Existenz.
- Humanistische Unternehmensführung in allen Bereichen.
- Mitarbeiter sind das wertvollste Kapital des Unternehmens.
- An den Bedürfnissen der Kunden orientieren wir Produkte und Dienstleistungen.
- Wir mögen unsere Kunden, und das erfahren diese in jedem Kontakt mit Neuland-Mitarbeitern.
- Neuland-Mitarbeiter tragen Verantwortung, treffen Entscheidungen (im Zweifel immer für den Kunden), sind offen für alles Neue, dürfen Fehler machen und betrachten Reklamationen als eine Chance zu noch besseren Kundenbeziehungen.
- Neuland-Produkte sind es wert, hergestellt zu werden, sie unterliegen einem strengen Qualitätsmanagement und sind unter ökologischen Gesichtspunkten von langer Lebensdauer.
- Neuland produziert ökologisch verantwortbar und fördert umweltbewußtes Denken und Handeln.
- Neuland trägt auch in sozialen und karitativen Bereichen Verantwortung und unterstützt diese in ökonomisch vertretbarem Maß.
- Wir lernen täglich dazu, entwickeln uns weiter und sind ein innovatives Element einer sich ständig wandelnden Gesellschaft.
- Wir bilden junge Menschen aus, mit dem Ziel, sie in das Unternehmen zu integrieren.

18.4 »Weil es so leicht ist, besser zu sein«

Je höher ein allgemeiner Qualitätsstandard ist, desto schwieriger scheint es, diesen zu überbieten. Der *Service-Qualitätspegel* – so hört und liest man es – ist bei uns im Vergleich zu anderen Ländern niedrig. Das heißt im Klartext: Selbst geringe Anstrengungen führen schon zur Steigerung der Servicequalität. Die spannende Frage ist nur, um welche Anstrengungen es sich hierbei konkret handelt. Um es vorweg zu sagen, die materiellen Servicebedingungen sind im wohlhabenden Deutschland sehr gut.

Denken Sie an die luxuriösen Tankstellen, da fehlt einfach nichts: Zapfsäulen für alle Benzinsorten, Waschanlagen zur Selbstbedienung, Waschstraßen, Luft- und Reifendruck-Service, Ölautomaten, Selbstbedienungsladen und Geldautomaten – alles ist da. Aber (und hier handelt es sich um eine andere Qualität von Service), wenn man minutenlang auf das Einlaufen des Benzins wartet, könnte man leicht und schnell die Scheiben reinigen. Dies ist aber nicht möglich, weil es dafür eine Extrastelle gibt. Darüber ärgere ich mich immer wieder aufs neue.

An dieser Stelle möchte ich den Begriff *»immaterielle Servicequalität«* einbringen. Sie definiert die Beziehung zum Kunden. Wir sprechen von Kundenbeziehung und meinen damit zunächst das Verstehen von offenkundigen und latenten Bedürfnissen. Wir meinen damit, sich in die Bedürfnisstruktur des Gegenübers hineinzuversetzen. Wir wollen wissen, warum ein Kunde wie reagiert, wann er sich freut und wann er verärgert reagiert. Dies erfordert oft, die Einstellung zum Kunden neu zu definieren und zu justieren. Leicht gesagt.

Aber gerade Kommunikations-Fachleute wissen, wie schwer es ist, Verhalten zu verändern. Ein Dienstleister, der andere Menschen nicht mag, weil er sich selbst nicht mag, wird es da schwerhaben. Aber vielen Dienstleistern und Verkäufern, die nie darüber nachgedacht haben, wie leicht es ist, Menschen glücklich zu machen, fällt es vielleicht wie Schuppen von den Augen, und für sie beginnt ein Lernprozeß, eine Änderung ihres Verhaltens gegenüber dem Kunden. Fortan werden sie sich zu guten Service-Mitarbeitern entwickeln und Erfolg haben. *Weil es so leicht ist, besser zu sein.*

18.5 Reklamationskultur bei Neuland

Neuland-Mitarbeiter sehen in jeder Reklamation eine Chance, die Beziehung zum Kunden zu festigen und zu verbessern. Reklamationen sind gute Anlässe, über die Bedürfnisse der Kunden mehr zu erfahren und neue Produktideen zu kreieren. Ein reklamierender Kunde, dem schnell geholfen wird, erhöht in der Regel seinen Umsatz und wird ein noch besserer Multiplikator. Aus dieser Erkenntnis heraus sind Reklamationen für uns nicht ärgerlich, sondern eine strategische Möglichkeit, die Kundenbeziehung zu festigen und das Qualitätsmanagement zu verbessern.

Folgende Punkte dienen uns dabei als Handlungsanleitung:

Umgang mit Reklamationen bei Neuland

1. Reklamationen sind willkommene Anlässe, die Beziehung zum Kunden zu verbessern und zu festigen.

2. Bei Reklamationen suchen wir nie die Schuld beim Kunden, sondern versuchen, die Organisation oder Produkte zu verbessern.

3. Bei Reklamationen ist jeder Mitarbeiter verantwortlich. (»Ich fühle mich für Ihr Anliegen verantwortlich und werde dafür sorgen, daß ...«)

4. Bei unvollständigen Lieferungen liefern wir die fehlenden Artikel ohne Diskussion kostenlos nach.

5. Jeder Mitarbeiter im Verkauf ist befugt, eine Wiedergutmachung im Wert von bis zu 200 DM anzubieten.

18.6 Terminmanagement und Erreichbarkeit

Neuland stellt neben zahlreichen »Produkten für lebendiges Lernen« auch die gesamte Vielfalt von Seminarequipments und Verbrauchsmaterialien her. Ohne diese Materialien können Seminare oft nicht durchgeführt werden. Trainer und Referenten stellen hin und wieder erst kurz vor dem Seminar Fehlbestände fest, oder die Anlieferlogistik hat im Vorfeld versagt. Bei verzweifelten Anrufen von Kunden muß in solchen Fällen der Neuland-Service »greifen«.

Neuland-Mitarbeiter wissen, worauf es ankommt: *nicht diskutieren, sondern handeln.* Mit Energie, Kreativität und dem entsprechenden Willen wird dafür gesorgt, daß die Materialien pünktlich zum Seminarbeginn zur Stelle sind. Um auch bei Notrufen während der Wochenenden reagieren zu können, ist Neuland unter einer *Dauer-Telefonnummer* jederzeit erreichbar.

18.7 Kundenwünsche erfüllen

Seminarleiter und Trainer sind auf gutes und zweckmäßiges Equipment angewiesen. Es erleichtert die Arbeit, unterstützt den Prozeß und verhindert Irritationen. Neuland hat in den vergangenen Jahren unermüdlich an der Verbesserung und Neuentwicklung von Seminarprodukten gearbeitet.

Ein Beispiel: Leergeschriebene Filzschreiber konnten bisher nur durch unkontrolliertes Nachfüllen von Tinte wieder aktiviert werden. Da der Tampon eines Markers aber nur eine bestimmte Menge Tinte aufnehmen kann, läuft oft die zuviel eingefüllte Tinte aus und verursacht ärgerliche Verschmutzungen. Viele Kunden haben dies immer wieder beklagt und deshalb die Stifte einfach nicht mehr nachgefüllt. Neuland hat daraufhin einen *nachfüllbaren Marker* mit noch weiteren interessanten Vorteilen entwickelt.

Auf Messen, Kongressen, Tagungen aller Art oder am Telefon – immer ist Neuland offen für die Wünsche von Kunden, und in vielen Fällen sind aus vagen Ideen intelligente Produkte geworden. Guter Service hat eben Vorteile für beide Seiten – den Kunden und das Unternehmen.

18.8 Neuland-Servicehelden

Einmal pro Monat treffen sich Kundenberater und Verkaufsleitung zum Training. Eine gute Gelegenheit, auch über die Verbesserung von Serviceleistungen zu sprechen. Ein motivierender Brauch ist es, bei dieser Gelegenheit einen *Servicehelden* zu küren. Die Teilnehmer der Runde schildern außergewöhnliche Servicesituationen und wählen gemeinsam die beste aus. Als Belohnung gibt es einen Gutschein für ein Gourmet-Essen, natürlich zu zweit.

18.9 Kundenservice im Alltag

Tatsache ist: Es gibt Kunden, die viel Kraft und Nerven kosten. Allzuleicht werden diese zu »Prügelknaben« abgestempelt, sind »Kunden zweiter Wahl«. Es ist dann oft nur noch eine Sache des Ermessens, wann ein weiterer Kunde in diese »Schublade« gerät. Ich warne vor einer derartigen Denkweise. Immer wieder weise ich hier auf die verhaltensbedingten Unterschiede von Menschen hin. Verkäufer sind keine Psychologen und erst recht keine Therapeuten. Aber mit Einfühlungsvermögen und der Kenntnis von *Typenlehren* (wie z. B. Struktogramm, HDI, DISG o. ä.) kann man Kunden besser einordnen und auch besser verstehen lernen.

18.10 Von der Service-Wüste zur Service-Oase

Es kann uns nur helfen, wenn wir Tag für Tag über unsere Servicesituation reden, wenn Journalisten darüber schreiben und Experten dies kritisch reflektieren. Deutschland muß und wird zu einer *Dienstleistungsnation* heranwachsen.

Erfolgreiche und kreative Dienstleistung ist nur mit ehrlichem Servicedenken möglich.

Ansätze hierfür gibt es, kleine Lichtblicke, zudem noch sehr seltene. Es liegt ein großes Stück Arbeit vor uns, eine Riesen-Kraftanstrengung.

Das Hauptproblem ist nicht die Strategie, nicht der Wille, sondern es sind die Menschen mit ihrem Verhalten und ihrer Einstellung zum Kunden.

Gehen wir also an die Arbeit und versuchen wir, aus Beamten, Angestellten, Verkäufern usw. *begeisterte Servicemitarbeiter* zu formen. Jeder Mitarbeiter, der erlebt hat, wie aus einem verärgerten Kunden durch Servicedenken und Wiedergutmachungs-Strategien ein *Fan* des Unternehmens wird, erfährt tiefe Freude und Befriedigung für gute Arbeit. – Das macht Lust auf noch bessere Leistungen.

Literatur

Albrecht, Karl: TOTAL QUALITY SERVICE. Das einzige, was zählt.
Düsseldorf: Econ, 1993

Altmann, Hans Christian: MUT ZU NEUEN KUNDEN. Motivation & Strategien.
Landsberg: moderne industrie, 1995

Barker, Joel Arthur: PARADIGMS. The Business of Discovering the Future.
New York: Harper Collins, 1993

Berry, Leonard L.: TOP-SERVICE. Im Dienst am Kunden.
Stuttgart: Schäffer-Poeschel, 1996

Blanchard, Kenneth und Bowles Sheldon: WIE MAN KUNDEN BEGEISTERT.
Der Dienst am Kunden als A und O des Erfolges.
Düsseldorf: Rowohlt, 1994

Carlzon, Jan: ALLES FÜR DEN KUNDEN. Jan Carlzon revolutioniert ein
Unternehmen. München: Heyne, 1995

Cavalloni, Carlo: MEHR MUT ZUR MARKTNISCHE. Entwicklung gewinnträch-
tiger Nischenstrategien. Zürich: Industrielle Organisation, 1991

Champy, James und Nohria, Nitin: SPEED! SCHNELLER ALS DIE
KONKURRENZ. Die besten Ideen für erfolgreiches Veränderungs- und
Innovationsmanagement. Düsseldorf: Metropolitan, 1997

Curry, Jay: IN 10 SCHRITTEN ZUM ERFOLGREICHEN KUNDEN-MARKETING.
Customer Marketing. Düsseldorf: Econ, 1993

Dannenberg, Holger: VERTRIEBSMARKETING. Wie Strategien laufen lernen.
Neuwied: Luchterhand, 1997

Davidow, William H. und Uttal, Bro: SERVICE TOTAL. Mit perfektem Dienst
am Kunden die Konkurrenz schlagen. München: Heyne, 1995

Deutsch, Karl J., Diedrichs, Eva P., Raster, Max und Westphal, Jörg:
GEWINNEN MIT KERNKOMPETENZEN. Die Spielregeln des Marktes neu
definieren. München/Wien: Hanser, 1997

Dietze, Ulrich: REKLAMATIONEN ALS CHANCE NUTZEN.
Kunden zufriedenstellen, Imageverluste vermeiden, Umsätze sichern.
Landsberg: verlag moderne industrie, 1997

Dunckel, Jacqueline und Taylor, Brian: PERFEKTER KUNDENSERVICE.
Berlin und München: Die Wirtschaft, 1992

Ederer, Günter und Peer: DAS ERBE DER EGOISTEN. Wie unsere Generation
die Zukunft Deutschlands verspielt. 4. Aufl., München: Bertelsmann, 1994

Eggert, Ulrich: MEGA-TRENDS IM VERKAUF. Was sich in Gesellschaft, Handel
und Vertrieb ändert. Düsseldorf und München: Metropolitan, 1995

Enkelmann, Nikolaus B. und Burkart, Christiane: ERFOLGSPRINZIPIEN DER
OPTIMISTEN. Wünschen–Planen–Wagen–Siegen. Offenbach: GABAL, 1998

Freemantle, David: DER KUNDE – KÖNIG ODER BITTSTELLER?
Landsberg: moderne industrie, 1995

Friedrich, Kerstin: EMPFEHLUNGSMARKETING. Empfehlenswerte Leistungen
schaffen, Weiterempfehlungen auslösen, Beziehungsnetzwerke aufbauen.
2. Aufl., Offenbach: GABAL, 1998

Friedrich, Kerstin und Seiwert, Lothar J.: DAS 1 X 1 DER ERFOLGSSTRATEGIE.
Der sichere Weg zu konkurrenzlosen Spitzenleistungen.
Landsberg: mvg-Verlag, 1994

Geffroy, Edgar K.: ABSCHIED VOM VERKAUFEN. Wie Kunden endlich
wieder von alleine den Weg zu Ihnen finden. 2. Aufl.,
Frankfurt: Campus, 1997

(-): CLIENTING. Kundenerfolge auf Abruf. Landsberg: moderne industrie, 1995

(-): DAS EINZIGE WAS STÖRT IST DER KUNDE. Clienting ersetzt Marketing
und revolutioniert Verkaufen. 10. Aufl., Landsberg: moderne industrie, 1997

Geffroy, Edgar K. und Seiwert, Lothar J.: ZEITMANAGEMENT FÜR
VERKÄUFER. Mehr Zeit für Verkaufserfolge – Die 1-Seiten-Methode.
2. Aufl., Landsberg: moderne industrie, 1993.

Gerken, Gerd: WILD FUTURE. Abschied von den kalten Strategien.
Düsseldorf: Econ, 1995

Gertz, Dwight und Baptista, Joao P. A.: GROW TO BE GREAT. Wider die
Magersucht in Unternehmen. Landsberg: moderne industrie, 1996

Goldmann, Heinz M.: WIE MAN KUNDEN GEWINNT. Das Leitbuch erfolgreicher Verkaufspraxis. 12. Aufl., Düsseldorf: Cornelsen Girardet, 1994

Gündling, Christian: MAXIMALE KUNDENORIENTIERUNG. Instrumente –
Individuelle Problemlösungen. – Erfolgsstories. 2. Aufl.,
Stuttgart: Schäffer-Poeschel, 1997

Gummesson, Evert: RELATIONSHIP-MARKETING: Von 4P zu 30R. Wie Sie von
den 4 Marketingprinzipien zu den 30 Erfolgsbeziehungen gelangen.
Landsberg: moderne industrie, 1997

Haines, Stephen G. with McCoy Katie: SUSTAINING HIGH PERFORMANCE.
The Strategic Transformation to A Customer-Focused Learning
Organization, Delray Beach, Florida: St. Lucie Press, 1995

Hamel, Gary und Prahalad, C. K.: WETTLAUF UM DIE ZUKUNFT. Wie Sie mit
bahnbrechenden Strategien die Kontrolle über Ihre Branche gewinnen und
die Märkte von morgen schaffen. Wien: Ueberreuter, 1995

Harvard Business Manager (Hrsg.): KERNKOMPETENZEN.
Hamburg: manager magazin o. J.

(-): KUNDENNÄHE. Hamburg: manager magazin o. J.

Haas, Heidi und Muthers, Helmut: MITARBEITER ALS (MIT-)UNTERNEHMER.
In sieben Schritten zu mehr Erfolg und Karriere. Offenbach: GABAL, 1996

Hinterhuber, Hans H., Handlbauer, Gernot und Matzler, Kurt:
KUNDENZUFRIEDENHEIT DURCH KERNKOMPETENZEN.
Eigene Potentiale erkennen – entwickeln – umsetzen.
München und Wien: Hanser, 1997

Homburg, Christian: KUNDENNÄHE ALS MANAGEMENT-HERAUSFORDE-
RUNG. Neue Erkenntnisse und Empfehlungen. Vallendar: ZMU, 1995
Homburg, Christian und Rudolph, Bettina: MESSUNG UND MANAGEMENT
VON KUNDENZUFRIEDENHEIT: Der Schlüssel zum langfristigen Erfolg.
Vallendar: ZMU, 1995
Homburg, Christian und Werner, Harald: EFFEKTIVES MANAGEMENT DER
KUNDENORIENTIERUNG. Das CUSTOR (Customer Orientation)-System
als Wegweiser. Vallendar: ZMU, 1997
Horovitz, Jacques: SERVICE ENTSCHEIDET. Im Wettkampf um den Kunden.
München: Heyne, 1995
Kami, Michael J.: 10 % BESSER ALS DIE KONKURRENZ. Worauf es heute
ankommt – Schlüsselstrategien für den Wettbewerb. München: Heyne, 1996
Kobjoll, Klaus: VIRTUOSES MARKETING. Motivation II. Zürich: Orell Füssli, 1995
Leland, Karen und Bailey, Keith: CUSTOMER SERVICE FOR DUMMIES.
A Reference for the Rest of us! Foster City, CA: IDG Books Worldwide, 1995
Linneman, Robert E. und Stanton jr., John L.: NISCHEN-MARKETING.
Große Gewinne mit kleinen Märkten. Frankfurt: Campus, 1992
Martin, William B.: EXZELLENTER KUNDENSERVICE. Ein Leifaden für
vorzügliche Dienstleistungen. Die Kunst, Kunden als Gäste zu behandeln.
Wien: Ueberreuter, 1996
Meffert, Heribert und Backhaus, Klaus (Hrsg.): Kundenzufriedenheit
(Workshop-Dokumentation). Münster: Wissenschaftli. Ges. für Marketing
und Unternehmensführung, Dokumentationspapier Nr. 113, 1997
Mewes, Wolfgang (Urheber) und Friedrich, Kerstin: DIE ENGPASSKONZEN-
TRIERTE STRATEGIE (EKS). Fernkurs in 20 Lehrheften.
Pfungstadt: EKS Die Strategie, 1998
Meyer, Anton und Dornach, Frank: DAS DEUTSCHE KUNDENBAROMETER
1996. Qualität und Zufriedenheit. Jahrbuch der Kundenzufriedenheit in
Deutschland 1996. München: Fördergesellschaft Marketing (FGM) e.V., 1996
(-): DAS DEUTSCHE KUNDENBAROMETER 1997. München: FGM, 1997a.
(-): DAS DEUTSCHE KUNDENBAROMETER – Qualität und Zufriedenheit. In:
H. Simon/Chr. Homburg (Hrsg.) Kundenzufriedenheit, 2. Aufl.,
Wiesbaden: Gabler, 1997b, S. 163-184
Montgomery, Cynthia A und Porter, Michael E. (Hrsg.).: STRATEGIE.
Die brillanten Beiträge der weltbesten Strategie-Experten.
Wien: Ueberreuter, 1996
Nagel, Kurt und Rasner Carsten: HERAUSFORDERUNG KUNDE.
Neue Dimensionen der kunden- und marktorientierten Unternehmens-
führung. Landsberg: moderne industrie, 1993
Niebisch, Peter und Betz, Birgit: Einstellungen von Konsumenten zum
personellen Service in verschiedenen Handels- und Dienstleistungs-
branchen. Ergebnisse einer Untersuchung im Auftrag des Nachrichten-
magazins FOCUS. Starnberg: Agamus Research, 1996

Noble, Keith Allan: DAMIT DER KUNDE KÖNIG WIRD. Mehr Umsatz durch verbesserten Service. Landsberg: mvg, 1993

Porter, Michael E.: WETTBEWERBSSTRATEGIE (Competitive Strategy). Methoden zur Analyse von Branchen und Konkurrenten. 6. Aufl., Frankfurt: Campus, 1990

(-): WETTBEWERBSVORTEILE (Competitive Advantage). Spitzenleistungen erreichen und behaupten. Frankfurt: Campus, 1989

Quinn, Feargal: CROWING THE CUSTOMER. How to Become Customer Drive. Atlantic City, N. J.: Raphel, 1996

Reichheld, Frederick F. und Sasser, W. Earl: ZERO-MIGRATION: Dienstleister im Sog der Qualitätsrevolution. In: HarvardManager, 1991, Heft 4, S. 108-116

Ries, Al: DIE STRATEGIE DER STÄRKE. Düsseldorf: Econ, 1996

Ries, Al und Trout, Jack: DIE 22 UNUMSTÖSSLICHEN GEBOTE IM MARKETING. Das Einmaleins des Markterfolgs. So tricksen Sie Ihre Konkurrenz aus. Düsseldorf: Econ, 1995

(-): MARKETING FÄNGT BEIM KUNDEN AN. Bottom-Up Marketing – Taktik geht vor Strategie. München: Heyne, 1996

Scheerer, Harald und Kohlmann-Scheerer, Dagmar: KUNDENLUST STATT KUNDENFRUST. Kundenorientierte Rhetorik. Offenbach: GABAL, 1997

Schuler, Helga: KUNDENSERVICE AM TELEFON. Kundenorientiertes Telefontraining. Offenbach: GABAL, 1995

Seiwert, Lothar J.: DAS „NEUE" 1X1 DES ZEITMANAGEMENT. Zeit im Griff, Ziele in Balance, Erfolg mit Methode. 19. Aufl., Offenbach: GABAL, 1997.

(-): SELBSTMANAGEMENT. Persönlicher Erfolg, Zielbewußtsein, Zukunftsgestaltung. 7. Aufl., Offenbach: GABAL, 1997.

(-): WENN DU ES EILIG HAST, GEHE LANGSAM. Das neue Zeitmanagement in einer beschleunigten Welt. Sieben Schritte zur Zeitsouveränität und Effektivität. Frankfurt und New York: Campus, 1998

Seiwert, Lothar J. und Gay, Friedbert: DAS 1X1 DER PERSÖNLICHKEIT. Sich und andere besser verstehen, beruflich und privat das Beste erreichen, das DISG-Persönlichkeitsmodell anwenden. 3. Aufl., Offenbach: GABAL, 1997.

Sewell, Carl und Brown, Paul B.: KUNDEN FÜRS LEBEN. Die Erfolgsformel für mehr Service und Kundenzufriedenheit. Wiesbaden: Gabler, 1996

Simon, Hermann: DIE HEIMLICHEN GEWINNER (Hidden Champions). Die Erfolgsstrategien unbekannter Weltmarktführer. 3. Aufl., Frankfurt und New York: Campus, 1996

Simon, Hermann und Homburg, Christian (Hrsg.): KUNDENZUFRIEDENHEIT. Konzepte – Methoden – Erfahrungen. 2. Aufl., Wiesbaden: Gabler, 1997

Simon, Walter: DIE NEUE QUALITÄT DER QUALITÄT. Grundlagen für den TQM- und Kaizen-Erfolg. Offenbach: GABAL, 1996

Sowter, Colin V.: KUNDE – FIT FÜR MARKETING. Kundenorientiert denken und handeln in allen Unternehmensbereichen. Planegg: WRS, 1996

Stauss, Bernd (Hrsg.): QUALITÄTSMANAGEMENT UND ZERTIFIZIERUNG. Von DIN ISO 9000 zum Total Quality Management. Wiesbaden: Gabler, 1995

Stauss, Bernd und Seidel, Wolfgang: BESCHWERDEMANAGEMENT. Fehler vermeiden – Leistung verbessern – Kunden binden. München und Wien: Hanser, 1996

Strasmann, Jochen und Schüller, Achim (Hrsg.): KERNKOMPETENZEN. Was Unternehmen wirklich erfolgreich macht. Stuttgart: Schaeffer-Poeschel, 1996

Tomasko, Robert M.: AUFBRUCH ZU NEUER GRÖSSE. Fünf Wege zu einer starken Marktposition. Düsseldorf: Econ, 1997

Tomczak, Torsten und Dittrich, Sabine: ERFOLGREICH KUNDEN BINDEN. Eine kompakte Einführung. Zürich, Werd, 1997

Tominaga, Minoru: AUF DER SUCHE NACH DEUTSCHEN SPITZENLEISTUNGEN. Düsseldorf: Econ, 1997

(-): DIE KUNDENFEINDLICHE GESELLSCHAFT. Erfolgsstrategien für Dienstleister. 4. Aufl., Düsseldorf: Econ, 1996

Töpfer, Armin (Hrsg): KUNDENZUFRIEDENHEIT MESSEN UND STEIGERN. Neuwied: Luchterhand, 1996

Töpfer, Armin und Mann, Andreas: KUNDENZUFRIEDENHEIT ALS MESSLATTE FÜR DEN ERFOLG. In: A. Töpfer (Hrsg.), Kundenzufriedenheit messen und steigern. Neuwied: Luchterhand, 1996, S. 25-81

Treacy, Michael und Wiersema, Fred: MARKTFÜHRERSCHAFT. Wege zur Spitze. Fokussierung – der Schlüssel zum Erfolg. München: Heyne, 1995

Trout, Jack und Rivkin, Steve: NEW POSITIONING. Das Neueste zur Business-Strategie Nr. 1. Düsseldorf: Econ, 1996

Wagner, Peter: KUNDENORIENTIERUNG. Der Königsweg zur Unternehmenserfolg. Renningen-Malmsheim: expert, 1997

Whiteley, Richard: IHR KUNDE IST DER BOSS. Die kundenorientierte Firma. München: Knaur, 1995

Whiteley, Richard und Hessan, Diane: WACHSTUMSMOTOR KUNDE. Fünf praxiserprobte Strategien für langfristige Kundenzufriedenheit, maximalen Profit und gesundes Wachstum. Landsberg: moderne industrie, 1996

Wiersema, Fred: GEWINNFORMEL KUNDENNÄHE (Customer Intimacy). Die neue Dimension erfolgreicher Partnerschaft. Düsseldorf: Econ, 1997

Willingham, Ron: HEY, I'M THE CUSTOMER. Front line for tips for providing superior customer service. New Jersey/USA: Prentice Hall, 1992

Wilson, Jerry R.: MUND-ZU-MUND-MARKETING. Landsberg: moderne industrie, 1991

Zemke, Ron: SERVICE RECOVERY. Fixing Broken Customers. Sound insights for customer service improvement. Portland, Oregon: Productivity Press, 1995

Zemke, Ron und Anderson Kristin: UMWERFENDER SERVICE. Die Bibel für den direkten Kundenkontakt. 2. Aufl., Frankfurt und New York: Campus, 1995

Folienset

Küstenmacher, Werner »Tiki«: KUNDENORIENTIERUNG.
»Total Customer Satisfaction« auf den Punkt gebracht.
Offenbach: Jünger, 1997

Newsletter

CUSTOMERS: Making, Keeping, Serving – A Practical Guide to Profitable
Customer Relations. Dartnell Corp., Chicago, IL/USA
The Supervisor's Guide To Improved CUSTOMER SERVICE & RETENTION.
Clement Communications Inc., Concordville, PA/USA
KUNDENBINDUNG – wie man aus Kunden Partner macht.
München: Norbert Müller

Spiele

Reinhardt, Hans-Heinrich: VENDITIO 1. Prüfe Deine Einstellung zum Kunden!
Eichenzell: Neuland
(-): VENDITIO 2. Wie gehst Du mit Deinem Kunden um? Eichenzell: Neuland

Videos

Ederer, Günter: DAS MÄRCHEN VOM KÖNIG KUNDE. Service in Deutschland.
Landsberg a. Lech: mi-Verlag
Seiwert, Lothar J.: MEHR ZEIT FÜR DAS WESENTLICHE. 5. Aufl.,
Landsberg a. Lech: mi-Verlag

Stichwortverzeichnis

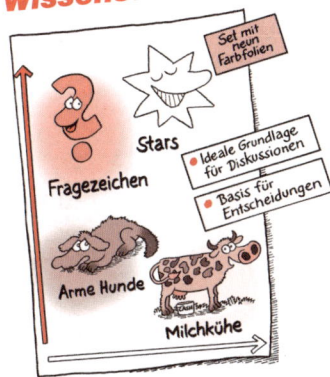

Die "1x1"-Bestseller-Bibliothek

Genauso nützlich und wichtig wie das Trainings- und Arbeitsbuch, das Sie gerade gelesen haben, sind auch die anderen.
Alle "1x1"-Bücher erhalten Sie:

- ✔ in gleicher **mehrfarbiger,** lesefreundlicher Ausstattung
- ✔ mit gleicher **Konzeption** als "How-to"-Buch
- ✔ zum selben **Preis** von DM 24,80 bzw. DM 29,80
- ✔ im selben **Verlag** bei GABAL

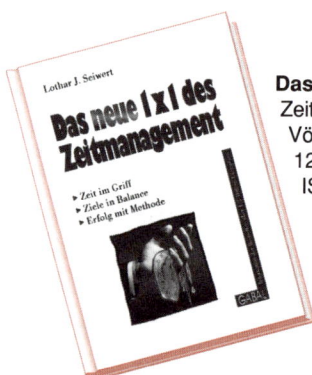

Das "neue" 1x1 des Zeitmanagement
Zeit im Griff, Ziele in Balance, Erfolg mit Methode
Völlig überarbeitete Neuauflage
128 Seiten gebunden, 4-farbig
ISBN 3-923984-89-8

...und ganz speziell zum Verschenken an Mitarbeiter, Kunden, Geschäftsfreunde

Das 1x1 der Persönlichkeit
Sich und andere besser verstehen, beruflich und privat das Beste erreichen, das DISG-Persönlichkeitsmodell anwenden
144 Seiten gebunden
4-farbig
ISBN 3-930799-32-4

...und außerdem zur Arbeits- und Erfolgsmethodik:

Das ABC der Arbeitsfreude
Techniken, Tips und Tricks für Vielbeschäftigte
80 Seiten gebunden
ISBN 3-923984-43-x

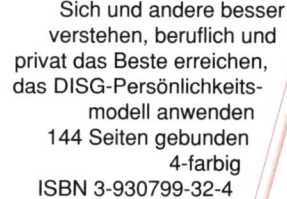

Selbstmanagement
Persönlicher Erfolg,
Zielbewußtsein,
Zukunftsgestaltung
80 Seiten gebunden
ISBN 3-923984-45-6

Erhältlich in Ihrer Buchhandlung   **Postfach 10 09 62 • 63009 Offenbach**

SEIWERT / INSTITUT

STRATEGIE UND TIME MANAGEMENT

Ein Märchen wird wahr.

Wenn nicht jetzt, wann dann?

Mit Prof. Seiwert und seinem
Expertenteam können Sie Ihr Wissen
über Kundenorientierung über die
Lektüre dieses Buches hinaus vertie-
fen. Durch Strategie-Workshops bis
hin zum Einzel-Coaching lernen Sie
ganz konzentriert, wie Sie Ihren
Service als Unternehmen zielgruppen-
gerecht verbessern können.
Wir informieren Sie gerne.

Wenn nicht so, wie denn?

Sprechen Sie unverbindlich mit uns,
und lassen Sie sich kostenlose
Informationen schicken über:
- ☐ Motivations-Vorträge über
  Kundenorientierung mit Prof.
  Seiwert in Ihrem Unternehmen
  oder auf Ihren Tagungen
- ☐ Firmeninterne Seminare zur
  kundenorientierten Strategie
- ☐ Öffentliche Seminare zur EKS-
  Strategie, dem sicheren Weg zu
  konkurrenzlosen Spitzenleistungen
- ☐ Erfolgsmanagement-Bücher,
  -Audio, -Video, -Software, -Tests

Mit der Zeit kommt auch der Erfolg!

Wir informieren Sie auch gerne unverbindlich und senden kostenlose Informationen über:
- ☐ Seminare über Time Management
  und Effektives Selbstmanagement

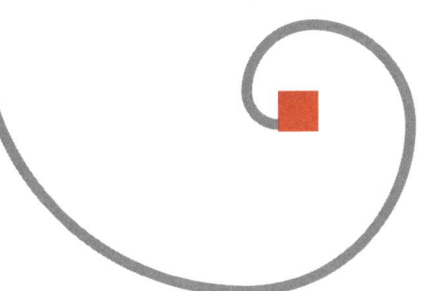

Nutzen Sie Ihre Zeit!

Kopieren Sie einfach diese Seite, und
faxen oder schicken Sie uns Ihre
Wünsche. Oder rufen Sie uns an.

Name	Vorname
Firma	Abteilung
Straße / Postfach	PLZ / Ort
Telefon	Fax

SEIWERT GMBH · ADOLF-RAUSCH-STR. 7 · D-69124 HEIDELBERG
FON: 0 62 21 / 78 77-0 · FAX: 0 62 21 / 78 77 22
E-MAIL: INFO @ SEIWERT.DE · INTERNET: WWW.SEIWERT.DE

Der Schlüsselfaktor für eine erfolgreiche Kundenorientierung im Unternehmen sind proaktive, verantwortungsbewußte Mitarbeiter.

Eine kleine Geschichte über Mitarbeiter und Kunden

Dies ist eine Geschichte über vier Mitarbeiter namens **Jeder, Jemand, Irgend jemand** und **Niemand.**

Es ging darum, sich dringend eines wichtigen Kunden und seines Problems anzunehmen und **Jeder** war sicher, daß sich **Jemand** darum kümmert.

Irgend jemand hätte es tun können, aber **Niemand** tat es.

Jemand wurde wütend, weil es **Jeder(mann)s** Aufgabe war. **Jeder** dachte, **Irgend jemand** könnte es machen, aber **Niemand** wußte, daß **Jemand** es nicht tun würde.

Schließlich beschuldigte **Jeder Jemand,** weil **Niemand** tat, was **Irgend jemand** hätte tun können.

Das sind auch die vier Mitarbeiter, die gerne folgende Redewendung verwenden: »Man müßte ..., man sollte ..., man könnte ...!« Kennen Sie sie?